Running: A Global History

Thor Gotaas

トル・ゴタス　楡井浩一＝訳

なぜ人は走るのか

ランニングの人類史

筑摩書房

なぜ人は走るのか　ランニングの人類史

LØPING
En verdenshistorie
by
Thor Gotaas

Nowegian edition published by Gyldendal Norsk Forlag A/S, Oslo.
Japanese translation published by arrangement with
Hagen Agency, Oslo and Gyldendal Norsk Forlag A/S, Oslo
through Tuttle Mori Agency, Inc., Tokyo.

This translation has been published with the financial support of NORLA.

なお本書の翻訳には英語版『Running: A Global History』（Reaktion Books, 2009）を使用した

なぜ人は走るのか◎もくじ

緒言

世界ランニング史の完全版を書くことなど、到底不可能だ。最古の時代については、史料がわずかしか残っておらず、そのわずかな史料もたいていは、真偽も知れない逸話をとどめているばかり。著者としては、ありったけのものを拾い集めて綴り合わせ、可能なかぎり厚みのある像をこしらえるよりほかない。

一八〇〇年以降の時代になると、興味深い史料が豊富にあって、今度は、どれを選びどれを捨てるかという問題が生じてくる。

こういう本は、著者の時間的、空間的な拠点——本書の場合、二〇〇〇年を少し過ぎた北欧ノルウェー——の制約を受けてしまいがちだが、わたしは広く世界に目を向けるよう心がけた。また、これだけ大きいテーマの中から、長くて妙味のある話の糸を選り出すよう努めた。それでもなお、本書は、スカンジナビアから世界を見る一ヨーロッパ人によって書かれたという色合いを帯びてしまっている。これは致しかたないことであり、出来事や登場人物の選択に著者の好みと心情が反映してしまうことも、やはり致しかたない。

表題（原書タイトルは『ランニング——ひとつの全地球史』）が示すとおり、本書は、ランニングの世界史というテーマに対するひとつの答え、つまり著者なりの答え以上のものではなく、それ以外のものを気取るつもりもない。

なぜ人は走るのか

ランニングの人類史

第1章　伝令と先触れ

長距離を走る伝令は、頭髪を剃り、頭皮に伝言を書かせたという。やがて髪が伸びるので、伝言の受け手はその内容を読むために、伝令の髪を刈り上げる必要があった。

——出典不明

とある伝令走者の死

一八世紀、ドイツのマインツに、わが子の命を奪った若い娘がいた。婚外子を身ごもり、恥辱と絶望に襲われたのだ。その罪が明るみに出て、娘は捕らえられて裁かれ、公開処刑を宣告された。

処刑の日がやってきた。刑場への沿道に立つ市民たちは、娘と護送人を見送りながら、これほど愛くるしい若い娘が死刑執行人の手にかかることを不憫に思っていた。ある高貴な婦人が哀れみに身を震わせ、この娘を死なせてはならないと考えて、ヨハン・フリードリヒ・カール・フォン・オンスタイン公爵に慈悲を請うた。公爵は刑執行の猶予を伝える書状をしたため、お抱えの伝令走者を呼んで、最高裁判所へできるだけ早く届けるよう命じた。

判事団が公爵の要請を聞き入れ、恐怖に青ざめていた娘はすんでのところで縄目を解かれた。おぞましい悪夢からようやく解き放たれて、娘は気を失い、司祭の腕に倒れこんだ。

伝令走者は、その日の英雄だった。歓声をあげる民衆に家まで担がれ、公爵からは惜しみなく褒美が下された。ところが、刑執行に遅れてはならないという強迫観念が肉体をむしばみ、務めを果たしたあとも胸に根づいて、伝令はその後まもなく命を落とした。公爵と人々が、大いに悲しんだことは言うまでもない。

インカ帝国を支えた伝令システム

何百年ものあいだ、数多くの文化の中で、特殊な訓練を受けた何千何万もの男たちが、伝令走者という職務を果たしてきた。走者の足は、釘を打ち付けられるほど固かったと言われる。それは誇張だとしても、そういう固くて頑丈な足を持つ走者たちが、ヨーロッパで、アフリカで、アメリカで、インドで、中国で活躍してきた。なかでも有名なのが、インカ帝国の走者たちだ。

一五三二年、南米に上陸してきたスペイン人に侵略されたとき、インカ帝国は現在のエクアドル－コロンビア国境からチリのマウレ川まで広がり、一〇〇〇万の人口を擁していた。帝国の建設者、統治者としてインカ族が栄華を誇ったのは、ひとつには、発達したコミュニケーション手段と道路網を持っていたからだ。旅人の時間を節約するために道路は可能なかぎり直線に敷かれ、そのため、急坂も長い階段で上り下りすることになった。道は岩を削り、壁に支えられ、幹線には、距離を示すマイル標石（当時の一マイルは六〇〇〇歩に相当）が置かれた。川にはつる草でできた吊り橋がかけられ、そのほか、命がけで渡るような原始的な橋もあった。

「チャスキ」（「交換する」の意）と呼ばれるプロの走者集団が、優れた伝令システムを作り上げていた。優秀で信頼できる人々の中から選ばれて、若いころから訓練を受け、守秘義務を誓った者たちだ。その職業意識は高く、皇帝《インカ》の土地からとうもろこし一本盗んでも死罪にされる国にあって、当然ながら遵法精神も備えていた。

走者たちは道路沿いの小さな宿舎に寝泊まりした。路線の重要度にもよるが、各宿舎には四〜六名の走者が待機していた。常時二名が準備万端で入口に座り、道のかなたを見つめる。伝令が近づいてくるのが目に留まるが早いか、ひとりが駆け寄って出迎える。しばしその伝令と併走し、簡単な口頭の伝言を三、四回復唱するか、伝言代わりの結び目のついた縄を受け継ぐ。結び目つきの縄は、アルファベットも車輪も持たないインカにおいて、重要な伝達手段だった。色とりどりの短い紐が、吹き流しのように平行に、あるいは一カ所から突き出るように、長い一本の縄に結びつけられる。結び目は数を表わし、紐の色にはそれぞれ意味がある。

プトゥト（ほら貝のラッパ）を吹くチャスキ。

走者自身が結び目暗号を解読できる必要はなかった。秘密の伝言を運ぶのが彼らの役目で、解読には別の専門家がいるからだ。

伝言を受け継いだ走者は最速スピードで数マイル先の次の宿舎まで走り、次の伝令に同じように引き継ぐ。一方、到着した最初の走者は、次の用事が来るまでその場で待機する。各区間が比較的短いため、走者は速度を落とさず走ることができた。彼らは重要度の異なるさまざまな伝言を運んだ。地方の行政官から最高権力者（皇帝その人）へ宛てた書状、地元のニュース、上官からの指令、農作や畜産に関する情報……。橋を越え、道を走り、沿岸地方から標高四〇〇〇メートル級の山岳地帯に至るまで、伝令たちが常に活動しており、三二〇キロの距離を二四時間でカバーしていた。伝令たちはコカの葉を噛んで活力を再生し、伝言を間断なく引き継いで受取人に伝えた。

他国の同業者と同じように、伝令たちはすぐにそれとわかる格好をしていた。頭には大きな羽根飾りをつけ、腰に結わえたほら貝のラッパを吹き鳴らして到着を知らせた。敵に出くわしたときのために、棍棒と投石器で武装していた。常時何千人もの走者が一五日交替で勤務しており、食糧と住居は国からの支給だった。その職務はきわめて重要と見なされ、市長と同額の報酬が与えられた。

これらの伝令走者は、ありとあらゆる品を首都クスコの皇帝のもとへと運んだ。中には珍しい食用かたつむりや海魚などもあった。内陸深くに建つ宮廷にも、その朝獲れた新鮮な魚が午後には届けられた。「ハトゥン＝チャスキ」と呼ばれる別部門の伝令もいて、もっと重い大型の荷を運んでおり、こちらは半日交替の勤務だった。

皇帝からの特に重要な伝言には、赤い紐や印のついた杖が添えられた。各宿舎にはのろし台が備えられ、侵略や暴動など深刻な事態が発生した際、警告できるようになっていた。待機中の走者がのろしを上げると、その合図はまたたく間に、皇帝や廷臣たちの住む首都へ伝えられた。警告の中身を知る前に（詳しい情報は伝令によってもたらされる）、為政者側は警告の発信地点へ向け、軍を出動させることができた。

走者たちにとって、「太陽の子」たる皇帝の主要宮殿が置かれたクスコは、インカ帝国の中心であるばかりか、世界の中心であった。クスコは標高三五〇〇メートルにあり、インカ帝国最盛期には二〇万人が住んでいた。領土が最大だった時代、帝国の辺境はクスコから一六〇〇キロ離れていたが、伝言はその距離を五日間でカバーした。伝令が毎日、首都から発走し、また宮殿へと到着した。道路で行き交うとき、クスコへ向かう者はそこから来た者に道を譲った。宮殿発の音信には、それだけの敬意が払われたのだ。

史料によれば、インカの人々は自然を畏れ、敬う心を持っていた。伝令走者も例外ではない。どんなに小さなものにも魂が宿り、万物は命あるもの、尊ぶべきものなのだから、人間は、すべてのものから信頼されるように努力しなければならなかった。高原や山道を走り抜ける走者たちも、周囲を単なる荒れ地とは見なさず、精霊や事物、岩や生き物に満ちた豊かな花園であり、人間が生きて従う世界の一部であると見なした。走者の踏み出す一歩一歩も、無数の存在から見守られ、保護されているのだ。インカの走者たちは、人気のない場所や夜の暗闇の中をひとりで走ることは恐れなかったが、よこしまなことを考えたり行なったりしたら、自分を取り巻く精霊たちが逃げてしまうのではないかと恐れた。危険に満ちた世に生きる以上、敵や自然の力がどんな悪事を働くのか、自分たちには知るよしもない。けれど、その手で運ぶ伝言の中身とその速度が、社会全体にとって、ひいては戦争や平和、飢饉、自然災害などにとって、重要な意味を持つことを知っていた。川を渡る際には、その水をひと口飲んで、無事に渡らせてほしいと川に祈った。コウモリの姿、鳥のさえずり、奇妙な夢――そういうもののすべてが伝令の心に留まり、象徴的な意味を告げた。「ああ、こうなる運命だったのだ!」。恐ろしい運命に襲われたとき、伝令は言う。インカ人にとって、すべては霊の気まぐれに左右されるのだ。

伝令走者以外にも、走る能力があることを示さなくてはならない人々があった。インカの上流社会の一員となるには、四年間の教育を受けることが義務づけられ、なかでも競走競技がテストの最重要科目だったのだ。エリートの一団はクスコの学校で為政者の言語を学び、宗教や結び目暗号を優秀な学者から教わった。最終学年では歴史を学び、測量、地理、天文学の補習を受けた。伝令走者になるわけではなかったが、走ることも義務づけられた。

インカ暦で一二番目の月（一一月）の「フアラク」と呼ばれる試験の当日、候補者たちは太陽、月、雷に祈りを捧げるために、クスコの大広場に集まる。試験前に髪を短く刈りそろえた若者たちは、白い衣裳を身につけ、頭に黒い羽根を飾っている。付き添いの家族を含め、一団は、隣にあるフアナカウリの丘のふもとへ向かう。そこでは水と生のとうもろこしだけの食事を取り、儀式や舞踊を行なう。数日後、若者たちは紅白の上着を与えられ、家族とともにテントで眠る。残るは、フアナカウリまでの五マイルの競走だ。そこは最も聖なる地で、伝説によれば、その頂でインカの最初の兄弟のひとりが石にされたという。石にされる前にその男には翼が与えられ、インカ人が最高位に位置づける鳥、すなわち、飛ぶのも降下するのも敏速なハヤブサのような姿になったという。インカの言葉で「フアマン」とはハヤブサや速さを意味し、「フア」で始まる多くの言葉が、インカの民話におけるハヤブサの重要性を示している。この競走もまた、ハヤブサの旗印のもとに行なわれた。

競走の当日までに、世話役たちが、岩塩を削り動物をかたどった置物を、ゴールである丘の頂上に並べる。置物はそれぞれハヤブサ、ワシ、カモ、ハチドリ、ヘビ、キツネの形をしていた。競技が始まると、選手は激しく競り合った。誰もが、神々の祝福と名誉を勝ち得るべく、ベストを尽くす意気込みだったからだ。ゴールに到着すると、走者たちはそれぞれ置物をつかむ。一位の者は最も気高い鳥を、最下位の者は忌むべき爬虫類を。各自がその力（あるいは力のなさ）の証拠を持ち帰ることで、観衆は誰を称賛し、誰を嘲るべきかを知った。完走できないことは恥だった。

その夜は丘のふもとで眠り、朝には、二体の石のハヤブサが立つ峰にのぼる。そこで若者たちは二組に分かれて取っ組み合いをし、その後、弓術と投石の腕を試される。最後は、意志の力のテストだ。鞭打たれても痛みを見せずにいられるか、一睡もせずに十晩同じ場所に立っていられるか、など。試験官が頭に棍棒を振り下ろそうとしても、剣で目を突こうとしても、瞬きも身じろぎもせずにいられるかどうかというテストもあった。

試験に合格した者たちは、最高権力者インカに迎えられ、特製の短ズボン、羽根冠、金属製胸当てを贈られた。そして黄金の針で耳に穴をあけ、重い耳飾りをつける。エリート層「長耳びと」への帰属を、視覚的に示す象徴だ。ほかにも、舞踊、清めの儀式、武器の贈呈、宴会など、エリートに加わるための儀式がある。そして最後には場を清めなければならない。

インカ帝国では大小さまざまな規模の競技会が催され、競走もそれに含まれていたという記録があるが、伝令制度への言及に比べれば、ものの数ではない。伝令制度はインカ帝国の大きな特徴であり、後世の人々に感銘を与えるものだった。伝令走者は帝国における神経系統の機能を果たし、皇帝はこれによって支配力を保持した。スペイン人侵略者らもこの伝令システムの有用性を見て取り、これを持続させた。馬上のスペイン人伝令が一二、三日かかったリマからクスコまでの距離を、伝令走者たちは三日で到達できた。

旅する伝令走者たち

一五世紀以降の中央ヨーロッパにも伝令走者が存在し、常勤職の伝令として働くか、貴族や地主の特使の役目を果たしていた。農奴と主人の関係について、こういうことわざがある。「主人に六日間仕えたら、七日目には伝言を運べ」

一五七三年当時、ポーランドのブロツワフでは、四〇名の伝令走者が、ある伝令頭のもとで働いていた。報酬も高く、勤務は交代制で、兵役免除などの特権もあった。中欧は小さな都市国家から成り、近隣都市同士とのやりとりが最も多いことから、走者のカバーする距離は比較的短くてすんだ。それでも伝令たちは、一日六〇マイル（約九六キロ）以上を走った。走る距離によって報酬が決まり、休憩時間は無給だったからだ。ドイツでも、一七世紀初頭には伝令走者が大きな職業集団のひとつになっており、ロイファー（走者）、ルーパー（伝令）、ボート（伝令）など、今でもその名残が苗字として残っている。伝令の職は父から息子へと受け継がれた。

どのルートをたどるか、誰に情報を渡し誰を訪問すべきかについては、守るべき規定があった。伝えるべき人が多く、その道のりは遠回りになりがちだ。「走者はうそつき」ということわざがあるが、これは、汗まみれで見知らぬ土地に到着した伝令たちが、早く家路に着きたいがために、つい誇張や虚言を口にしがちであったことを物語っている。

日々旅して回り、行く先々でニュースを拾う伝令走者は、詮索好きな市民に囲まれると、ついほらを吹きたくなるのだろう。伝令走者の到着はお祭り気分で迎えられた。町の門で手続きをすますと、最後のひと走りで目的地に着き、大半の人が字を読めないその町にニュースを大声で伝えたり、書状を手渡したりする。実際、伝令がみな読み書きができたわけではない。長い距離を旅する伝令の中には、頭髪を剃って伝言を頭皮に書かせた者もあるという。やがて髪は伸びるので、受取人は伝言を読むために、伝令の髪を刈り上げる必要があった。伝令は心づけと交換にニュースを伝える義務があるため、もしうまく伝えられなかった場合は、罰としてその職を解任された。義務違反に対する罰則はきびしかった。

住居の定まった普通の人々に比べれば、伝令たちは旅慣れていて、知識も豊富だった。国境を越えて旅をし、上流階級の人々とも接する仕事だ。伝令たち自身は身分が低かったが、相当な尊敬を集める仕事であり、その職は、より高い地位への踏み台にもなった。

伝令を妨害したり傷つける行為は禁じられ、戦争中も、和平交渉に関する情報を持って戦場を横切る彼らには、外交上の免責特権が与えられた。実際の伝言書状は、風雨を防ぐために、杖や伝言棒に仕込んだ筒の中に納められた。伝令の中には、懐中瓶入りの葡萄酒を携帯し、ゆで卵を食糧にする者もあった。属する町の色を表わす特別な制服を着用して、犬、泥棒、悪漢などから身を守るために、棍棒、槍、短剣などで武装する。さらに、身分を示すために、町の紋章のついた記章や通行証を身に着けていた。

ドイツにおける、公共サービスとしての伝令走者の時代は、一七〇〇年ごろに終焉を迎える。道がよくなり、馬での行き来が盛んになったので郵便制度が整備され、伝令は徐々に不要になった。もっとも一七一二年当時のベルリンで、郵便物は全部あわせても四名の配達員で配り終えるぐらいの規模だった。しかし、徐々に郵便配達員が伝令走者に取って代わり、同時に、新聞、雑誌、私信の数が増えるにしたがって、郵便物も増えていった。

仕事にあぶれたドイツの伝令たちは、一七〇〇年以降、新たな雇い主を見つけた。王族や貴族たちが、重要な式典や会議への到着を告げ知らせるための、先触れ走者を雇ったのだ。馬車は時速五、六マイル（八～九・七キロ）以上では走れなかったので、俊足の走者たちがその前を走るのはたやすかった。

お抱え走者の登場

先触れ走者にはもともと、別の役割があった。一四世紀には道路の状態も悪く、従者たちが馬車の前を走って、車がどの轍を行くべきかを見きわめ指示をした。その後、主人の道中が快適であるように気を配り、夜間は馬車のためにたいまつで道を照らすのが仕事になる。幹線道路では、走者たちが横一列に並んで走る光景がよく見られた。トルコのスルタンのような大物の行列は、遠くからでもひと目でそれとわかった。鐘を打ち鳴らす音、馬車のきしむ音、そして走者たちの歌声と大きなおしゃべりが聞こえるからだ。

一六世紀のスルタンには、「ペイルレス（従僕の意）」と呼ばれるペルシア出身の走者が、約一〇〇名、召し抱えられていた。田舎道では馬車の横で後ろ向きに走り、タンバリンを打ってはスルタンを楽しませたという。スルタン一行の旅行に興を添えるための、いわば走る道化師だ。走者の中でもスルタンのお気に入りは、スルタンが馬車から投げる銀の玉を口で受け止め、まるで馬がはみを嚙むようにそれを嚙みながら走る者たちだった。彼らはまた、片手に砂糖漬けのドライフルーツを持ち、口が乾かぬようにしていた。トルコのような暑い国では有益な習慣だ。

一七九八年一月二四日のブロッワフの新聞広告を見ると、貴族たちがそれらの職業にどんな資質を求めていたかがわかる。

走者求む。優れた体格と容姿、髭なし、短髪、品行方正で、長距離を速く走れる者。上記条件に当てはまる者は、今月二八日までにクラクフの城まで応募すべし。好待遇を期待されたし。

資質が同程度の候補者が応募してきた場合には、選考過程を経ることになる。

イングランドでは、クイーンズベリ公爵がピカデリーにある邸宅のバルコニーに立ち、応募者たちを汗がしたたるまで走らせた。最も汗をかかず、最も息を切らしていない者が、職を得る。「若者よ、君に仕事をやろう」と、試験に合格した者に公爵は言う。身ぎれいで優雅に見えることも大事だった。走りやすく、かつ目立つ衣裳が好まれた。伝令たちには女心をつかむ魅力があったと伝えられ、絵図などにも、その均整の取れたたくましい肉体が描かれている。運動不足の貴族に比べ、健康的で身のこなしの軽い彼らは、そのほっそりした顔と引き締まった体ですぐに見分けがついた。

あるとても暑い日、くだんの公爵がのんびりとバルコニーに寝そべっている前で、ユニフォーム姿の応募者たちが、前向きに後ろ向きに、走りを続けていた。公爵はその中のひとりが気に入って、その美しい容姿をいつまでも見ていたいと思い、長時間そのまま走らせた。やがて公爵が「もうそこまでてけっこう」と告げると、走者は借り物のきれいなユニフォームを指差して、「わたしもこれだけでけっこう」と言って、誰にもつかまらぬほどすばやく走り去ったという。

イングランドでは一七世紀以降、「走る下男」と呼ばれる伝令走者が貴族に雇われ、伝言を運んだり、競走馬のように賞金を競ったりした。走る下男は若くて元気があり、引き締まった脚を持ち、未婚でなければならなかった。年を取ったら召使として主人に仕え、力仕事は若い同僚たちに引き継がれた。

走る下男はどんな命令にも即座に従わなくてはならず、時間帯や季節にかかわらず、大切な使いに走らされた。例えばある晩、スコットランドのヒューム伯爵は、下男にある重要な伝言を託し、ゆうに三〇マイル（四八キロ）離れたエジンバラまで差し向けた。翌朝、伯爵が朝食に下りると、その走者が長椅子の上でいびきをかいているではないか。用事も忘れて眠りこけたのだろうか？　伯爵はこっぴどく叱りつけようとしたが、その寸前に、この男がひと晩のうちにエジンバラまで行って帰ってきたことに気がついたという。

このように、たとえそれが雇い主の気まぐれであれ、あるいは医者の家まで薬を取りに行ったり、愛する婦人へ贈り物を届けたりする用事であれ、伝令は急いで出発した。ランダーデール公爵がそういう必要に迫られたのは、大きな晩餐会を前に、召使らが食卓を準備しているときだった。食卓を完璧に整えるには銀食器が足りない。公爵は走者に、広大な領地内を走り抜け、一五マイル離れた別宅から食器を取ってくるよう命じた。下男は夢中で走り、招待客がちょうど晩餐の席に着く直前に戻ってきたという。

伝令走者は伝言をすばやく運ぶことを名誉とし、自分の体を極限まで酷使した。そのため、若者たちがこの職に就いていられるのはせいぜい三、四年にとどまり、多くは早死にしていった。だがまれに、二〇年、いや四〇年も現役で務める者もあった。ヨアヒム・ハインリヒ・エールケもそんなひとりで、一七九〇年代から四三年間、ドイツのメクレンブルク大公に仕えていた。年を取ると後進を育てるほうにまわり、自身の息子三人を含む一一人の若者を指導した。

エールケは指導者としての任務に真剣に取り組んだ。食生活の管理を徹底し、呼吸法の手本を示し、地理の知識を伝授した。鼻呼吸を勧め、さしこみ痛の緩和にはわき腹を押さえるよう教えた。またその治療に、煎じた薬草を飲ませた。実話か伝説かはっきりしないが、さしこみ痛を避けるために、若者のひとりが、痛みの元である脾臓を手術で摘出したと伝えられている。そちらの話は眉唾かもしれないが、重い靴を履き、砂地や耕したばかりの畑で、膝をことさら高く上げて走る訓練をしたというのはほんとうだ。まさに彼らを限界まで追いこむ訓練だった。

エールケは、貴族に雇われるための走者の指導が、ヨーロッパ各国で職業として成り立っていることを知っていた。一七八二年にブロッツワフで刊行された『走者のための医学手引書』には、より速く走り、スタミナを養い、胃腸障害を防ぐための方法が書かれていた。本に書かれた薬の処方は、薬物使用《ドーピング》とまではいえないが、薬にそこまで頼ること自体が問題で、それほどこの職業は競争が激しく、気の遠くなるほどの距離を走ったり、馬との競走に勝ったりなどの離れ業が要求された。なるほど坂道や狭い街路では、人のほうが六頭立て馬車より速く走れたが、平坦でまっすぐな田舎道では、やはり馬のほうが優れていた。

貴族たちは、駿馬や強靭な走者を抱えることを、実際上もステータスとしても重視した。一八〇〇年ごろのウィーンの大公はイタリア人走者を好み、フランス人はバスク人走者を取り立てた。ワラキア（ルーマニア）の走者たちも評判がよかった。宮廷に地位を得て、貧しい暮らしを捨てて王や王子や皇帝の城にほど近い宿舎に移るのは、たいそう名誉なことだった。宮廷走者らは故郷や家族に栄光をもたらし、おとぎ話のような世界に入ることを許された。一八世紀初頭、ウィーンの王宮には、一四名の走者が雇われていたという。

一八世紀が終わるころには、社会変化の陰で何百人という走者が失業し、この職業自体が消滅しかかっていた。一七八九年のフランス革命で民主主義が叫ばれ、貴族の贅沢三昧が槍玉に挙がったためだが、イングランドとドイツにおいても、走者の数は著しく減少した。貴族たちは控え目な生活を送るようになり、走者を雇うことは以前ほどのステータスではなくなったのだ。

フランス語に、「バスク人のように走る」という言い回しがある。このバスクの山岳民族は、貴族の屋敷での仕事を失うと、「コリカラリス」と呼ばれる一対一の競走を編み出した。伝統衣裳のゆったりめのシャツ、サンダル、長ズボン、腰ひもを身につけた競技者によって争われる、大きな賭けレースだ。

バスク人の関心はもっぱら長距離にあり、最低でも六〜七マイル、できれば一四〜一六マイル以上が好ましい。イングランドの走る下男たちと違い、バスク人たちのルートは決まっていなかった。スタート地点とゴール地点のみが定められ、最速のルートを編み出すのは走者自身に任されており、土地勘や、丘陵地帯への造詣の深さが大いにものを言った。しかし、この賭けレースがバスク地方全域に広まるにつれ、地元選手に対する村や町をあげての応援が始まり、やがて競走の公正化のために、固定ルートが定められた。ここから徐々に、タイムを重視する記録との闘いが盛んになっていく。

ウィーンおよびオーストリアでは伝統が固く根づいていたため、一九世紀に入ってからの数十年間、貴族たちはお抱え走者を雇い続けた。走者たちは、入会試験のあるベテラン走者のギルドに属し、毎年春に、ウィーンで認定試験が行なわれた。合格タイムは一一マイル（一八キロ）を一時間一二分以内。一八二二年以降、この認定競走は、毎年五月一日にプラーター公園で行なわれた。

その年、多くのウィーン市民は、「プラーター競走大会」を見物するために早起きをした。最初の観客がスタート地点にやってきたのは、朝の五時。競技は六時に始まる。トレーナーや控え選手、それに有料入場券を持つ観客たちが続々と集まってきては、天幕を張った客席を埋めていく。ありとあらゆる人々がこの日のために着飾り、ある者は徒歩で、ある者は馬で、ぜひとも結果を見届けたいとやってきた。観客はみるみる三〇〇〇名にふくれあがり、軍楽隊が奏でるトルコ風の音楽に耳を傾けた。

一〇～一二名の走者が準備を整える。軟革製の軽い緑の靴を履き、体にぴったり合った服装に、それぞれの雇い主ごとに色のちがう帽子をかぶっている。ふだんはそれぞれに赤、緑、青などのユニフォームを身に着けているが、この春の大会には全員が白い服で臨み、帽子の色だけが雇用者を示すことになる。選手の手には鞭が握られている。通常は獰猛な犬を追い払うために使うのだが、このときばかりは、狭い街路でひしめき合う観客に、道をあけさせるために使うのだ。

ひとりの貴族のもとからひとりずつ選ばれた走者たちは特別な集団であり、勝利によって彼らが得るものはとても大きかった。大会の何カ月も前から、主人らはそのトレーニングを監督し、トレーナーに指示を与えてきた。ここでの勝利には特別な意味があり、貴族社会のみならず、一般大衆のあいだでも、長いあいだの語り草になるからだ。

スタート係が「静かに位置について！」と叫び、それぞれ主人の名で選手を呼ぶ。ここでは走者が誰であるかは問題ではなく、勝っても負けても、その雇い主に注目が集まるのだ。スタートの号砲が鳴ると、選手は大歓声の中へ駆け出していく。馬や馬車があとを追いかけ、医者や救急隊員を乗せた馬車も続く。楽隊の演奏がさらなる興奮をかきたてるなか、走者たちは息せき切って道路へと走り出る。観衆は声援と拍手を送り、ある者は選手の背をたたき、ある者はひいきの走者の姿を目で追う。ときには倒れる走者もいて、観衆が見守る中、医者が路上で治療にあたる。選手たちが主人の名にかけて全力をふりしぼるのは、優勝者にはたいへんな名誉と賞金が与えられ、走者の栄誉の殿堂にその名を連ねることができるからだ。

最初のひとりがゴールすると、喝采の叫びと雇い主の名前が連呼され、主人は走者をねぎらい勝利の栄光に浸るために、急いで進み出る。走者を何人も抱えておくための苦労や負担も、すべて吹き飛んでしまう瞬間だ。

ゴールした選手は毛布で抱きとめられ、介抱される。トランペットのファンファーレが鳴り響いて、上位三名が呼ばれ、賞品が贈られる。優勝者が受けるのは、鷲の模様のついた名誉の旗だ。一行は翻る幟《のぼり》と共に行進し、三人の勝者はカフェでの朝食に招かれる。そのあいだにも人々は金銭の受け渡しをする。賭けもこのイベントの一要素なのだ。ただし、オーストリア人はイングランド人ほどギャンブルに熱狂的ではない。

プラーター大会での距離についてはは正確な記述がないが、タイムは記録されており、一八四五年には、フランツ・ヴァントルシュが四〇分というタイムで優勝したとある。しかし観衆も走者もタイムにはこだわらず、三位までに入賞することのほうが肝要だった。むしろお祭り的な意味合いが濃く、記録保持、記録更新といった近代スポーツの概念は、当時のウィーンにはまだ存在しなかった。

一八四七年春に行なわれた大会を最後に、プラーターの競技会は幕を閉じた。一八四八年にウィーンで起きた革命のあと、競技は二度と行なわれず、貴族も走者を抱えることをやめたからだ。走者たちの中には、下男として引き続き元の主人に仕える者もあれば、他国の貴族お抱え走者の例にならい、独立していった者もあった。ウィーンの優れた走者たちはオーストリアの外にも名が知れ渡り、彼らは出身地の名前を大いに宣伝に使った。

芸能ランナーたち

一方、「芸能ランニング」というジャンルは、サーカスの伝統とともに古くから存在した。多くの国、とりわけイングランドにおいて、「走り」は何世紀ものあいだ、市場《いちば》における見世物だった。ドイツとオーストリアの芸能走者らはヨーロッパじゅうを旅して回り、遠くロシアの地まで出かけては、サンクトペテルブルクで皇帝《ツァーリ》の御前で走りを披露し、大いなる名声を獲得した。名誉ある、報酬も高い催しだったが、それ以上にすばらしい力量証明の場であり、終生自慢できるできごとだった。走者たちは軽業師や歌舞音曲芸人らとともに、「曲芸師ルート」をたどって町から町へと移動した。ヨーロッパじゅうの要人や諸侯の宮殿、そして大都市を転々と巡るルートだ。貴族お抱えの走者でも先触れ走者でもなかった別の特殊技能集団もまた、旅回り芸人の寄せ集め一座に加わった。南ヨーロッパから来た彼らは、小さな家族中心のグループで、綱渡り、バランス曲芸、怪力男などの軽業を見せて歩いていた。

このように走者たちは、より速く、より美しく、より長く、よりおもしろく走って注目を集めることについて、単にお互いがライバルだっただけでなく、経験豊かな芸人たちとも競わなくてはならなかった。このきびしい競争を勝ち抜くために、走者たちも芸人たちのように徐々に多芸になり、より派手な自己ＰＲを行なうようになった。

風変わりな格好のよそ者たちが来たというだけで、静かな田舎町は興味を引かれ、噂が巡り始める。街なかの行進、それに加えて外国語の宣伝に音楽が伴えば、ますます住民の好奇心が高まった。一座は町の広場に陣取り、座長が四方にトランペットを吹き鳴らして、公演の日時と場所を大声で知らせる。行進が人々の意欲をそそらなければ、町の鼓手を駆り出して宣伝を手伝わせ、チラシを刷っては一軒一軒戸口で宣伝して回った。資金に余裕のある集団はポスターを貼るが、コストは新聞広告以上に高くついた。いずれにせよ、新聞の文字が読めない住民も多いわけで、街頭宣伝と口コミのほうがはるかに効果的だった。

走者の稼ぎは、いかに大衆を感動させ、いかに目新しく華々しいものを見せられるかにかかっていた。走りを見せるためには地元当局の許可が必要で、旅回り芸人同様、町によっては、稼ぎの一割を貧民救済基金に、あるいは三分の一程度を地元で必要としている人々のために、寄付することが求められた。

芸能ランナーたちは、貴族に仕える走者のような安全も快適さも確保できなかった。ちょうど、芸術家や作家が、昔は貴族のパトロンに支援されていたが、今や自由市場で伍していかねばならないのと同じだ。しかしその一方で、男女を問わずこれらの走者たちは、統治者らの許可証さえあれば、好きなときに走れる自由を得たのだ。

長い年月のあいだに、走者たちは路上の風景の一部になっていったが、一九世紀も半ばを過ぎると、観衆も、金を払って見るからには、単に速い走り以上のものを求めるようになった。多くの走者は巨大な帽子や派手な衣裳を身に着け、走る最中に着替えたりしたが、ただ道化になったわけではなかった。四ヴェルスタ（一ヴェルスタは約一〇六六メートル）を一二分で走ったというプロイセンのヴィルヘルム・ゲーベルは、重りを持ったり、よろいかぶとを着けたり、老婆を背負ったりしながら走るとき、ことさらにおどけて見せたという。バランス曲芸などいくつもの軽業をもやってのけ、だれかと競走する場合は、競技を盛り上げるために、挑戦者に一五〇歩のリードを与えた。前向き、後ろ向き、丘の上、谷の底、狭い街路、大きな広場……あらゆる場所と走法で、走者たちはその走りを見せた。

一七九五年生まれのドイツの走者、ペーター・バユスは、なかでも最速走者のひとりだった。ドイツでは貴族お抱え走者の市場が衰退したため、バユスはロンドンへ出て賞金競走で成功し、名を上げた。やがて一八二四年に帰国すると、ヘッセン＝ダルムシュタットの大公に雇われる。芸能走者から貴族お抱え走者への転向は、当時にしてはめずらしい経歴だ。

この男は細身で、顔もやや細面《ほそおもて》だが鍛えられた脚は筋肉質で引き締まっている。八頭身よりまだ頭が小さく、余分な肉はそげ落ち、脚は均整が取れ、耳は少々突き出て、四肢に力がみなぎっている。病気知らずで、大食も痛飲もしない。生来の冷静沈着、最大限に力んでも顔色が変わらず、けっして熱くはならない。これまでに一度も――逆風に向かって走るときでさえ――息が苦しくなったことも、わき腹が痛くなったこともない。

普通の人が歩いて一時間かかる三・五マイル（五・六キロ）の距離を、バユスは一八分で走った。背が高く熊のように強いバユスは、九九キロの重りを抱えて三〇分間歩き続けることができた。さらには一五〇キロの重りを抱えて一五分間歩いたこともある。大柄でありながら俊足で、短・中・長距離に等しく秀でているという珍しい人物で、伝説と化して歌や物語にも登場した。人呼んで「かもしかの脚《ディアフット》」、彼のペースなら一五〇日で世界一周ができると、作家たちは計算した。

先触れ走者という消えゆく種族の、最後の優れた代表格として、ペーター・バユスは一八四四年まで勤め上げた。そして今一度、賞金のために走ろうと考える。四九歳という年齢で一八マイル（約二九キロ）を二時間以内に走りきったが、ある日、若者との競走で転倒し、足を引きずりながらゴールした。その歳にしては圧倒的な能力を保持していたものの、やはり素質ある若者には勝てなかった。

芸能ランニングがヨーロッパで栄えたのは、イングランド以外では一八四〇～五〇年がピークだった。一九世紀半ば以降、近代スポーツの発展にともなって、芸能ランニングへの関心は徐々に薄れていく。特に、走る人々の層が変わり、走りを支える制度的な環境――例えば、体育協会など――が変化していったことが大きい。

走者たちが重要な使命を帯びて走ることは、一九世紀半ばまで続いた。伝令走者は人類にとって、伝達手段、仲間への警告手段のいわば原点なのだ。けれども騎手や馬車、鉄道、電報、電話にその役目を奪われ、走者たちは無用の骨董品と化した。走者たちは長距離も短距離も、個人でも集団でも、芸のためにまた賞金のためにと走り継いできたが、これらの目的が失われてしまったとき、人々は、走ることの新たな目的を見出した。

世界の歴史という観点から見れば、近代の、秩序の整った形のランニングは歴史が浅い。走りの前史は、ラップタイムや記録以上のもの（もちろんそれらも一要素ではあったが）から成っている。遥かなる古代から「走り」の歴史をたどり、古今東西、人々が世界中で走り続けてきたのはなぜなのかを、探ることにしよう。走りの世界史とは、一般に考えられているほど、単純なものではない。奇想天外、驚天動地の話が満載だ。もっとも、走るという行為自体は、常にストレートでわかりやすいものであった。

ともあれ、いったい人類は、いつから走りはじめたのだろうか？

第2章　人類の本質的な特徴

王家の子息は、毎日、走らなければならず、走り終わるまでは食事も供されなかった。だから、走りに行くのは朝だった。

――エジプトの資料（出典不明）

ヒトは走るために進化した

生物学者のデニス・ブランブルと人類学者のダニエル・リーバーマンが主張するところによると、二〇〇万年前に人類が猿に似た祖先から進化したのは、アフリカのサバンナで動物を狩るために長い距離を走らなければならなかったからだという。気候が変動し、森という森のほとんどがサバンナに変わった結果、生活環境も様変わりする。新しい環境は、走る能力を持つアウストラロピテクス（猿人）に優位をもたらし、また時を経て、長距離を走れる骨格にとっても有利に働いたというのだ。もしそうだとしたら、走るという能力が人類の進化に果たした役割は大きい。言い換えれば、人類の祖先は、地上で生活せざるを得なくなり、骨格と身体が変化し、さらに解剖学的に言うなら、走ることで人類は人間になったことになる。

ブランブルとリーバーマンは、走ることが単に二足歩行の延長にすぎないという通説に異を唱えている。アウストラロピテクス（猿人）が二足歩行を始めたのは、四五〇万年前、まだ木から木へ飛び移っていたころだ。当時もホモ（ヒト）属はすでに地上を歩いていたが、ホモ・サピエンス（現生人類）の出現までには、さらに三〇〇万年以上の時を要する。それまでの間、人類の祖先は、まだ人間とはあまり似ていないことを考えると、歩行能力が人間の進化に最も決定的な影響を与えたとは考えにくい。人間と比べると、アウストラロピテクスは、脚が短く、腕が長く、筋肉質で、猿に似た体つきだ。ブランブルとリーバーマンはこう述べている。「自然淘汰によって走るようにならなかったら、われわれは今でももっと猿に似ているはずだ」

ふたりは、人体の二六の特徴を調べた。また、一八〇万年前から四万年前に生息していたと考えられているホモ・エレクトゥス（「直立人」という意味）の化石と、二五〇万年以上前の骨格の残骸が発見され、「人間の原形」とも称されることがあるホモ・ハビリス（「器用な人」という意味）の化石を比較調査した。人類を走る生物にしたのは、脚および足の腱、弾力のある関節、効率よく機能する足指だった。長い歩幅をとって、足が地面に当たる瞬間の衝撃を体で吸収する。バランス能力にも優れており、骨格と筋肉で体を補強したうえ、数百万の汗腺のおかげで過熱を予防できるので、人類の体はいっそう走りに適したものになった。

人類は、多くの種と比べて走るスピードは遅いが、発汗することで体温の上昇が抑えられるため、狩猟時に、足の速い動物の体力を消耗させることができる。訓練すれば、きわめて高い持久力を獲得できるから、暑い日に、レイヨウのような自分よりずっと足の速い動物を狩ることも可能になる。アフリカのブッシュマンは、今でも、レイヨウを過熱で倒れるまで追い詰め、やすやすと手に入れる。

走ることは、人類の本質的な特徴であり、人類はさまざまな場面でこの特性を生かしている。

古代王家の長距離走

紀元前二〇九四～前二〇四七年の間、シュメール南部の都市を支配していた王シュルギは絶大な権力を誇っていた。紀元前二〇八八年、収穫感謝の祭典がニップールとウルの両都市で開催されることとなり、シュルギは両方の祭典に出席するために、往復三二〇キロの距離を一日で走破した。みずからが長距離を走りきることで、権力者としての義務を果たし身体能力の高さを誇示し、その名声を確かなものにした。

チグリス川とユーフラテス川にはさまれた、このようなメソポタミア南部（現在のイラク）の都市には、世界最古の記録文書の一部が保存されている。この地域の人々は紀元前八〇〇〇年ごろから農業に従事し始めており、高度な灌漑方式を利用して、作物を改良していた。そのため、人口が集中し、紀元前三五〇〇年には、世界に先駆けて、すでにいくつかの都市が形成されていた。歴史に残る最古の、いわゆる官僚制度の中で、中心的な役割を果たしたのが、伝令だった。王国周辺に公文書を届けるという仕事は、高く評価され、報酬としてオリーブ油、ビール、土地を受け取った。

駆け出しの伝令は、中央政府と各地方政府間の書簡を配達することから仕事を始める。やがて、多くの奴隷の先頭に立ち、食料や建築資材の運搬の調整役を担うようになる。イル・ナンナのように、伝令としての働きぶりが認められて王家の書記および全伝令の長を任され、のちに、行政官を経て治世者となった者もいた。伝令になると国家の支配層の中で昇進できる可能性があることは、立身出世をめざす者を引きつけた。また、国中をあちこち頻繁に往復することで、さらなる要職に就くための貴重な経験につながった。

考古学者の調査では、シュメール地方にスポーツ競技場跡は見つかっていないが、ボクシングやレスリングの記述が、詩や行政文書に引用されている。住民の多くが余暇を楽しみ健康を重視する社会で、球技が行なわれたり、曲芸師が芸を披露したりした。走ることは、祭儀に結びついていることが多く、王家の伝令の中でも足の速い者が、神への捧げ物の羊や山羊を届けて祭典や祝宴が行なわれるなど、宗教とスポーツはきわめて密接な関係にあった。

走るファラオたち

紀元前三一〇〇~前三〇〇〇年ごろ、エジプトのナイル渓谷地域には、王国が形成されており、アーチェリー、レスリング、ボクシング、競馬の考古学的資料が残っている。王国に住むエジプト人は、競走、競泳、ボート競技、フェンシング、球技も行なっていた。伝令の役割を担ったのは、歩兵、すなわち馬車で移動する権力者の護衛を務め、足の速さを買われた兵士たちだった。

代々の王は、王位更新を祝うセド祭で走りの儀式を行なったことがよく知られている。

セド祭は、そもそも古代エジプト国家の成り立ちに由来し、三〇〇〇年近くの歴史があった。当初は、旗手たちのパレードを伴う軍事的な祭儀として催され、高貴な生まれの戦争捕虜たちが、死刑執行前に、国境を模したいくつもの目印の周りを走ることもあった。時代を経て、走ることはもっぱら王の役割となる。

ラムセスⅡ世（前一三〇三~前一二一三）は、紀元前一二七八年から六六年間にわたりファラオ（エジプト王）として君臨した。戴冠式に先駆けて、彼は、自分がファラオにふさわしいことを証明するために、ピラミッドのひとつで開催される祭礼で、大勢の見物人に走りを披露しなければならなかった。一周一五〇ヤード（約一三七メートル）のトラックで、完全に独りではあったが、超自然的な力に助けられた。栄養剤を飲み、聖なる食物も摂取した。

三〇年後、セド祭で、彼はふたたび同じ距離を走ることになる。自分の活力と統治力に衰えがないことを顕示するためだ。その後も、走りの儀式は、そびえ立つピラミッドの下で行なわれる祭礼の場で、三、四年ごとに繰り返された。家臣たちまでもが集まり、民衆の審判を受ける王の姿を見守った。社会のあらゆるもの、日常生活そのものまでもが、ラムセスにかかっていた。彼こそが世界の中心であり、調和を守る者だったからだ。彼は神々と直接交信して、その偉大な力を使うことができた。しかも、それができるのは彼だけだった。神々の代表として、被造物の管理を任されていたのだ。もし愚鈍で脆弱な統治者なら、王国全体の秩序が崩壊してしまうだろう。ラムセスは、九〇歳を過ぎるまで、王国領土を象徴的に示したコースを見事に走りきった。

エジプトで競走が行なわれていたという考古学的資料は、ほとんど見つかっていないが、エジプト人を〝俊足中の俊足〟と言及した複数の資料や「わたしは、速さにおいては、ヌビア人にもエジプト人にも、国の誰にも負けなかった」などの文章が残っている。

最近発見された石碑から、エジプト人の走りについて、ちょっとした歴史のひとこまがうかがえる。メンフィスからファイユームのオアシスに続く旧道のかたわらにあるこの石碑には、紀元前六八五年一二月六日から六八四年一月五日のあいだの日付が刻まれている。当時はタハルカ王の治世で、彼の命を受けて「宮殿の西方、西部砂漠地帯に」建てられた石碑には、「太陽の子、タハルカ王の軍隊が訓練の一環で走る」という文章が刻まれている。

タハルカ王は、砂漠で電撃部隊の訓練を受ける兵士を選抜した。訓練場所を視察した王は、兵士たちの体力が非常に優れていることを喜び、メンフィスから砂漠を抜けてファイユームまで競走させることにした。王は、馬車に乗ってついていったが、ときどき馬車から降りていくつかの区間を兵士たちといっしょに走った。それは、王のような権力者にとって、前例のない行ないだった。兵士たちからすると、王も自分たちと同じレベルで走れるということに大きな意味があった。全員そろってメンフィスに戻る前に、真夜中に二時間ほど、ファイユームで休息をとったが、明けがたにはメンフィスに到着していた。一着で到着した兵士には特別の報酬が、走りきった兵士全員にも褒美が与えられた。石碑によると、一行は、メンフィスからファイユームまでの三〇マイル（四八キロ）を四時間で移動し、復路は、疲れと気温上昇のため、もう少し時間がかかったという。

メソポタミアやエジプトでは、走ることは、多くの場合、宗教儀式の一種だった。また、兵士の日常生活に取り入れられることもあったし、神との交流を図るためのひとつの手段でもあった。メソポタミアやエジプトの走りは、後に花開く地中海のスポーツ文化に引き継がれた。この地中海すなわちギリシアのスポーツ文化こそが、近代スポーツの発展に多大な影響を与えることになる。

第3章　神々に捧げるレース

走る者たちの脚は、過剰に発達している。

——ソクラテス

古代オリンピックの徒競走

古代オリンピック（オリンピア競技祭）は、ギリシアの一〇〇〇を超える都市国家で行なわれていた競技大会の中で、最も歴史が古く、大規模なものだった。オリンピア競技祭では徒競走が重視され、とりわけ重んじられていた最短距離の競走で優勝すると、勝者の名が大会の名称として残された。オリンピア競技祭は第一回大会からの伝統により、ある種目で開幕する――競技場《スタディオン》内の直線コースを走る短距離走「スタディオン走」（約一九二メートル）だ。これはゼウスに捧げられる競技であり、走者は祭壇に聖火を点ずるためのたいまつを手に走った。紀元前七七六年の第一回大会では、ギリシアの料理人コロイボスが優勝し、賞品の林檎《りんご》を授与された。このような競技祭がいつ、そしてなぜ始まったのか、今のところ定説はなく、クレタ島起源説、レバノン・シリア地域のフェニキア人が始めたという説、中央アジアの平原地帯で始まったという説、インド＝ヨーロッパ語族（ドーリア人）の影響説などが唱えられている。紀元前一八二九年にアイルランドで始まったとされる、ケルト神話の女神タルトゥに捧げる祭りを模したものという説もあるが、確たる証拠はない。

徒競走はギリシアのスポーツの中で、最も古くからある種目のひとつだった。紀元前八世紀に書かれた、ホメロスの『イーリアス』などの史料に、〝俊足の英雄、アキレウス〟が盟友を弔うための徒競走を主催した話が記されている。ギリシア神話の、女アキレウスとも言うべき俊足を誇るアタランテも、伝説上の競走に登場する。ギリシアの各種のスポーツや徒競走は、強靭な肉体を武器に身を守った先祖や神々への、崇敬の念から生まれたのだった。

オリンピア競技祭以前も、世界各地で徒競走やスポーツが行なわれてはいたが、この競技祭が今も大きな意味を持っているのは、古代ギリシアの各競技会や、ひいては約二〇〇〇年後の近代オリンピックのお手本となったからだ。

オリンピア競技祭はスタディオン走だけでなく、各種の徒競走も行なう規模にまで発展した。例えばスタディオン走の走路を一往復する中距離走、長距離走、武具を着用しての競走（武装競走）、少年の部の短距離走などだ。これらの種目はギリシアの競技会で一般的なものになり――〝汎ギリシア祭〟と呼ばれる――四大競技祭が、一定の間隔で開催された。紀元前五〇〇年ごろの、四大競技祭の開催時期は次のとおり。

紀元前五〇〇年七・八月　オリンピア競技祭
紀元前四九九年八・九月　ネメア競技祭、イストミア競技祭

紀元前四九七年四・五月または五・六月　ピューティア競技祭
紀元前四九七年八・九月　ネメア競技祭
紀元前四九七年四・五月　イストミア競技祭

これらの競技祭に加えて、各都市国家主催の陸上競技会が毎年行なわれ、アテナイやスパルタでは、年に何度も開催された。紀元前一五〇年ごろのギリシアには、豪華な賞品が与えられる大規模な競技会が二〇〇以上あった。各競技の優勝者は大金を稼ぎ、死ぬまで何不自由なく暮らすことができた。勝者は歓呼の声に迎えられながら、故郷の町を馬車で行進した。ある優勝者の馬車のあとには、白馬の引く約三〇〇台の馬車行列が付き従ったという。生涯にわたって、オリーブ油を支給されることもあった。当時、持ち手付きの壺《アンフォラ》に入ったオリーブ油は物々交換に広く用いられ、通貨と同様の価値を持っていた。また年金をもらい、税金を免除され、無償で家を与えられることも多かった。豪奢な宴席に招かれ、迎賓館《プリュタネイオン》で無料で飲食し、劇場では最前列の指定席を確保できた。ひとたび優勝すれば、スポーツ大会に臨席するだけで大金を稼ぐことができたし、勝者の肩書きを武器に、政界に打って出ることもあった。

紀元前四〇〇年から前三五〇年の全アテナイ競技祭では、歌唱、徒競走、投擲《とうてき》、跳躍、戦車競走などの競技の勝者に、現代の貨幣価値に換算して計五七万ドルもの賞金が支払われた。最高額の賞金は、男子短距離走の勝者に与えられた——オリーブ油一〇〇壺、現代で言うと四万ドルの価値があった。

陸上競技の花形選手は富裕な後援者、あるいは都市国家からの支給金で暮らし、競技者団体も有していた。当時は「アマチュア」を指す言葉はなく、最も近いのが「イディオーテース」だったが、これは「しろうと」、「門外漢」を意味した。

ギリシアの女性ランナー

ギリシアでは女性も走っていたが、ランナーは普通若い女性で、子どもを産んだあとは走ることをやめた。ところが都市国家スパルタの女性は、肌をさらし、挑発的なふるまいをし、しかも男性的で粗野だと非難されていた。ある戯曲には「スパルタの女たちは家に居つかず、若い男と出歩く。太腿もあらわに、腰布をはだけて、男たちと走りを競い、レスリングをする」と記されている。

スパルタの若い女性は自己鍛錬を怠らず、「競走路」を意味する「ドロモス」という訓練場で、多岐にわたるトレーニングを行なっていた。当時、都市国家スパルタの市民は、他に類を見ないほど屈強だった。スパルタでは、支配階級である市民は少数派であり、並はずれた戦闘能力を身につけなければ、わが身が危うかったからだ。子どもたちは質実剛健のスパルタ戦士となるために、七歳にして両親から引き離される。スパルタ人は柔弱さをさげすみ、みずからを無敵の存在と見なしていた。

スパルタの少女たちは格闘技を含む、あらゆるスポーツの訓練を受け、筋骨隆々のりっぱな体格をしていた。ほかの生きかたを選ぶことは許されなかった。少女たちの責務は、社会のために優れた戦士を産むことだ。スパルタ社会では虚弱児は情け容赦なく洞穴に遺棄され、少年たちはいつの日かその血を神々に捧げ、持てる力を示せるようにと、鞭打たれる。訓練のあまりのきびしさに、死んでしまうことさえあった。少年たちは、訓練中の少女たちを観察し、肉体を品定めして、自分にふさわしい配偶者を選んだ。スパルタでは婚姻においてさえ、運動能力が重要な条件であり、例えば少女たちが参加する、ディオニュソスを祀る重要な競技会は、嫁探しの場でもあった。

スパルタの女性が、裸で徒競走をすると悪評ふんぷんだったのに対し、普通ギリシアの女性は、少なくとも恥毛が生えたあとは、裸体をさらすことをつつしんだ。とはいうものの、豊饒祭では若い女性が主役の、聖地を裸で走る競技もあった。実りをもたらす大地の力が女性の体に伝わって、子孫繁栄を約束してくれると考えられていたからだ。

男性と同様に、さまざまな世代の女性たちも、競技会に出場するために集団で旅をした。女性による最大規模の競走が行なわれたのも、オリンピアにおいてだ。一七五ヤード（約一六〇メートル）を走る、この〝ヘライア祭〟に出場するために、若い女性が四年ごと、オリンピア競技祭の一カ月前に集まった。ヘライア祭は、天界の女神にしてゼウスの妻、ヘラを祀る競技祭だ。

都市国家エリス周辺の村々で、一六人の選ばれた女性たちが、来るべきヘライア祭の準備をした。女性たちはレース前の九カ月間、特定の建物に通って、ヘラの像に着せるための上質な長衣を織る。この儀式に妊娠期間と同じ九カ月間をかけるという点は、注目に値する。長衣の製作は手間のかかる、責任の重い作業だった。女たちの織る衣裳に、流行はまったく関係なかった。ヘライア祭用の長衣は、この競技祭が存続していた紀元前五八〇年からの九〇〇年間、ずっと同じデザインだったからだ。

ヘライア祭に出場する若い女性たちは、年齢によって三つの部に分けられた。下は一三歳未満の部から、上は一八歳から二〇歳の最年長の部まで。この一種の通過儀礼に参加を許されるのは、未婚女性のみだ。ヘライア祭はオリンピア競技祭に比べると静かなもので、観客も少なく、祭祀としての格も劣っていたが、それでも大規模かつ重要な行事だった。オリンピア競技祭のような、数日間にわたるお祭り騒ぎに堕することなく、短距離走のみの簡素な行事であり続けた。このような意味でヘライア祭は、オリンピア競技祭よりも純粋さを保ち、道徳的退廃と醜い競争心に毒されることも少なかったと言える。

ヘライア祭当日、会場には女性の集団ならではの華やかな空気が漂っていた。あらゆる世代の女性が、自分のお気に入りの女性選手を見守り、応援した。選手のいでたちは、短い腰布をつけて、右の肩と胸を露出するというもので、ギリシア神話の、優れた女戦士のみで構成される部族アマゾーンを思わせた。

伝令の活躍、哲学者らのランニング評

ヘラス（古代ギリシア）で、ランニングが単なる宗教儀式や運動競技というだけにとどまらなかったのは、走りに必要な技術が、日常生活においても役立ったからだ。特別な訓練を受けた伝令、いわゆる〝伝令走者〟は、二四時間以内で長い距離を走破することができた。古代ギリシアの郵便制度は貧弱なもので、口頭あるいは書面で情報を運ぶ伝令走者に依存していた。伝令は古代ギリシア全土で活躍し、どこの軍隊も大勢の伝令を抱えていた。伝令走者が馬の使用を禁じられたのは、騎馬伝令は敵方に見つかりやすかったからだ。丘陵地帯や深い森を抜けて峡谷や山々を越える、馬が難儀するような細道小道を、伝令走者はやすやすと通過することができた。尾根や山頂に常駐し、斥候を兼ねた伝令兵もおり、彼らの唯一の仕事は敵方の接近を警告しに走ることだった。

アレクサンドロス大王は、クレタ島でフェイロニデスという人材を発掘し、伝令として雇った。測量技師としても働いたフェイロニデスは、主要都市間の距離を歩測によって割り出した。ギリシア人はこのような、スピードよりも精確さと信頼性が求められる作業にも、奴隷を使うことが多かった。大王配下のふたりの将軍は、出征の際に全長二〇〇メートルの山羊皮の天幕を携行し、悪天候になる

とそれを張った。強風や雨の日には、フェイロニデスら伝令たちが、この天幕の中で訓練を行なうのだった。

アレクサンドロス大王は、広大な領土からえりすぐった走者を軍に入隊させたが、自身も俊足を誇り、アキレウスの直系の子孫だと信じていた。伝説によれば、大王がランニングをやめたのは、徒競走で勝ちを譲られたからだという。それは大王にとって、許しがたい侮辱行為だったわけだ。大王は、スポーツやオリンピア競技祭の社会的・政治的な重要性を認識しており、競技祭への出場を打診された際には、こう答えた。「ほかの王たちと競うのならば、出てもよい」

歴史家のヘロドトスが紀元前四三〇年ごろに記した、紀元前四九〇年のマラトンの戦いの記録に、伝令のフェイディピデスという人物が登場し、援軍を要請するために、アテナイからスパルタまで二日もかからずに走っている。そしてそのままアテナイに取って返したと思われ、だとすると往復で二九〇マイル（四六六キロ）近くを走破したことになる。ヘロドトスは復路には触れておらず、フェイディピデスが走った距離も詳述していない。伝令走者にとっては、ごくあたりまえの任務にすぎなかったからだ。

ギリシア連合軍勝利の一報をマラトンからアテナイへ伝え、直後に倒れて息絶えた伝令が、フェイディピデスその人だったという伝説もある。この伝説がかなり眉唾ものなのはなぜかというと、走りが専門の、経験豊かな伝令であるフェイディピデスが、ランニングによる疲労で死亡したなどとは、まず考えにくいからだ。フェイディピデスら伝令たちが担った数々の任務に比べれば、マラトンからアテナイまでの二五マイル（四〇キロ）走など、たやすい仕事だったはずだ。

ギリシアの著名な医師、作家、哲学者らも、ランニングについて記している。例えばソクラテス（前四六九〜前三九九）は、「走る者たちの脚は過剰に発達している」と批判した。アリストテレス（前三八四〜前三二二）は、著作の中で少なくとも一八回はランニングに言及しており、走りの技術や訓練方法を説明しつつも、のめり込みすぎないよう戒めている。プラトン（前四二九〜前三四七）も、ランニングについて書いている。若き日のプラトンはレスリングを得意としており、肩幅がかなり広かったので、レスリングの師から――ギリシア語で「平ら」と「幅広い」を意味する「プラテュス」という単語をもじって――〝プラトン〟というあだ名をつけられた。プラトンの国家論には、競技場での中距離走（約一三キロ）と、クロスカントリー走（約二〇キロ）が出てくる。

紀元前五九〇年ごろにアテナイで評判の高かった政治家ソロンも、アテナイ一の俊足を誇る若者たちを称賛した。

アテナイの若者には、走る訓練も施すべきである。若者は――長距離を走る際に――最後まで走りきることができるよう呼吸と体力を保つという、最も肝要なことを、走る行為から学べるからである。しかしながら短距離のみを走るのならば、能《あた》うかぎりの高速で走破すべきだろう。溝や各種の障害物を飛び越す練習を行なうこともまた肝要であり、なおかつ両の手で重い鉛玉を握りつつ、それを行なうべきである。

ところがアテナイも、世の中が豊かになることの悪影響から逃れることはできなかった。アテナイの喜劇作家アリストパネス（前四四七〜前三八五）は、当時の若者が「炬火競走《きょか》（たいまつ競走）」をやってのけられなくなったことから、アテナイにゆゆしき変化が起きていると見抜いた。裕福な若者たちは訓練を放棄して、繁華街や豪華な公衆浴場で遊蕩にふけり、スポーツに積極的に参加する側ではなく、観る側に回るようになった。専門の軍隊が兵役を担うようになったことから、一般市民のあいだでも体を鍛える習慣がすたれていった。若者は何かを強制されることが少なくなり、目標に向かって努力することもなくなっていった。

ギリシアのあらゆるスポーツと同じく、徒競走も戦争と密接につながっていた。中でも〝重装歩兵走〟という、武具をつけた走者が競技場を一、二往復する競技は、戦闘をそのまま模したものだった。プラタイアで行なわれる競技祭「エレウテリア（自由の祭典）」は、紀元前四七九年にギリシア連合軍が、侵攻してきたペルシア軍をプラタイアの戦いで撃破したことを祝うもので、完全武装した選手が一五スタディオン（約二・九キロ）の距離を走り、優勝者は〝最も優秀なギリシア人〟と称賛された。

プラタイアの戦いでの勝利は、ギリシアの団結を象徴するものだった。「エレウテリア」での徒競走は、ゼウスの祭壇からスタートし、途中、英雄たちの墓を通過するもので、走路自体が死者と生者、子々孫々のきずなを深める役割を果たしていた。もし優勝者が再度この競技に参加して負ければ、ギリシアも不運に見舞われるとされていたので、優勝者がふたたび出場する気にならないよう、過去の優勝者は負ければ即刻死罪という過酷なルールが設けられた。

俊足を誇ったクロトン人

現在のイタリア南部に位置する、海岸沿いの町クロトンの人々なら、このようなきびしいルールをものともしなかっただろう。この町は長きにわたり、ギリシア世界で最速のランナーを輩出したからだ。紀元前五八八年から前四八八年の一〇〇年間に、オリンピア競技祭の短距離走で優勝したランナー二六名のうち、じつに一一名がこの町の出身であり、「ギリシア人が束になってかかっても、クロトンで最も鈍足の者にさえかなわない」という言い回しがあったほどだ。全盛期には、オリンピア競技祭で決勝に進出した八名のうち七名をクロトン出身者が占め、前四七六年に最後の優勝者を出すまで、ギリシア世界の最も輝かしい二〇〇年のあいだに、この町の何百人ものアスリートたちが、主だった競技大会で勝利を飾った。

ランナーの町クロトンという伝統が確立され、何世代にもわたって受け継がれることになった。走ることは名声と、社会での成功へと導いてくれた。若者は町いちばんのランナーの練習を観察し、よき助言を受け、優秀なランナーの町として誉れ高いクロトンの出身であることを誇りにしていた。

〝クロトンの男のごとく壮健〟という表現は、運動競技場外でのクロトン人の生活様式を指し、身体の充実とスポーツでの業績とが密接につながっていることを示している。クロトンの医師は腕がよいと評判で、ランナーにとって優れた医師は大切な存在だった。クロトンには古代ギリシア世界じゅうから、若手ランナーだけでなく、実践を重んじる研究熱心な知識人も集まってきた。

数学者ピュタゴラスがクロトンに移り住んだ紀元前五三〇年ごろは、この町の人々が放縦な生活を送るようになっていた時代だった。ピュタゴラスは菜食主義者で、断食療法の信奉者であり、個人の内面の調和を重んじていた。古代世界で最も偉大なアスリートと思われるミロは、ピュタゴラスの弟子のひとりだった。ミロの若かりしころ、クロトンはある大規模な戦いに敗北を喫しており、簡素な生活と高潔な行ないを旨とするピュタゴラスの教えが、この町の人々に救いをもたらした。人々はピュタゴラスのもとに殺到し、賢人の教えに感化された。

ピュタゴラス学派は世間から一目置かれた排他的な集団で、放縦な生活を送りたい者や、自己管理の甘い者を受け入れなかった。キロンというクロトンの有力者は、ピュタゴラス学派への弟子入りを熱望していたが、放埒なふるまいを理由に断られたため、ミロの家に集っていた弟子たちを襲って、ミロやその友人らを殺害し、ピュタゴラス学派の者たちを残らずクロトンから追い出した。その後、クロトンの人々の肉体は衰えていき、オリンピア競技祭で勝利を収めたのは、この事件の二〇年後が最後となった。

このクロトンの深刻な時期に活躍した、優れたランナーのアステュロスは、紀元前四八八年以降、オリンピア競技祭で三大会連続の二冠を達成し、前四八〇年には武装競走でも優勝した。偉業を成し遂げたアステュロスは、本来であれば故郷クロトンの広場の彫像として、後世にその姿を残されるはずだったが、前四八四年と前四八〇年の競技祭で、シチリア島シュラクサイの有力者におもねるために、シュラクサイ出身と偽ってしまった。これに怒ったクロトンの住民は、アステュロスの彫像を破壊して、本人を自宅に軟禁し、その偉業を公に承認せず、長く与えていた特権を剥奪した。身内にまで背を向けられたアステュロスは、故郷の人々につまはじきにされたまま、困窮と流浪の果てにひとり死ぬことになった。

タイムよりも連勝

ギリシア人が、ランニングのタイムを計測することはなかった。走る速度を相対的に表現し、動物の走る速さと比較した。例えば、野兎をつかまえられるほどの速さか、あるいは長距離走で馬を負かせるほどの速さか、というように。

古代ギリシアに水時計や日時計は存在したが、短距離走や長距離走のタイムを測れるほど精確ではなかった。ギリシア人は一日を午前と午後に分けていた。太陽を観察し、光と闇の変化に従って一日の周期を決めていた。「鶏鳴《けいめい》」は明け方、「火点《ひとも》し頃」は夕暮れ時を意味した。日時計で時刻を計ることはできたが、太陽が出ていなければ役に立たなかった。水時計は砂時計のように、片方の容器からもう片方の容器に水が流れる仕組みで、法廷での証言の際に使われた。つまり水が流れているあいだは、発言を許されたわけだ。

ギリシア人が、性能の優れた実用的な時計をスポーツの分野に用いなかったのは、スポーツにおいて速度や距離が重要ではなかったからとも考えられる。例えば徒競走のコースの長さを測ろうと思えば、ロープでたやすく測ることができたはずだ。古代ギリシア世界で価値があるとされたのは、主要なスポーツ競技の、なるべく多種目において、できれば連続して勝利を収めることであり、連勝記録を残した選手はみずからを、比類なき偉業を達成した者と宣言した。徒競走に関しては、大きな大会で何度勝利を収めたかが最も重視された。同一大会で三種目の徒競走に優勝した者は、栄誉ある「トリアステス（三冠王）」の称号を与えられて、尊敬を集めた。古代世界で最も偉大なランナーと思われる、ロードス島出身のレオニダスの走りを、人々が〝神のごとき速さ〟と形容したのも、ゆえなきことではない。レオニダスは紀元前一六四年のオリンピア競技祭で陸上競技三冠を達成し、しかもこれを皮切りに四大会連続で同じことをやってのけ、オリンピア競技祭以外のあまたの大会でも勝者となったからだ。

古代ギリシアの自然哲学者、エレアのゼノン（前四九〇〜前四三〇）は、ランニングを題材にした有名なパラドックスのひとつを考案した。無敵の駿足を誇るアキレスが、亀と徒競走をすることになった。もともとの走る能力がまるで違うのだから、お話にならないほど不公平な競走だ。アキレスは亀にも勝機を与えるために、一〇メートル先からスタートさせた。アキレスの走る速さは、亀の十倍だった。こうしてスタートすると、亀が一メートル先の一一メートル地点を過ぎたときに、アキレスは一〇メートル地点を通過するはずだ。従ってアキレスが亀を抜くためには、もう一メートル先まで走らねばならないが、そのあいだに亀は一一メートル一〇センチ地点まで進んでいる。こうしてアキレスと亀は〝無限《アド・インフィニトゥム》に〟この状態を続ける、とゼノンは論じた。つまり亀は僅差ながら、常にアキレスより先を行くとした。アキレスは亀との僅差をどこまでも縮めていかねばならず、常に亀よりもわずかに遅れるという論法だ。

もちろん誰もがわかっているとおり、実際にはアキレスがたちまち亀を抜き去るのだが、たとえ誤った結論につながるものとはいえ、ゼノンの論理には筋が通っていた。

この〝アキレスと亀〟のパラドックスは、何十世紀にもわたって数学者や哲学者たちを悩ませている。この論法のどこかに欠陥があるのはわかっていながら、誰もいまだにどこがおかしいのかを明確に指摘できずにいる。二〇世紀の偉大な哲学者のひとり、ギルバート・パイルは、このパラドックスが哲学的難題の究極の例だとしている。

第4章　古代ローマの競技会

スタートからゴールまで、つまずいたり倒れたりすることなく、人生という競走を走り抜くことを、神はめったにお許しにならない。

——哲学者フィロン

ローマ人のスポーツ観

ローマ帝国のストア派哲学者、セネカ（紀元前四〜後六五）は、わが身に老いがしのび寄っていることに気づいた。戸外を走る際に、以前のように脚が軽快に動かないと感じたのだ。肉体をいたわるべきであるというのが、ストア派の信条であり、とりわけセネカにとっては切実な課題だった。長く健康問題に悩まされていたセネカは、ありとあらゆる療法を試し、その中にはさまざまな運動も含まれた。不義密通のかどでコルシカ島への流刑に処されても、ランニングを怠らなかった。ストア派やセネカにとっては〝理性〟こそ最も重んじるべきもので、セネカは理性の命ずるとおり、たとえ肉体の柔軟性や持久力が衰えようと、走ることをやめなかった。当時、ランニングによって体調を整えていたのはセネカだけではなかったが、一般市民がみなそうしていたわけではない。ランニングとウォーキングが脂肪をそぎ落とし、人を強健にしてくれるということを知っていたのは、学のある者だけだった。

西暦五〇年、セネカはランニングのお供として、奴隷の若者ファリウスを雇った。ある朝、セネカは早朝に目を覚ました。暗い寝室の唯一の明かりといえば、一本のろうそくの揺れるともしびのみ。セネカは衣服を着たまま眠りにつくので、サンダルの紐を結び、上衣をまとうだけで、ランニングに出る準備が整う。水を少し飲んでから、奴隷と共にいちばん近い公衆浴場まで歩く。ローマの公道はランニングに適した場所ではないので、公園や走路を併設した公衆浴場で走る。そこには知り合いの顔も見える。朝の散歩に出てきて、ひとり散歩していたり、会話を楽しんだりしている哲学者たちだ。セネカは誇り高い男で、負けることが嫌いなので、奴隷のファリウスはセネカよりはるかに年若いというのに、主人の後ろについたまま走る。それが奴隷の身分をわきまえた適切なふるまいであり、主人を侮辱してはならないという気持ちの表われでもある。

しかしこの日、ふたりは肩を並べて走っていた。セネカは自分に鞭打って走らねばならず、自分の立場がおびやかされているのを感じた。ストア派の哲学者であるセネカは、その状況を客観的な目で、ユーモアをまじえて考察している。「わたしは自分よりも身体能力の劣る奴隷を雇わねばならないだろう。世に知られた偉大な人物が、名もなき奴隷ごときを取り逃がすなど、あってはならないことだ」。この記述は自分自身を揶揄したもので、セネカはそもそも、奴隷の尊厳を守るよう強く訴え、処遇が改善されるよう支援してきた人物だった。

セネカは多くの賢人や哲学者らと同様に、肉体を訓練する価値を論ずるにあたって、他者との競走を手放しで礼賛することはなかった。奴隷と競走したところで、体にひどく負担になるだけで、有効な訓練になるわけではないと考えていた。セネカの見かたは紀元一世紀当時の教養あるローマ人のあいだに共有されていた。セネカは剣闘士競技を嫌い、円形闘技場からの拍手喝采があたりに響き渡っているあいだも、静かに学問に没入するほうを好んだ。その手の血なまぐさい見世物や英雄崇拝によって、運動選手の努力がむだに費やされ、大衆の目がくらまされていると考えていた。人は肉体だけでなく心も鍛えるべきだというのが、セネカの考えかただった。

とはいうものの、ランニングが哲学者の発想の源であったことに変わりはない。セネカの言葉の中に「道徳上のジレンマを抱えた者は、深呼吸をして丘の頂上に駆けていけば、おのずと結論がはっきり見えてくるだろう」というものがある。

古代ギリシアのスポーツに関しては、大勢の英雄や豊富な史料が存在するのに対し、ローマ人のあいだではかなり長いあいだスポーツが一般的なものではなかったことが、歴史からうかがえる。ローマ帝国の礎を築いた者たちは、紀元前七五三年に都市国家ローマを興したのち、エトルリア人との長い戦いを経て、現在のイタリアの地に、当時最も勢力を誇る国家を築いた。ローマ人はエトルリア人から、剣闘士競技を含む数多くの文化を学んだが、ヘラス（古代ギリシア）にも関心を向け、現地に赴いてギリシアのスポーツを観戦し、紀元前一四六年にギリシアを征服してからは、ますますギリシア志向が強くなった。

紀元前一八六年以降、ローマ人の有力者たちはギリシア人選手をローマに連れてきて競技を行なわせた。有力者の真の目的は大衆の歓心を買うこと、そしてランニングや跳躍、円盤投げなどのギリシアの目新しい競技によって、円形闘技場での猛獣の闘いや戦闘競技に興を添えることにあった。このような娯楽が始まった当時、政治家は進んで身銭を切って競技場に赴き、大衆に目撃されることを重視した。そのような行為によって、自分たちが大衆の味方であり、娯楽の面で興味や嗜好を共有しているというメッセージを発したわけだ。ローマにおいてスポーツとは、異国から仕入れた習俗であり、その魅力はものめずらしさにあった。

ローマの権力者は、ギリシア文化に対して否定的な態度を取っていた。多くの面ではギリシアを高く評価していたものの、ローマ在住のギリシア出身の知識人、家庭教師、哲学者、修辞学者らが推奨した、いわゆる〝ギリシア的愚行〟、例えば全裸でスポーツに参加するような行為を軽蔑していた。ローマ帝国ではギリシアほど、スポーツが文化的活動や市民の義務として広く支援を受けることはなかった。ローマ人はスポーツに積極的に参加する側ではなく、観る側に回ることが多かった。とはいえギリシアにならって、運動施設を備えた何千もの多目的公衆浴場を建設しているのだが。

政治家・著述家の大プリニウスが、長距離走のタイムを最初に計ったのはローマ人としているが、詳しいことはほとんどわかっていない。ローマ人は時計の進歩に大きく貢献した。日時計や水時計が、より精確な機器となり、大きさも縮小されたので、西暦一〇〇年までには一・五インチ（約三・八センチ）にまで小型化された「ソラリア」と呼ばれる日時計も登場し、現代の懐中時計のように使われた。水時計は日時計よりも精確で、太陽が出ていなくても使えた。とはいうものの、その精度はセネカが記しているように、各種の水時計の指す時刻が一致するよりも、哲学者どうしの意見が一致するほうがよほどありうる、という程度のものだった。現代の基準からすれば、ローマ式の時間の計りかたはあまり厳密ではなかった。例えば一時間の長さは、その年の長さによって異なっていたが、それでも長距離走のタイムをかなり精確に計ることは可能だった。

ローマ人は周回・直線のコースを、一時間や一日でどれだけ走れるかを測った。ある者は二五万人を収容する巨大な競技場「キルクス・マクシムス」で、一日に一六〇マイル（約二五七キロ）を走り、また八歳児が七〇〜七五マイル（約一一三〜一二一キロ）を遊びで走ったという。しかし、このふたつの例を除き、持久走に関する偉業については、ほとんど伝わっていない。

ローマ帝国で女性ランナーが活躍した形跡は、ごくわずかだ。最も完全な形でモザイク画が残っているのが、シチリア島のピアッツァ・アルメリーナという都市で行なわれていた、いわゆる〝半裸〟の女性による競技で、裸同然の若い女性たちがランニング、舞踊、球技を行なったという。当時の女性は初潮を迎える一二歳から一四歳で結婚したので、未婚の時代はごく短かった。

ローマ帝国の統治者は、神々や人間の英雄に捧げる競技会を開いた。西暦八〇年、共和政ローマの将軍スッラはローマ軍の大勝を祝うために、オリンピア競技祭の開催地をローマに移し、ローマ初のギリシア式競技場を建設した。この年、短距離走だけはオリンピアで開催されたが、ほかの競技はすべてローマで行なわれた。このできごとによって、ローマの権勢とギリシア制圧が世に示されただけでなく、ギリシアの伝統文化に対するローマ人の憧憬も明らかになった。ローマ軍は新たな地を征服すると、特に一貫した方策というものもなく、ある土地ではギリシア式の競技会を創設して恒例化し、また別の土地では逆にそういう競技会を廃止した。

ローマ帝国の祝祭や競技会に、徐々にさまざまなスポーツ競技が加わるようになっていった。西暦一七〇年代には、皇帝マルクス・アウレリウスがスポーツ全般、とりわけランニングを愛好、奨励したので、ランニングはローマで普及はしたものの、根づくことはなく、また大衆からの人気という意味でも、剣闘士競技や戦車競走にはかなわなかった。ランニングはあまりにも退屈な、盛り上がりに欠けるスポーツに見えたし、ギリシアのような歴史的基盤も欠いていた。

ローマ人には回顧に値するような、英雄の活躍した黄金時代もなく、半ば神のごとき存在として崇拝されるスポーツの英雄もいなかった。当時のイタリア半島を構成していたのは、互いに競い合おうとする都市国家ではなく、さまざまな部族であり、彼らは食料調達のための日々の労役や、近隣部族との絶え間ない戦いで手いっぱいだった。ローマも奴隷制度の上に成り立っていたとはいえ、暇を持て余していたギリシアの自由市民とは違って、ローマ人には体を鍛えたり、理想の肉体を賛美したりする余裕はなかった。ローマは市民に多くのことを強制したが、各種の運動競技を練習する義務は課さなかった。

しかし、体を鍛えることの価値を認識していた者も多く、共和政ローマの政治家ユリウス・カエサルや、初代皇帝アウグストゥスは「カンプス・マルティウス」という練兵場によく足を運んだ。ここは新兵が体を鍛え、互いに競い合う場所で――これを模範に、帝国じゅうに同様の施設が造られた。もちろんカエサルなど、ローマ軍の指揮官たちも伝令を使っており、伝令は二四時間で一五〇マイル（約二四〇キロ）を走り、高給を取っていた。とはいえ、恥をかく危険をおかして何千人もの観客の前で裸で競うという目的のために、跳躍、ランニング、投擲《とうてき》を膨大な時間を費やして練習するのは、ローマ人の品格を損なう行為だと見なされていた。スポーツ競技での勝利は男らしさの証しであるというギリシア人の考えかたが、ローマで広く定着することはなかった。

ローマ式の競技会「ルーディ」が、ギリシア式の競技会とまるで異なるという事実は、重要な意味を持っている。神々や軍事作戦の成功など、捧げる対象を問わず、ローマ人ほど盛大かつ熱心に祝賀行事を行なった国家は、ほかにほとんど例を見ない。戦勝を祝う際には、略奪してきた財宝が披露され、戦いを制した兵士たちが街を行進して、歓呼の声に迎えられた。「ルーディ」は日々の労役をつかの間忘れさせてくれるものであり、この行事の開催数は、時を経るごとに増加していった。ローマ人の「ルーディ」への欲求は募るばかりだったようで、四世紀半ばまでには、毎年少なくとも一七六の公式の「ルーディ」が予定されるようになった。

ギリシアの競技会が詩、音楽、スポーツなど分野を問わず、競争を重視したのに対し、ローマの「ルーディ」は娯楽や気晴らしの色が濃く、この催し用に連れてこられた者によって演じられることが多かった。二世紀、三世紀を通じて競技会の数が増えたため、またローマ人がオリンピア競技祭のてこ入れをはかったので、ギリシア人のスポーツ選手はローマ帝国に新たな市場を見出した。当時のアスリートたちは、賞金と名誉が差し招く地を、遠路はるばるめざした。彼らは帝国じゅうの体育訓練所《ギュムナシオン》でローマ人と交流し、「イウウェントゥス」——すなわち兵役その他の重要な責務——のために、上流階級の青少年を訓練するクラブで、貴族の若者と知り合った。

そこがチュニスであれ、ノリクムであれ、ガリアであれ、ローマ帝国各地の競技会に参加したスポーツ選手が得られる栄誉は、剣闘士の足もとにも及ばないようなものだった。世の女性たちは往々にして剣闘士の威風に魅せられ、みずからの婚礼の前には、男を惹きつける魔性の力を得るために、死んだ剣闘士の血に槍の刃を浸して、髪に塗ったという。

ヒポクラテスを別格として、古代の最も有名な医学者だったガレノス（一二九頃～二〇〇頃）は、剣闘士のかかりつけ医をつとめ、肥満と戦うためにランニングを推奨した。ガレノスの時代には、痩せるにはまず〝節制〟と言われ、これが最も一般的な痩身法だった——ガレノスが生きた時代はセネカよりも一五〇年あとで、大食漢のローマ人のあいだで痩身の必要性が高まっていた。ガレノスは、ランニングという偏った運動法だけでは、筋肉の最も好ましい調和を生むことはできないと考えていたので、ほかの鍛錬法も勧めた。さらにランニングは血管を傷つけるとも信じ、ランニングだけで剛健さを育むことはできないと考えていた。

ローマのランナーが、ギリシアのランナーのように神聖な地位を得ることはけっしてなかった。現代に残っている史料や考古学的資料に、優れたローマ人ランナーの名が残されていないことからも、それがうかがえる。ギリシア人がスポーツ選手の名前を記録し、無数の彫像を献じたのに対し、ローマ人は徒競走の優勝者に敬意を示すどころか、その名を記録することにさえ関心がなかった。

キリスト教の勃興と競技祭の終焉

紀元前一〇年から後五年のいずれかの年に、ローマ帝国の属州キリキアの、貿易の要衝地タルソスという古都で、ひとりの男の子が生まれた。男の子の父親はベニヤミン族のユダヤ人で、ローマ帝国の自由市民だった。父親は、のちに聖パウロとして知られるようになる息子サウロに、厳格なパリサイ人としての教育を施したが、サウロは書物だけにしがみついているような人物ではなかった。エルサレムのラビのもとに預けられたサウロは、テント作りの仕事を覚えた。またタルソスの競技場に足しげく通っては訓練に励み、生涯にわたるスポーツへの興味を培った。競技場ではスポーツ関係の行事が定期的に行なわれており、向学心旺盛な若者の興味を引きつけ、ギリシア、ローマ、ユダヤの文化への理解を深めるものがたくさんあった。

聖パウロが誕生した年の前後に、ヘロデ大王がローマに旅した。大王にとってローマはなじみの地で、帝国の指導者らとも友好関係にあった。旅の途中、大王はオリンピア競技祭に立ち寄り、この競技祭が衰亡しつつあることを知って残念に思った。大王は数多くの体育訓練所《ギュムナシオン》を設け、ギリシアのスポーツを広めることに熱心な人物だったからだ。

聖パウロが育ったのは、ちょうどそんな時代だった。紀元前一二年には、ヘロデ大王がエルサレムとカエサレアで競技会を催した。古代ユダヤ教の信仰では、肉体は罪深いものと考えられていたためラビたちが激しく抗議したが、カエサレアの競技会は少なくとも一五〇年間続いた。

聖パウロの著作に、ランニングに言及した部分がいくつかある。『コリントの信徒への手紙一』では、こう記した。「あなたがたは知らないのですか。競技場で走る者は皆走るけれども、賞を受けるのは一人だけです。あなたがたも賞を得るように走りなさい」（九―二四）

ランニングは聖書にも、とりわけ旧約聖書の中で頻繁に取り上げられている。例えば、紀元前一〇世紀ごろ、戦争の際に約二五マイル（約四〇キロ）と三五マイル（約五六キロ）の長距離走が行なわれたという記述がある。聖パウロがギリシア式の競走に影響を受けて、それをたとえ話に使っているのに対し、聖書におけるランニングの記述の大半は、伝令や実用的な目的のために走る話だ。

アレクサンドリアの哲学者フィロン（前二〇頃～後五〇）はパウロと同時代のユダヤ人で、ランニングについて数々の言葉を記し、人生の難題や俗務を解説するために、ランニングのイメージを幾度となく使っている。みなが猪突猛進し、たいがい波乱含みとなる短距離競走は、人生を象徴するものだった。「スタートからゴールまで、つまずいたり倒れたりすることなく、人生という競走を走り抜くことを、神はめったにお許しにならない。あるいは全速力で他者を抜き去ることによって、不慮の、あるいはみずから招いた逆境をうまく避けられることなど、めったにない」

パウロやフィロンの、競技場でのランニングに関する記述から、教養あるユダヤ人著述家のあいだでもランニングが広く認められていたことがわかる。

三八一年にテオドシウス一世がキリスト教をローマ帝国の国教と定め、これにより異教の神に捧げられるオリンピア競技祭は、三九三年を最後に幕を閉じた。

キリスト教徒がスポーツを禁じたのは、異教の神々を称える行為と見なしたからだ。キリスト教の教義では、人間の思念は来世に集中されるべきものであり、現世の肉体の育成や崇拝に向けられてはならなかった。たとえその魂は救われても、人間の肉体は罪深いものだった。つまり肉体は罪や酒色に陥りやすく、そのせいで思念が神から離れてしまうとされていた。かくしてスポーツは、キリスト教の神の敵となった。聖パウロでさえ『テモテへの手紙一』の中で、「体の鍛錬も多少は役に立つが、信心はこの世と来るべき世での命を約束するので、すべての点で益となる」(四―八)と書いている。テオドシウス一世は、剣闘士競技も異教のものとして禁じた。

四二六年、テオドシウス二世はゼウス神殿の破壊を命じた。ゲルマン民族がオリンピアの神殿を荒らし、オリンピア一帯は五二二年と五五一年の二度にわたって大地震に見舞われ、さらには河川の氾濫によって、一五～五〇フィート(四・五～一五メートル)もの厚さの泥に埋まり、オリンピアのあった場所はほぼ不明となってしまった。ギリシア式の競技会はシリアのアンティオキアで五一〇年まで存続し、わかっているかぎりでは、この年を最後に消滅している。

メソポタミア、エジプト、ローマ帝国、古代ギリシアにおけるランニングには、似通った点もあれば、異なる点もある。ランニングはいずこにおいても神聖な役割を担っていたが、競走に勝つこともまた、大いに重要だった。

第5章　象との競走

男は頭に一〇メートルの縄をくくりつけて走ったが、あまりの速さに縄はまるで吹き流しのように後ろにたなびいた。その速度は馬より速かった。

――中国人兵士、楊大眼について

走る軍団

昔、中国北部のとある部族の人々は、太陽の沈みかたが早過ぎると考えた。ほとんど熱も発せず、人間が期待する働きをなさぬままに消えてしまう。そこで人々はひとりの年若い走者を空へ遣わし、太陽をつかまえてずっと空にとどめておくよう命じた。少年は朝から晩まで太陽を追い続け、ある谷で、あと一歩のところに追い詰める。ところがあまりの喉の渇きに、少年は渭水《いすい》と黄河の水をすべて飲み干してしまった。なおも別の川の水を飲もうとしたが、そこで力尽きて命を落とす。けれども人類にとって喜ばしいことに、ある不思議な変化が起きた。少年の髪の毛は草花に、血液は河川に、杖は桃園に変わったのだ。少年は部族の使命を果たせなかったが、かわりに地上に必要なものをすべて残したので、部族の子孫たちは、地を耕し日々の糧を得るという人間の営みを、無事果たせるようになったという。

　中国の民話『夸父逐日《かほちくじつ》』は、紀元前五〇〇〇年、中国が文明社会を築きつつあった神話時代の物語だ。多くの文化に見られるように、ここでも、秩序を生み出し物事の基礎を形作る自然事象の起源譚において、ひとりの走者が物語の主人公になっている。この走者は、類いまれな才能と特別な洞察力を備えた、動的な人物だ。人々は夸父の物語、特にその勇気ある行ないと創造的な役割の重要性を、厳粛さと敬意をもって語り伝えてきたのだ。

　中国が統一されたのは紀元前二二一年のことで、その歴史は、権力が世襲で受け継がれていく王朝と切り離せない。紀元前二〇二年から後二二〇年まで続いた漢王朝は、中国最古の大国で、その最盛期はちょうどローマ帝国繁栄の時期に重なる。いや、むしろローマ帝国をはるかにしのぐ世界最大の帝国であった。もっとも、当時のヨーロッパ人にはほとんど知られていなかった（ヨーロッパが中国文化を過小評価し始めた最初の例だろう。以来、ヨーロッパ人は常に自分たちこそが世界の中心だと思っている）。中国の歴史には、驚くべき豊かな財宝、すなわち古代の進歩的技術と、西洋とは異なる知性が眠っている。主要な概念である陰（地）と陽（天）の原理は、寒暖や受動・能動など相反するものを象徴する。陰と陽が互いに補い合わなければ、均衡は成り立たない。呼吸法であれ護身術であれ、球技や競走であれ、古代中国の肉体運動の目的は、均衡を達成することにあった。

　中国の周代（紀元前一一〇〇～前二五六）の青銅器には、皇帝が、従者や奴隷を連れて春の耕作と種蒔きに向かうようすが描かれている。宮廷への帰路、皇帝はふたりの衛兵リンとフェンに向かって、もし馬車と同じぐらい速く走れたら褒美をとらせようと約束した。衛兵、馬、御者はみな懸命にでこぼこ道を疾走したが、ふだんから皇帝の前後を走っていたリンとフェンが、その経験を十二分に発揮して、先に到着した。ふたりの衛兵たちは互いの栄誉を褒め合い、俊足の従者を重んじる皇帝を称えた。皇帝は馬車にもできるだけ速く走ることを望んでいたが、その日の英雄である汗だくの衛兵たちに、約束通り褒美を与えた。リンはその賞金で鍋を作り、そこにこの競走の物語が彫られることになった。

中国の資料に走りが登場するのは、実践的な軍事目的の話がほとんどだ。頑丈な歩兵、それも弓矢や槍を使う兵士がふんだんに供給されることが、軍隊にとっては重要だった。多くの戦争を経験し、軍事理論が非常に発達した中国で、走者は重要な位置を占めていた。

春秋時代（紀元前七二二〜前四八一）の軍師、孫武は、採用した兵士たちに、完全装備で兵舎までの一五〇キロを走るよう命じた。走りを武器に常時戦闘態勢を取る特別部隊を編成するべく、三〇〇〇名の精鋭を選ぶと約束したのだ。孫武は訓練中の兵士らを視察し、壮大な光景を目撃した。何万人という若者が必死に走る姿だ。何十万もの兵士を抱える、人口の多いこの国にあっても、この選抜競走ほど大人数が競ったレースはめずらしい。

特別部隊に選ばれたこれら三〇〇〇名の男たちは、楚に奇襲を仕掛け、敵に泡を吹かせた。そしてほどなく、さらに遠方の地域まで掌握した。高度な訓練のおかげで、力の消耗も激しくはない。騎兵隊は遠くの目標を任されたが、歩兵は近くで奇襲攻撃を担当した。餌や水や休息を必要とする馬より、はるかに融通がきくからだ。むろん歩兵たちにも食事や休息が必要だったが、走者である彼らは禁欲的な生活を送り、数日分の食糧など必要最低限の荷物しか持たなかった。川の水で喉を潤す歩兵たちを、物理的に妨げる障害は、何もなかった。地形の緩急にかかわらず進軍し、必要とあらば山も登り、まるで蜂の大群のように前進した。これら兵士の走る技術に影響を与えたものがあったとすれば、彼らが胸、腹、足につけた鎖かたびらや、兜、剣、弓矢などだったろう。のちの世には、同じように軍隊に入るために四八キロ走らされた男たちの話が伝わっている。

中国は世界で最初にウルトラ・マラソン（マラソンの四二・一九五キロより長い距離を走るレース）大会を毎年開催した国のひとつだ。チンギス・ハンを始祖とする元朝（一二七一～一三六八）時代、俊足走者をそろえた特別部隊が年に一度北京に集い、九〇キロの「グイ・ヨウ・チ（モンゴル語で「俊足走者」の意）」レースを走った。同じ距離の別のレースが、同時期に内モンゴルでも始められた。トップランナーたちはこの距離を約六時間で走ったが、これは現代の長距離走とほぼ同じ水準だ。

軍事走者への要求はきびしく、その細目が公文書に残された。文書は司令官から司令官へと受け継がれ、王朝が替われば修正され、あるいは新たに書き直された。扱われたのは長距離・短距離の両方だ。戦場ではダッシュできる能力が大事だったが、理想はスピードと持久力を兼ね備えること。兵士たちは短距離走の力を鍛える目的で、二倍の装備を身につけ、砂袋と重りを足に巻きつけた。こうすれば、何もないときには足がまるで羽根のように軽く感じられ、飛んでいるような感覚になるからだ。一度兵役試験に落ちたが、短距離走でもう一度試験してくれと頼み込んだ楊大眼《ヤン・ダヤン》の場合も、そうだった。大眼は頭に一〇メートルの縄をくくりつけて走ったが、あまりの速さに縄はまるで吹き流しのようにに後ろにたなびいたという。馬より速く走った大眼は、その後、前衛司令官に抜擢された。

象とともに走る

その昔インドでは、王や貴族の遣わす太鼓持ちが村々を渡り歩き、翌週開かれる催しについて宣伝して回った。催しとは、〝象レース〟、すなわち人間と象の競走だ。勝者は名誉と賞金を手に入れ、王からも特別な賛辞を受けることを、人々はよく知っていた。レース当日、スポーツや演劇の行なわれる宮殿前広場に観衆が続々と集まり、長いすの席を確保する。この催しは上流階級にも庶民にも人気があった。コースの目印にかかげられた美しい旗が風にはためく。準備にかかる象使いたちは、象にしっかり目隠しをする。象を疾走させることは、人間を踏みつぶして死に至らしめる危険を伴うので、象使いの責任は重大だ。なんとしても、象と人間をぴったり同時にスタートさせなければならない。

選手が粛々と広場に入場し、自己紹介がわりに走りと跳躍を披露する。叫んだり手を叩いては自らの勇気を誇示し、見物人の歓心を得ようとする者もいる。楽隊が場を盛り上げ、陽気な雰囲気を演出する。象レースとは、大道芸人、レスラー、踊り手、歌い手も集う、一大エンターテインメントなのだ。

走者と象はそれぞれ、スピードに応じて三つのランクに分けられる。過去の成績をもとに、走者と象が競技場の別の位置につく。象より前を走ってその差を保ち、最も引き離した者がレースの勝者となる。臆病風に吹かれて競技場を逃げ出した者、あるいは象に追いつかれた者は、敗者として屈辱に耐えねばならない。屈強な選手たちは華々しい活躍を見せるのが待ち遠しく、逃げ出すことなど考えもしないが、それでも、スタート地点では心臓が飛び出るほど緊張している。

スタートラインに立つ象には、象使いが頭から布をかぶせ目隠ししてある。走者たちが象の前へ誘導されると、目隠しは取り去られる。象は走者が目に入ったとたんに興奮し、怒り狂って走者を追いかけ始める。もし象が完全に制御不能に陥った場合は、野獣の気を鎮めるべく、雌象の一群が投入される。

男らしさの勝負である象レースは、地鳴りのような足音にけたたましい象の鳴き声が響き渡る、たいへん危険なスポーツだ。とにかくパニックを起こさないこと、そして、後ろを振り返ってスピードを落とさないことが肝要だ。体重六トンにも七トンにもなる象は一見鈍重に思えるが、どっこい、その気になれば時速二五キロの速さで走ることができる。

象はインドで何千年も飼いならされた動物であり、超自然の力を宿すと言われている。神々の王インドラの使いと見なされ、馬よりも崇高に扱われているが、宗教的シンボルであると同時に、戦争における重要な兵器でもある。象は気性が荒く、多くの人間を死傷させている。のろまな走者は簡単に象に踏みつぶされるという恐怖と、象は神聖な生き物であるという信仰が、象とのレースに臨む人間の精神に大きく影響した。象レースは、他の宗教的祭儀と並ぶ、ひとつの神聖な行為だったのだ。

インドの領土は北緯八度から三七度まで広がっており、ちょうどアフリカのシエラレオネからスペインのセビリヤまでと同じだ。熱帯雨林から万年雪まで気象・地形条件も幅広く、話される言語も二〇〇以上に及ぶ。この国の民族の多様さは、定住が早期であったこと、そしてインダス川・ガンジス川流域、すなわちこの国の真髄とも言える文化の発祥地へ、移住者の波が幾度も押し寄せたことを示している。インドが生んだ最も有名な心身鍛錬が、サンスクリット語で「結合」「調和」を意味する〝ヨーガ〟だ。ヨーガにも多くの流派が発達し、肉体と精神の統制と調和に重きを置くもの、あるいは、体を健康に保つ生命エネルギー、〝プラーナ〟または〝気〟の強化に特化したものもある。

ヨーガとプラーナも重要だったが、インドの伝説的人物の多くは、走ることと浅からぬ縁があった。例えば、ゴータマ・シッダールタ王子（紀元前五六五〜前四八五）だ。その階級にあった者として当然ながら、王子には成長の過程で総合的な身体教育がほどこされ、そこには走りも含まれていた。伝説によれば、王子は妻と生まれたばかりの子どもを捨て、修行と瞑想の生活に身を投じたという。のちに弟子を集め、〝仏陀〟すなわち「悟りを拓いた者」という名を与えられた。インドの神々の中でも特に崇敬を集めるクリシュナもまた、若いころにはよく走ったと伝えられる。

紀元前二〇〇〇～前一〇〇〇年ごろのヴェーダ文明における肉体的理想像は、古代ギリシアの理想を髣髴とさせるが、インドのスポーツ文化はより長い年月をかけて形成されたものだ。この時代には、宗教的テーマを持つ大衆のスポーツ祭典「サマーナ」も開かれた。ヴェーダ時代、上流階級の者は栄養や個人の衛生、肉体鍛錬や身体的障害の矯正にもっぱら関心を注いだ。肉体は鍛錬されるべきもので、人間は完璧を目指して努力し、肉体という名の神殿を慈しまねばならない。

現存する最古の医学体系であるインドの「アーユルヴェーダ」（アーユルは「命」、ヴェーダは「知識」を意味する）医術によれば、満腹状態で走ると体内の不均衡を引き起こすという。しかし、狩りをしながら走ることは推奨された。消化を助け、体を細く丈夫にすると考えられていたのだ。

当時、鍛錬は早い時期から始められた。遊びに競技的な要素が加えられていく過程には、女児も同じように参加できた。兵士階級の若者たちも、指導者の教育を受けた。投擲武器を持つ兵士や武闘家、ボクサー、レスラーなどにとっては、走ることがトレーニングになった。戦場では、速く走れるかどうかが生死を分けるのだ。

紀元前一〇〇〇年から後二〇〇年までは、インド史の中でも勇猛果敢な時代だ。この時期、運動場、野外劇場、屋内劇場、練兵場、訓練施設、競技場、水泳場など、スポーツの発展に寄与する多くの施設が建てられた。民衆の娯楽のために、王がスポーツの祭典「サマジャ」を企画し、また、収穫期や満月の夜に開かれる宗教祭儀でも、スポーツが一定の役割を果たした。

この時代、肉体の健康は、季節や年齢によって規定されていた。競争心を培い、適性を高め、運動の必要を満たすべく、一六歳から二四歳までの男女にはランニングが推奨された。それも、できれば朝のうちに行なうほうがいい。七〇歳以上の男性や五〇歳以上の女性は、歩くほうがよいとされた。一方で、一年中きびしく鍛錬していたのが、伝令走者だ。インドでは、「ダク・ハルカラ」と呼ばれる非常に大規模な伝令システムが発達していた。

ダクとはヒンドゥー語で「ポスト」または「手紙」を指し、ハルカラは郵便物を運ぶ走者のこと。街道沿いの小屋ごとに伝令が待機し、郵便物を次々とリレーしてはまた休むという方法は、諸外国の伝令システムとほぼ同じだ。郵便走者は、先割れ棒にはさんだ郵便袋と、護身用の槍を持って走った。神秘的雰囲気をまとうインドの郵便走者たちには英雄の地位が与えられ、その雄姿は、多くの言語、方言で詩や散文の形となって伝えられた。

忍耐、勇気、誠実の資質を持つダク走者たちだったが、その毎日は危険と隣り合わせだった。初期のころから走者には、太鼓を携えた男が付き添った。太鼓で人々に到着を知らせ、野獣を追い払う役目もはたした。また同じ者が松明を持つことも多かった。鐘を持つこともあり、その場合には、遠くからでもその到来が知れた。特に危険な区間では、走者ひとりに松明持ちふたりと弓の射手ふたりがつくこともあった。彼らは密林、深い森、山の中を、たとえ雨季であっても天候にかかわらず進まなくてはならず、ダク走者の中には、虎に食われたり、渡ろうとした川で溺れたり、蛇に嚙まれたり、雪崩に巻き込まれたりして、命を落とす者もあった。金銭も運んだので、辻強盗や泥棒に襲われ殺されることもあった。マールワール王国では、戦争中も郵便システムが機能し、戦場にいる国王に走者が手紙を届けたという。

一五八四年以降、ラジャスターン地方の藩王国マールワールで、ミルドハ家が郵便システムを組織した。長距離を走る場合も、ダク走者たちがカバーする距離は、地形やメッセージの緊急性に応じて日ごとに変化した。起伏の多い田舎道でも最低二〇〜三〇キロを走り、途中で配達先に寄っては用事をすませた。いかに他者に先駆けて重要な仕事を取るかという競争があり、また、長い距離を走れる者ほど高い地位を得た。この点において、郵便走者は、野心的なスポーツマンに似ている。

ナーゴール出身のダティンは、若い時分よりダク走者として訓練を受け、当時最速かつ最強の走者に成長した。日に八〇〜九〇キロを走るのはあたりまえ。あるときなどは、日の出から日没までに一〇〇キロ以上走って、急ぎの手紙を届けたこともある。雇い主はこれに感動し、ダティンに馬に乗る権利を与えた。通常は上流階級にしか許されない特権だ。

この郵便システムでは、走者も騎手も常設の中継地点で待機しており、書簡は、距離に応じた一定料金で、決まった時間内に配達されなければならなかった。デリーとラホールのあいだなら五日で届くといった具合だ。ジョードプルを出発してアブ山に向かって走る郵便走者は、年間一八〇ルピーを稼いだ。もっとも、同じ距離を行く駱駝を使った郵便配達の稼ぎは、七一八ルピーにもなった。駱駝はより重い荷物を運べたからだ。

中国でもインドでも、走ることは、古代のギリシア・地中海地方に比べればさほど一般的ではなかったが、それでも、大衆が日常生活の中で体調を整える方法のひとつだった。中国とインドの医者や学者らは早くから、走ることの健康増進効果を理解し、年齢と能力に応じて加減すべきであることも知っていた。史料を見ても、単に運動のために走った人々についてはあまり記述がないが、アジアには、特殊な才能を使って、よりよい人生を追求するべく走った人々が存在していた。

第6章　走る修行僧

奥義を授けられた者のひとりが言うには、長年の修練を経たルン＝ゴン＝パ修行僧の足は、一定の距離を達成すると、もはや地面に着地することなく、軽やかなスピードで宙を滑空するという。

——アレクサンドラ・ダヴィド＝ネール

跳ぶように走る

アジアにおける霊能者や苦行僧の物語は、みな真実なのだろうか？　みずから生き埋めの苦行に耐えたという賢人や、世間から隔離され、ただ山々と孤独だけを友として、何年も穴の中で過ごしたという隠者たちの話は？

もちろんすべてが真実ではなかろう。しかし、なかにはほんとうの話もある。ルン＝ゴン＝パ、すなわち、チベットの不屈の走者たちにまつわる物語がそうだ。二〇世紀初頭、二〇年以上にわたってチベットに遊んだベルギー系フランス人作家、アレクサンドラ・ダヴィド＝ネールが、この伝説的な走者たちを間近に目撃したと報告している。

チベット北部に広がる大草原、羌塘《チヤンタン》高原には、天幕生活の遊牧民以外は寄りつきもしない。この地を馬で旅していたベルギー系フランス人冒険家、ダヴィド＝ネールの目が、高原のかなたに、ひとつの動く物体をとらえる。望遠鏡を覗いてみると、それは人間だった。一行が仲間以外の者の姿を目にするのは一〇日ぶりだったが、このあたりを徒歩で行くとは、よほどの物好きとしか思えない。山賊に襲われ逃げてきた隊商の一員だろうか？　食物と助けを求めているのではないだろうか？

その男は非常に速く、かつ奇妙な動きをしていた。「どうやらルン＝ゴン＝パの僧侶《ラマ》のようですね」一行の中のチベット人従者がつぶやく。ぼろをまとったその男が近づいてくるのを見て、一行はそれを確信した。男の無表情な顔と見開いた両目は、まっすぐに、地平線のある一点を見つめている。大股の規則正しい歩幅で、まるで足はばねで体は空気であるかのように、走るというよりは跳んでいる。右手には短剣が握られ、六名の旅人たちの横を、自分が見られていることも意識しないかのように、通り過ぎていく。にもかかわらず、チベット人たちは馬から下りて地面に平伏し、敬意を表わした。

ダヴィド＝ネールは興奮して男に話しかけようとしたが、従僕たちに制される。走者の邪魔をしてはいけない。その体に宿った神が驚いて逃げ出せば、僧侶自身が死んでしまうかもしれないからだ。ダヴィド＝ネールは三キロほどそのあとを追いかけたが、そのうちに僧侶は道をはずれて険しい斜面を登り始め、恍惚状態と奇妙な動きを保ったまま、やがて山の奥へ消えていった。

四日後、一行は羊飼いの一団と出会う。彼らもやはりあの走者を見かけており、ツァン地方にあるルン＝ゴン＝パ修行僧の集う寺から来たのだろう、と語った。その修行寺、「シャル・ゴンパ（夏魯寺）」がそのような修練の総本山になったいきさつが、ある伝説として語り継がれていた。

魔術師のユントゥンと歴史家ブトゥンは、ともに一四世紀に生きた僧侶たちだ。ユントゥンは、死神シンジェドの怒りを鎮めるという目的で、一二年に一度、厳かな儀式を執り行なっていた。もし儀式が正しく行なわれないと、死神は毎日一匹ずつの生き物を殺して腹を満たすことになる。けれど日々の祈りとこの儀式のおかげで、魔術師は一二年間、死神を抑えておくことができた。

ブトゥンはこれを聞き、三人の僧侶を伴って、この死神の寺院を訪ねた。死神はさらなる生贄を要求し、ユントゥンは、三人の僧侶のうち誰かが犠牲にならねばならないと告げた。三人ともあわてて踵を返し逃げ出したが、ブトゥンはみずからの身を差し出す覚悟を決める。しかし、魔術師の奮闘のおかげで幸いがもたらされ、この儀式では、ひとつの命も奪われることなくすんだ。

その後、この一二年ごとの儀式はブトゥンとその後継者に受け継がれ、爾来、僧侶《ラマ》ブトゥンの生まれ変わり、すなわちシャル寺の住職が、儀式を取り仕切ってきた。ところが年月が経つうちに悪霊の数が増えてしまい、それらを一堂に呼び集めるために、〝呼び集める牛〟と呼ばれる優れた走者が必要になった。それ以来、きびしい修行を経たふたつの寺院の僧侶たちの中から、走者を選ぶようになったという。

修行は三年三カ月のあいだ続けられる。大事な修練のひとつは、他の修行と同様、真っ暗闇の中で行なわれる。はた目には不可能としか思えない修行だ。座布団の上に胡坐《あぐら》をかいて座り、ゆっくり呼吸をして体に空気を満たす。それから息を止めて、胡坐姿勢のまま手を使わずに真上に跳び上がり、また同じ場所へ落ちるという訓練だ。この修練を何度も繰り返すのは、なにも曲芸をしようというのではなく、僧侶の体を軽くし、浮き上がるようにするためだ。

僧侶たちの最終試験では、自分の身長と同じ深さの墓穴の底に座り、そこから地上に同じ高さだけ突き出るような煙突を立てる。つまり、身長一六七センチの男性であれば、煙突は計三三四センチになる。その試験とは、胡坐のまま、つまり座った状態から跳び上がり、煙突の先から飛び出るというものだ。ダヴィド＝ネールはそのような偉業を耳にしたというが、さすがに自分の目で確かめたわけではない。どう考えても物理的には不可能だろう。

この最後の修練には変化形もあった。暗闇に隔離されて過ごすこと三年、僧侶は最後に狭い小屋に入れられる。そして七日目に、小屋の側面にあいた小さな四角い穴を通って這い出なければならない。体をよじって無事脱出できた者が、〝呼び集める牛〟になれたという。

シャル寺の修行僧たちだけがそういう修練に励み、さらにその一部が、山岳地帯での走行修練を行なった。このルン＝ゴン＝パの修行は、筋肉を鍛えるというよりは、独特な走法を可能にする精神力を鍛えるのが目的だ。悪霊をすべて呼び集めるために、〝呼び集める牛〟は一一月一一日より始めて一カ月間、休むことなく走り続けなければならなかった。

ダヴィド＝ネールは、チベットでさらにふたりの修行者に出会った。そのうちのひとりは、裸の体に鎖を巻きつけた格好で小塚に腰を下ろし、瞑想していた。ところが人々に気づくと跳び上がって消えてしまった。地元の住民は、男が鎖を巻きつけていたのは、体があまりに軽いので、宙に舞い上がるのを防ぐためなのだという。これと似たような話は世界各地に伝わっている。チベット人たちは、最も優れた走者の体の軽さは超人的で、それゆえ宙に浮くことができるのだと信じていた。

もうひとりの走者は、チベットでよく見かける、貧しい巡礼者集団と共にいた。その走者は、典型的な跳ねるような走法であっという間に斜面を駆け上ってきて、止まってもしばらくは恍惚状態だった。やがてゆっくりとわれに返り、話し出す。ある修行寺でルン＝ゴン＝パの修練を行なっていたが、師がいなくなってしまったので、シャル寺へ移って修行を続けることを余儀なくされたという。やがて巡礼団の歩く速度が速まるにつれ、この走者は自動的に跳躍走法へ移行した。師から受け継いだ秘密の言葉と呪文を唱えることで、呼吸をある特定のリズムに整え、恍惚状態へと入っていくのだ。巡礼団の緩慢な歩調にしびれをきらしたか、ある夜ひっそりと、暗闇の中へ跳んで消えていったという。

走者たちは呪文を静かに繰り返すことに集中しながら、リズミカルに呼吸をし、足を動かす。脇目も振らず、しゃべりもせず、ただ遠いかなたの一点を見つめる恍惚状態にありながら、道にも迷わず障害物につまずくこともない。広漠たる高原は理想の修練場で、特にたそがれどきには、すぐに恍惚状態に入ることができる。暗闇の中でも、走者たちは星に焦点を定め、何時間も走ることができた。初心者は星が消えると止まってしまうが、経験者は心の中に星の位置を描き、走り続けたという。

アレクサンドラ・ダヴィド゠ネールは、チベットで高度な修行を極めた走者や徒歩者たちに出会った。チベット人たちの話をすべて鵜呑みにはしなかったが、ルン゠ゴン゠パ修行を極めた者は、その身体を非常に軽く感じ、究極の忍耐力を身につけられるのだということを、認めざるを得なかった。

霊峰と修験者たち

日本の霊峰、比叡山には、俗に〝マラソン僧侶〟と名高い修行僧の一団が暮らしている。身を清めて悟りを開き、仏となるために、地球の円周以上の距離を踏破することを義務とする者たちだ。

この儀式の始まりは、相応《そうおう》和尚が生まれた八三一年にさかのぼる。相応は幼いころから肉や魚を食べず、仙人のような節制生活を好んだ。一五歳で出家して比叡山の庵に移り住み、円仁《えんにん》大師の目に留まる。大師は相応にタントラの密教を教え、中国仏教における霊峰巡拝の伝統を話して聞かせた。ある日、相応は夢の中でひとつの声を聞く。「この山のすべての峰は神聖である。山の神の指示に従い、山の霊場を巡拝せよ。日々、この修行をきびしく行なえ。さすれば、すべてのものごとへの敬意が生まれ、仏の教え《ダルマ》を真に会得するであろう」。すべてのものを仏の示現と見なし、肉体と魂をもって自然を崇めるべし……。

八五六年、正式に仏門に入ると、相応は無《む》動寺《どうじ》谷《だに》にひとり住いの草庵を建てた。相応の叡智は深まり、その祈禱は病者を癒し、出産を助け、厄を払い、歯痛を和らげたという。一〇〇〇日間の独居生活のあと、弟子と共に比叡に道場を開き、ここが回峰行者《かいほうぎょうじゃ》の住処となった（「回峰行」とは、山を巡り歩く修行のこと）。僧侶たちは山の霊場を巡って祈りを捧げる。これは日本中の多くの霊峰で行なわれている慣習だ。

相応は九一八年に亡くなったが、その日、山峰が霊妙なる調べを奏でたと伝えられる。その後、後継者たちが比叡山での巡拝を続けたが、一五七一年の比叡山焼き討ちによって記録が失われたせいで、詳細はわからない。しかし一三一〇年にはすでに百日・七百日・千日回峰が行なわれていた。一四世紀の文献によれば、毎日三〇キロメートルの山歩きを七〇〇日間続け、その後、九日間の断食に入ると書かれている。一五八五年に好運がこの苦行を一〇〇〇日間達成し、以来、その作法が修行の規範となり、現在に至っている。

比叡山の仏教は天台宗だ。徒歩での巡拝修行には、瞑想、奥義、自己犠牲、自然崇敬、功徳といった、天台宗仏教の特徴がすべて組み込まれている。比叡山で末寺《まつじ》の住職になる者は、百日回峰行を満行しなければならない。

初行者はまず先達に案内される。手引書を渡され、修行の秘訣や、地形・道順など必要な情報を受け、翌日からの単独での修行に備える。

僧侶は白装束をつけ、腰紐を巻き、修行を全うできなかった場合に自害するための短刀を帯びて、真夜中、一時間半後の出発にそなえて起床する。足には草鞋《わらじ》を履くが、すぐに擦り切れ、多いときで日に五回も取り替えねばならないので、いくつも替えの草鞋を持って出る。晴れた日なら数日もつが、雨天だと数時間でぼろぼろになるのだ。雨と雪は、行者の最大の敵である。草鞋は崩壊し、速度は鈍り、道はぬかるみ、提灯の灯は消えてしまうからだ。雨の季節ともなると、装束が乾くいとまもない。修行衣と蓮華笠を脱ぐことは許されず、道順は頑なに守らねばならず、途中で止まって食べたり休むのは厳禁だ。礼拝や念誦の手順も間違えてはならない。

回峰道は二五～四〇キロの道のりで、修行僧は石の仏像、神聖な樹木、岩、尾根、滝、淵などの前で数秒ないし数分間立ち止まり、所定のしぐさで手を合わせて礼拝し、また次の場所へと急ぐ。険しい山道にある二五五カ所もの礼拝所を巡るので、進みはのろく、天気によっては朝七時か八時までかかる。道を急ぎすぎる若い僧は、目上の僧たちからきびしくたしなめられる。足取り軽くたくましいのはよいが、それ以上に、礼を尽くした正しい儀式が重要なのだ。

祈禱、入浴、昼食、寺でのお勤め、夕食のあと、僧侶は午後八時ごろ床に就く。この生活リズムが一〇〇日間繰り返されるのだが、七五日目だけは、修行道が五六キロに延びる。一〇〇万の人が住む京都の町中まで往復するからだ（京都切廻り）。これは、みずからの修行が外界の人々のためでもあることを認識するのが目的だ。

初行者にとって最も困難なのは、最初の二、三週間だ。おびただしい数の手順を正しく記憶し、険しい山道に分け入らねばならないだけでなく、霧で行く手が見えないことも多く、足の腫れ、筋肉痛、発熱、下痢、腰痛、足痛などにも悩まされる。けれど一カ月もすると体がそのリズムに慣れ、二カ月も経てば余裕も出て、心地よくなってくるという。

百日回峰行は、強い決意を抱く行者にとっては、ほんの準備運動に過ぎない。なかには千日回峰行という、七年間に及ぶ神聖な長距離走をみずからに義務づける者もいる。最初の五年間で、一日約三〇キロの道を行く百日回峰を計七回行なう。六年目にはそれが一日六〇キロになる。クライマックスは最後の年で、一日八四キロを一〇〇日間続け、その後は「たったの」三〇キロで最後の期間を終えることになる。僧侶が踏破する距離は、合計四万六八〇〇キロ強に及ぶ。

しかし最も過酷な試練は、七百日回峰行を終えたときに訪れる。飲まず食わず不眠不休の九日間の断食（堂入り）が課せられるのだ。ふたりの僧侶の監視のもと、行者はほんのわずかな儀式のしぐさ以外、じっと座り続けなければならない。舟を漕いだり座禅が崩れそうになると、年上の僧らがその肩をたたく。

修行僧は事前にすでに食事の摂取量を減らしているので、断食も開始当初はさほどの負担に感じない。けれど五日を過ぎると脱水症状がひどくなり、口内に血を味わうことになる。水で口をすすぐことは許されるが、水分はすべて吐き出さねばならない。戸外へ出るのを許されたとき、雨天だと皮膚が水分を吸収しようとするのがわかるという。食事抜き、睡眠抜き、水分抜きの期間――断食は実際には合計七日半（一八二時間）だが、初日と最終日を含めて九日間と数える――に、修行僧は死を垣間見るという。記録によれば、断食は当初一〇日間だったが、ほとんど全員が死に至ったので、期間が短縮されたらしい。八月のような蒸し暑い時期は断食には適しておらず、現代でも、この月に体内腐敗を起こして死んだ僧侶がふたりもいる。

しかし、最も過酷なのは断食・断水ではなく、むしろ、休息なしに頭を同じ姿勢で保つことだ。感覚は非常に鋭敏になり、遠くからでも食物の匂いを嗅ぎつけられるほどになる。

いよいよ九日目、修行僧は仏壇の前に座り、三〇〇名の僧侶たちの見守る中、特別な薬湯を与えられる。縁側へ一歩踏み出すとき、多くは気を失い、象徴的に生に背を向けるという。この時点の修行僧の体を診察した生理学者たちは、一様に、死ぬ寸前の状態だと言っている。行者は肉体も精神も浄化され、まったく新しい澄んだ目で世界を見ることができるのだ。

何週間かかけて食生活と体重を元にもどし、エネルギーと生気を取り戻すと、また修行を続ける気力が沸いてくる。

毎日八四キロを一〇〇日間続けるには、忍耐と気力が必要だ。しかし、ここでは他の僧や地元の信者たちの支えがある。先の柔らかい棒で後ろから腰を押してくれる〝腰押し役〟もつくが、なかには、そのような支援を断る行者もある。修行僧は京都の住宅街で何千もの人々に加持を施しつつ、横断歩道を渡り、街路を通り、一六〜一七時間かけて、ほとんど寝る間もなく、八四キロの道のりを足早に歩く（京都大廻り）。「マラソン僧侶にとって、一〇分の睡眠が、普通の人の五時間に値する」と言われるほどだ。この段階では、よき支援者の存在が重要になる。食事や清潔な衣服に気を配り、手回り品を持ち、伝統的な装束の僧が道を行く際、交通整理をしてくれる補佐役だ。この補佐役は世襲によって受け継がれる。

一五七一年以降、千日回峰行を満行した僧は四六名［訳注：二〇〇九年達成の光永圓道を含め現在五〇名］おり、うちふたりはそれを二度達成し、二五〇〇日目に自害した者もある。奥野玄順は三回達成しているが、最後のほうはもはや走ることができず、籠で担がれての満行だった。回峰行者の大半は三〇代だが、酒井雄哉《ゆうさい》は二度目の千日回峰行を満行したとき六一歳だった。途中で死んだり自殺した者の数はわからないが、回峰道のそこかしこに、志半ばで行き倒れた無名の僧侶たちの墓がある。

修行僧は特別な訓練を受けたスポーツマンではない。薪割りや荷運びなどの肉体労働と、菜食中心の質素な生活習慣によって鍛えられているのだ。朝食は午前一時半、麺類、米飯、じゃが芋、大豆、野菜、香草、蜂蜜、木の実などを摂る。五回の少ない食事が、連日の長距離走に耐えるに十分なカロリーとエネルギーを供給する。比叡山の古参、酒井雄哉は、三〇キロ走るのにわずか一四五〇カロリーしか取らず、それでも強靭な体格を維持していた。精神力が忍耐を養うのだ。千日回峰行を達成した者は、最高位の僧侶「大阿闍梨《だいあじゃり》」の称号を得る。

このたいへんな苦行を理解するには、仏の教えは頭だけでなく肉体的経験を通して体得せねばならぬ、という「知目行足《ちもくぎょうそく》」の教えに照らす必要がある。僧侶の修行は、日本語で言うところの「因縁」を生み出す。〝因〟とは、生滅の内的、直接的原因を表わす仏教上の概念であり、〝縁〟とは、それが生じる周辺条件のことだ。

比叡山の猛者の中でも最も強靭だったのは、おそらく箱崎文応《ぶんのう》だろう。貧しい漁師の家に生まれ、定職にも就かず人生の目標もなかったが、あるとき、喧嘩騒ぎを起こして留置場に入れられたときに回心《えしん》したという。公園で首を吊ろうとしたところを天台宗の僧侶に縄を切られ、比叡山に連れてこられたという、別の逸話もある。いずれにせよ箱崎は、妻子の世話を親戚に託して、入門の許可を請うた。

比叡山の僧侶たちは、どこの馬の骨とも知れぬ襤褸服の男の入門を拒んだが、ひとりの僧侶がその熱意を認めた。こうして箱崎は、折りしも籠で担がれて回峰中だった奥野玄順の〝籠かき〟となったが、あるとき、角を曲がる際に籠かきたちが急ぎすぎたせいで、奥野が坂を転げ落ちてしまう。箱崎はひとりその責めを負わされ、別の寺へ追放された。ところが今度はそこでも門前払い。「入れてもらえなければ死ぬ」と言って、箱崎は門の前に座り込んだ。四日間飲まず食わずで通し、箒で叩かれようが桶の冷水を浴びせられようが動じなかったので、五日目にとうとう招じ入れられ、以来、熱心に修行僧の道を歩むことになる。

箱崎ほど遠くまで歩き走った者はなく、箱崎ほど熱心に働き祈った者はない。山の洞穴に閉じこもり、周囲にまったく注意を向けずに蓮華座のまま何日も座り続ける。そして心身ともに強められ清められて、勤めを続けるべく戻ってくる。

あるとき若い登山者が嵐に遭い、洞穴へ逃げ込んだところ、いきなり箱崎の顔と鉢合わせになり、ぎょっとした。箱崎は九日間断食を続け、まるで仏像のようになっていたのだ。若者は動転して洞穴から這い出すと、一目散に村まで走ったという。箱崎は飲まず食わずで睡眠も取らない九日間断食を三六回以上行なった。そのほとんどは、年の瀬に身を清めるためのものだった。

白衣の僧侶たちは九世紀の昔から、仏法修養のため比叡山を駆け回っているが、彼らは禁欲主義、自己否定、友愛精神、儀式尊重などの面でスポーツマンと共通するものを持っている。そして、修行僧たちは今もなお活動中だ。多くの点で僧侶たちは、競技者以上に極端だといえる。他者より優れた者になろうとすると、概して極端になるものだ。世界屈指の走者たちが持つ、みずからを他者と区別し、偉業を成し遂げたいという人間の欲望を、日本の強靭な〝マラソン僧侶〟たちも共有しているように思える。

第7章　賭けレースと時計の発明

道はふさがれ、人々は拳から血が滴り歯が欠けるまで殴り合った。大勢の酔っ払いとけが人が出るに至り、騒ぎを鎮めるために、保安官はやむなくその七〇歳の女性を逮捕して牢屋に入れた。

——一八三三年、七〇歳のスコットランド人女性が、二十四時間以内に九六マイルを踏破しようとしたときのこと。

タイム計測の始まり

人はその男を〝リーズの空飛ぶ肉屋《フライング・ブッチャー》〟と呼んだ。本業の精肉よりも走ることで稼ぐ男だ。一六八〇年代のイングランドで最も優れた長距離走者のひとりだった肉屋《ブッチャー》のプレストンは、必要とあらば誰にでもはったりをきかせる、奸智に長けた策士でもあった。一六八八年、宮廷で六〇〇〇人の観衆が見守るなか、プレストンは国王のお抱え走者と対決する。肉屋に勝ち目があると考えた者は、ほんのひと握り。他方、厳選された王のご贔屓ランナーは、とにもかくにも命じられるままに走るのが仕事で、その実力は知れ渡っている。無名の肉屋ではどうあっても太刀打ちできないだろう。少なくともそれが大方の見立てで、人々はみなポケットを裏返し、王のお気に入りのほうに賭け金を積んだ。有り金をはたいてしまった者もいた。

ところがいざ走ってみると、数歩先んじてゴールしたのはプレストンのほうだった。相当数の人々が馬や馬車まで巻き上げられて、大いに教訓は得たものの懐はすっかり寂しくなり、とぼとぼと歩いて帰るはめになる。賭けレースのあとに破産だの文なしだのという言葉が交わされたのはこれが初めてではなかったが、プレストンと助手たちは賞金をがっぽり稼ぎ、次はどこの土地へ打って出ようかと相談し始めた。

ところが、人の噂は肉屋以上にすばやく駆け巡った。新たに賭けレースを持ちかけても、答えは必ず「ノー」。非凡な走力が知れ渡った以上、誰も乗ってくるはずがなく、賭けが成立しない。そこでプレストンはロンドンという都会に紛れ込み、新たに粉屋の身分を得る。貴族に仕え、名前や風貌や服装や髭を次々と替え、しかもさまざまな職業に変装して誰にも気づかれることなく、賭けレースで賞金を稼ぎまくった。プレストンが暗躍したその時代、イングランドでは時間と距離の計測方法が改良され、賭けレースがますます盛んになっていた。

エリザベス女王がイギリスにおける一マイルを現在の五二八〇フィート（一六〇九メートル）に定めたのは、一五八八年のこと。しかし、マイルとはそもそも、ローマ帝国で、人の歩く二歩の長さ（パッスス）を基準に距離を測ったのが始まりだ。ローマ兵の歩く二歩の一〇〇〇倍（ミレ・パッスス）は約一四七九メートルで、帝国は二〇〇〇歩ごとにマイル標石（ミラリウム）を立て、ローマからの距離を測った。ローマ帝国の崩壊後もマイル標石は残ったが、新たな為政者たちは別の計測システムを採用した。

一七世紀にはイギリス人エドマンド・ガンターが六六フィート（二〇メートル）ある鉄製の測鎖《そくさ》を発明し、これが有料道路にマイル標石を立てるのに使われた。そこへ、時計技術の飛躍的な発達が続く。

そもそも時計が必要とされるようになったのは、修道院で祈禱の時刻を知らせるためだった。英語のclock（時計）も、「教会の鐘」を意味するラテン語のcloccaから派生している。修道院での時計の使用は日々の典礼の時刻を告げるのが目的で、時間を計るためではなかったが、一四世紀ごろからはしだいに、正時ごとに鐘を鳴らす教会や町役場が増えていった。民衆も今や時報を〝聞く〟ことができるようになり、時間という概念が浸透していく。機械式の時計が使われるようになったのは一三三〇年ごろだが、さらに画期的だったのは、ちょうど一五〇〇年ごろの、ドイツ人ペーター・ヘンラインによるぜんまい式時計の発明だった。

一五五六～八〇年、博学多才なトルコ人科学者タキ・アルジンが、分や秒まで計測できる時計を世界で最初に発明し、星の位置を知るための天文時計として用いた。

振り子ばねが一六七〇年に発明されると、まもなく、最良の時計の一日の誤差は一〇秒以内へと短縮された。秒単位の計測が可能になったのは一七二一年のことで、その一〇年後にはストップウォッチが登場する。競馬での計時が盛んになるにつれてタイムの精密さが増し、時計製造業者が協力して計時を監督すれば、誰でも正しく計れるようになった。

走りのタイムを初めて正確に記録したのは、おそらくイングランド人だろう。乗馬でのタイムをめぐる賭けは早くも一六〇六年に登場し、一六六一年以降には長距離徒歩走者《ペデストリアン》についても記録がある。賭けとともに〝時間との戦い〟という概念が発達し、一定距離についてタイムを計ることが一般的になった。

イギリスではそれまでも競技への賭けは行なわれていたが、その後は、賭けという目的に特化したスポーツが発達する。賭けは金を出す者と胴元がいれば成立し、後者が競技者と利益を分け合う。

〝時間との戦い〟はまさに、イギリスがリードする産業化時代の到来と重なり、またある意味、その象徴にもなった。

それゆえ、タイムを初めて記録に残し、また早くも一八世紀には、優勝馬の血統を告知するために走破タイムを記録したのも、イギリスだった。同国では一八世紀から人間の競走タイムも計測されたが、記録の一覧が出版されたのは一九世紀以降のことだ。

イギリス人の手にかかると、あらゆるレースが賭けの対象になった。障害者同士のレースに、老人対子どものレース。走破タイム、ラップタイム、途中の順位など、走者と時間に関することならなんでもござれだ。竹馬や松葉杖を使ったレース、義足の者同士のレース、太った人と、誰かをおぶった痩せた人が対決するレースまであった。一七六三年には、ある魚屋が、ハイドパークからブレントフォードの七マイル標石まで、五六ポンド（二五キログラム）の荷を頭上に載せて走ったという。この男は、一時間以内という条件に対して、四五分で走り切って賭けに勝った。レースの結果を安易に予測できなくするために、ときには俊足の者に重い長靴を履かせ、鈍足の者は軽い靴や裸足で走らせた。賭けレースはイギリスだけではなく他国でも行なわれ、賭け金はビールや蒸留酒で支払われることも多かった。

タイムの計測こそが、伝統的な民衆競技から近代スポーツを区別する基準であると、多くのスポーツ歴史学者が見解を一にする。しかしアメリカのアレン・グットマンは、どこからが近代の始まりか、明確な線を引くのは不可能だと言う。グットマンの主張によれば、近代スポーツを特徴づけるのは、世俗的であるという点だ。すなわち、宗教的な要素を含まず、万人に開かれているということだ。「近代スポーツとはまた、専門化・合理化され、（宗教者でなく）官僚によって組織され、数量化、ひいてはその数量化を可能にする記録への情熱によって、特徴づけられる」

女たちの競走

シェイクスピアにもなじみが深かったとされる競技に、「スモック・レース」と呼ばれる女性のための短距離走があった。一七世紀からの約二〇〇年、イングランドとスコットランドで日常的に行なわれていたという。その名は賞品の代表格だったスモック（上っ張り）から来ているが、スモック・レース研究の第一人者で、自身も一九六〇年代に世界トップレベルの短距離走者だったピーター・ラドフォードによれば、スモック以外にもペチコート、スカート、帽子、スカート生地、エプロン、羊の腿肉、砂糖、紅茶、現金なども賞品になったという。

二名から六名ぐらいの女性が、聖人の祝日、教会の祭日、村祭りの日、競馬レース、市日、結婚式、クリケットの試合などに際して、走りを競い合う。レースには一五歳未満、二〇歳未満、二五歳未満、三五歳以上などのカテゴリーがあった。

スモック・レースは毎年、決まった日時に決まった場所で行なわれた。地元の金持ちが賞金を寄付し、競技の何日も前に賞品が発表され、その実物が、柱や木の枝の上に掲げられる。競技のシーズンは四月から一〇月までだったが、五月と六月が最も盛んだった。

ラドフォードはケント州で催されたほとんどのスモック・レースの記録を掘り起こした。一八世紀には年間少なくとも二〇のレースが開かれていた。なかでも最も古く、最も重要なレースは、一六三九年、裕福な裁判官で多才な役人でもあったダドリー・ディグズ卿が亡くなり、毎年二〇ポンド（二〇〇八年換算で約二三〇〇ポンド）を、優勝者の若い男女に遺贈したことがきっかけで始まった。以来毎年五月一九日に開かれたその競技会は、「ランニング・ランズ・レース」と呼ばれるようになる。本戦はオールド・ワイヴズ・リーズで行なわれ、同じ会場で五月一日に予選が行なわれた。五マイル離れたシェルドウィッチでも予選が開かれ、本戦に出場したければ、まず予選で勝たなくてはならなかった。

ランニング・ランズ・レースは一九世紀に入っても続けられた。若い娘たちは母や祖母にならい、楽しみと名誉と賞金を得るために、この競技を目標に据えた。一八世紀には賞金の額も変化し、必ずしも優勝者が一〇ポンドを得られるとは限らなかったが、それでもそれは大金だった。当時若い女召使の年収は約二ポンドで、それに衣食住のまかないがついたが、優勝すれば五倍の額が手に入るのだ。オールド・ワイヴズ・リーズでの競走距離は残念ながら記録がないが、一カ月後の夏至の日に同じ場所で行なわれたレースでは、女性が二二〇ヤード（二〇〇メートル）、男性が四四〇ヤード（四〇〇メートル）だったとされる。

ケント州の競技会は、オールド・ワイヴズ・リーズを基準に営まれた。二マイル離れたブラボーン・リーズの競技会には、過去の勝者、あるいはオールド・ワイヴズ・リーズで勝ったことのある者は、参加を禁じられた。参加者に広くチャンスを与えるべく作られたこの禁止条項は、ケント州の他の土地でも採用された。つまり、州の大きな大会で勝った者は、将来的に競技出場の機会が減ることを、場合によっては走りを断念する事態を覚悟しなくてはならなかったのだ。しかしひとたび優勝した者も、レース出場への思いは断ちがたく、禁止条項のない小さな村の競技会に、四、五時間の道のりを歩いてでも喜んで参加したらしい。ピーター・ラドフォードによれば、このケント州の組織は、記録の残るものとしては世界最古の女性競技ネットワークだという。

スモック・レースはたいていの場合、より大きな娯楽行事の一環として行なわれた。男たちがつるつるすべる棒をよじのぼったり、若い男が取っ組み合いをしたりするのを、観客が大笑いしながら見物する。女たちの競走も、同じように笑いを誘うものだった。

ヨーロッパの別の土地から訪れた旅行者が、そんな哄笑の中で行なわれるレースを記録している。例えば女性走者はときに、まるで競馬の騎手のように体重を量らされた。賭けのためとはいえ、体重は勝負の行方にほとんど影響しなかったはずなのに……。あるいは、一七七八年に書かれた小説『エヴリーナ』では、非常に悪趣味な競技のようすが描写されている。ふたりのよぼよぼの老婆が、上流階級に属する主催者の娯楽のために対決させられるのだ。ふたりは息を切らし、足をもたつかせ、挙句には互いにつまずいて転ぶのだが、賭けの主催者は一〇〇ポンドがかかっているのだからと、再試合を要求する。娯楽目的で年老いた貧乏人を平気でさらし者にする風潮があり、女性たちのほうも、金のためならみずからを辱めることをいとわなかった。

一八世紀や一九世紀の女性の服装は、およそ走るのに適しているとは言えなかった。長いスカートとペチコートが自他の脚にまとわりつき、大股で走ることができない。一方で、観客を呼び込むために、肌を露出した女性が走ることもあった。一七四四年にウォルワース広場で開かれたクリケット試合には、余興として、ふたりの街娼が下着姿で現われた。大会運営者はこれによって多数の観客の動員を図ったのだ。異国の走者もまた、人々の興味の対象だった。

一七四〇年にウィリアム・サマヴィルが、グロスターシャーに住むフスカなるジプシー女性のことを書いている。「優勝賞金を物欲しげに眺め」たこの女の脚があまりに汚ないので、観衆はうんざりしたという。滑っては転ぶそのようすを人々は大笑いしながら見物したが、フスカはまた立ち上がり、走り続けた。

ジプシーは社会規範からはずれた存在で、それを逆手にとっていたから、フスカも人々の嘲笑などものともしなかったのだろう。ジプシーは一般の人がさげすむ仕事もすすんで引き受け、人々からは不浄の者として扱われた。野蛮で、教会の共同体に属さず、不道徳に染まっていると見なされていた。走ること自体はけっして汚れ仕事ではなかったが、ジプシーは歩き回る生活のおかげで健脚の者が多く、しかもその根なし草のような暮らしは、スモック・レースを転戦するのに好都合だった。

イギリス女性たちは、早くは一八世紀初頭から、一九世紀になるとより頻繁に、長距離の賭けレースも走った。走りを稼業にして家族単位で旅して回る者もあった。エマ・マチルダ・フリーマンは一八二三年の時点でまだ八歳だったが、その暮らしは同年代の子どもとはまったく違うものだった。その年、両親が娘の長距離走を賭けの対象にしたので、エマは三〇マイル以上を三度、四〇マイル以上を一度、完走する。まだあどけないこの少女はなかなか大したものだった。両親のためにけなげに尽くし、小さい体に秘めたスタミナを見せつけて、大評判を呼んだ。

一九世紀初頭の女性ランナーや女性長距離徒歩走者は、幼い少女から七〇代の老婆までさまざまだった。既婚・未婚、独身・未亡人を問わず、みな一様に社会的身分の低い者たちだ。その底辺には旅回りの個人や家族がいて、その場で観客に賭けを持ちかけては金品をせしめていた。

「この女が長距離をみごと走りきれるかどうか、賭けてみようって人はいないかい?」男が声を張り上げ、自分の母親を指し示す。アイルランド出身の六〇代、メアリー・マクマランだ。女のしわだらけでうつろな顔つきと貧弱な体形を見れば、誰だって無理だというほうに賭けたくなる。見世物小屋の団長さながら、息子は母親を前面にさらし、見事な口八丁ぶりで見物人をそそのかす。

「てっとり早く儲けてやるか」と、イングランドの男たちは考える。裸足にぼろぼろの衣服、寄る年波と貧困にもてあそばれた哀れな老婆……。いかにも貧しい異邦人の母と息子は、広場の真ん中や酒場の外に立って、二〇マイルから九二マイルまでいかなる距離の賭けにも応じるという。

一八二〇年代、この女性メアリー・マクマランは、ふたりの息子と共に旅して回っていた。一八二六年一〇月にこの親子と出会った人々は、女が九〇マイル（一四四キロ）を二四時間以内に完走するという話に、耳を疑った。その日、メアリーはいつものように裸足でスタートを切ったが、距離そのもの以上のひどい困難に遭遇する。メアリーが負けるほうに賭けた者たちが、八百長を持ちかけてレースを放棄させようとしたのだ。ところが、そのことでむしろ奮起したメアリーは、約束の時間内に走りきった。また別のとき、リンカーンシャー州で二四時間以内に九二マイル（一四八キロ）という賭けに臨み、約束時間の八分遅れで到着したのは、乱暴な若い衆が行く手を阻み、唾を吐きかけて足止めしたからだった。

人込み、酔っ払い、騒動、壁の巡らされた村の細道、それらがみなメアリーの努力を、屈辱のカノッサへの道に変えてしまう。かと思えば世界じゅうが微笑むような日もあり、例えば六〇〇〇人もの観衆に見守られ、応援者から贈られたリボン付きの真新しい帽子をかぶり、バイオリンやタンバリンの音に迎えられてゴールを切ることもあった。格別のカリスマ性を宿し、風変わりな一方で民間の英雄でもあったメアリーは、貧困から脱け出すという切実な目的があるかぎり、長く苦しい長距離走においても、老いはなんら障害にならないことを証明してみせたのだ。

また一八三三年には、とある七〇歳のスコットランド人女性が騒ぎを引き起こした。ペイズリー――

レンフルー間の九六マイル（一五四キロ）を二四時間で完走しようと試みたときのことだ。道はふさがれ、人々は拳から血が滴り歯が欠けるまで殴り合った。大勢の酔っ払いとけが人が出るに至り、騒ぎを鎮めるために、保安官はやむなくこの女性を逮捕して牢屋に入れた。

一九世紀のはじめ、イギリスの村々では、見本市や定期市の基盤が崩れ始める。産業化で人々が都会へ流入し、社会が変容するにつれ、古くからの習慣も変化を遂げた。スモック・レースも多くの場所で消えていったが、女性が走る賭けレースへの関心はむしろ高まり、一八二〇年代にピークを迎えた。ところが、それから二〇年後のヴィクトリア朝時代には、新たな女性観が幅をきかせるようになる。女性とは弱い生き物で、きびしい肉体鍛錬には不向きであると見なされ、その結果、一八四〇年を境に女性による競走や競歩は見られなくなり、少なくとも新聞記事からはまったく姿を消した。

事実か、でっちあげか?

一マイルを四分以内に走った最初の人物は誰か? 一九五四年五月六日、イギリス人ロジャー・バニスターがオックスフォードでその堅い壁を破り、三分五九秒四で走ったというのが、ランニングに関心を持つ者のあいだでは定説になっている。

しかし、ピーター・ラドフォード教授は異説を唱える。一八〇〇年以前のイギリスにおける競走について、誰よりも詳細に研究したラドフォードは、この壁が一八世紀には破られていた証拠があると言う。一七七〇年五月九日、露天商ジェームズ・パロットが、ロンドンのゴズウェル通りにあるチャーターハウス・ウォールから出発し、道を渡って右折し、見物人や監視人の声援を受けながら、オールド通りを猛烈なペースで走った。一マイルを四分以内で走れれば、五ギニーの元手が一五ギニーになるという賭けをしていたからだ。

パロットはみごとに四分以内で走りきった。コンディションも走りのフォームも非常によく、目的は果たされて、かなりの大金を手にしたという。

それなのに、ランニングの歴史において、ジェームズ・パロットがほとんど無名なのはなぜか。まず第一に、この人物の偉業がラドフォードによって再発掘されたのがつい最近だからだ。そして第二に、これは理解できなくもないが、現代の記録編纂者たちがそのタイムを信じようとしないからだ。彼らの常識からすれば、一七七〇年などというはるか昔のランナーが、それほど高水準の記録を出せるはずがないのだ。しかも、当時の新聞が事実として書きたてたとはいえ、タイムにしろ距離にしろ、現代の基準に沿って承認されたわけではない。疑い深い者の耳には、スポーツが組織化される以前のほら話にしか聞こえないだろう。それは、一七八七年に一マイルを四分以内で走り、一〇〇〇ギニー（二〇〇八年換算で七八万ポンド）の賞金を受け取ったパウエルなる人物についても同様だ。

一七九六年には、第三の男ウェラーが一マイルを四分で走るという話を持ちかけ、賭博客は大いに沸いた。オックスフォード内外で賞金レースの経験が豊富だったウェラーは、イングランド全土から、三人まで挑戦者を募った。新聞記事によれば、ウェラーは三分五八秒でゴールし、一マイル競走で四分を切る記録が、初めて詳細に報道された。日付は一七九六年一〇月一〇日だ。

一八世紀の新聞では、二〇～三〇マイル（三二～四八キロ）の長距離走についても報じられており、ラドフォードはこれを現在のマラソン距離である四二・一九五キロに換算した。その計算によれば、一七六九年に、あるスイス人ランナーが、マラソンの距離を二時間一〇分以内で走ったことがわかった。おそらくイタリア人であろう別の屈強な男も、一七五三年に二時間一一分で走っている。きりのいい距離で言えば、一七三〇年にジェームズ・アップルビーが、一二マイル（一万九三〇八メートル）を五七分で走ったとされる。同じレースで、トーマス・フィリップが一五秒遅れでゴールしている。ふたりとも後日、四マイル（六四三六メートル）を一八分で走っており、これは二八〇年後の今でもけっして見劣りしない、高水準の記録だ。

距離やタイムの正確さについて、現代の専門家が疑問を抱くのはもっともだが、当時とて、すべてがいいかげんに行なわれていたわけではない。一七七〇年当時のイングランドでは、距離は農業用の非常に精確な計測器で測られており、誤差は一インチ以内だった。しかも、地方によって計測基準にばらつきのある国とちがい、イングランドは国として基準が統一されていた。それに、レースはたいてい二者間の賭けを伴っており、タイム計測を含めすべてが適正に行なわれる必要があった。両者がそれぞれ調停役を指名し、タイムや距離など具体的な数字で合意できない場合は、審判が指名されることもあった。

ただしピーター・ラドフォードも認めているように、たとえその手段があるからといって、常にタイムや距離が精確に測られたとは限らない。ヤードや秒の数字が多少違ったところで、賭けにさえ影響がなければ文句は出ないからだ。にもかかわらず、ラドフォードの見解では、特定のランナーについて異なる場所での異なる距離の成績を比べた場合も、そこには一貫性が見られ、距離やタイムの計測に矛盾はないという。例えば、ピンワイヤという名のランナーの場合、一七二九年から三二年にかけて一〇二の試合で優勝しているが、彼についてはふたつのレースの記録が残っている。一七三三年の、一〇マイル（一六キロ）五二分〇三秒という記録と、一七三八年の一二マイル（一九キロ）六四分という記録だ。これらのふたつのタイムは非常に近接しており、もし最初のレースで距離かタイムあるいは両方に誤差があったとしたら、一七三八年のふたつめのレースでもほとんど同じ誤差があったということになってしまう。

ラドフォードは特定のランナーたちについて、人によっては二〇もの一貫した記録を発見しており、われわれは一八世紀の競技者たちに対する考えを改めるべきではないかと主張する。これまで考えられていた以上に、当時の人々の成績は高水準だったのではないか。馬については二五〇年前も今と同じ速さだったと思われているのだから、人間の競技者にも同様のことが言えるはずだ。才能ある者は走ることに真剣に取り組み、しかも大金を賭けて競っていたのだ。イングランドの賭けレースは多くのスターを輩出している。

しかし、ラドフォードの発見が当時の全体像を表わしているとは考えにくく、その点はラドフォード自身も認めて、「自分はあくまで、見つけた事柄をそのまま提示しただけ」と断っている。一九世紀の終わりから記録が着実に伸び続けていることをわれわれは知っているので、それより一〇〇年も前の優秀な競技者が、現代よりはるかに高い水準に達していたなどというのは、理屈に合わないと感じてしまう。われわれは、スポーツの進化は常に右肩上がりだと思っており、停滞や衰退の時期があって、そのあとに新たな成功が来るというふうには考えない。

しかし、産業革命以前の一八世紀、イギリスの民衆は概して、身体的に好条件を備えていた。イギリス海軍が理想的な食事を取っていたことが当時の記録からもうかがえ、一八世紀イギリスの平均的な食生活は、産業化が本格的に進行するまでは、おおむね良好だったと考えられる。

人々の多くは農村で生まれ、そこで一生を過ごす。若い時分からよく歩き、きびしい肉体労働に耐える。一度のレースで何年分もの稼ぎが得られるような比較的貧しい社会においては、有能なランナーや長距離徒歩走者の一団が現われた。余力をトレーニングに注ぎ、水準を引き上げるエリート集団だ。これらの人々に比べ、次の世代、すなわち一九世紀に都会へ移り住み工場労働者となった者たちは、体格的にはよほど劣っていたはずだ。劣悪な生活環境、貧しい食事や衛生状態に、有害な工場でのきびしい労働があいまって、都会に住む人々の健康を蝕んだ。町の住民は優れたランナーを輩出するような素地に乏しく、余力もなく、加えて、日ごろから走り回れる広い土地や新鮮な空気も不足していた。

一八世紀後半に一マイル四分を切った走者がほんとうにいたのかどうか、もはや確かめるすべはないが、ランニングの歴史にも、じつは偉大な驚きが隠されているかもしれないのだ。目新しい場所を、それもじゅうぶん深く掘り下げるなら、歴史は常に驚くべき一面を見せてくれる。既存の見かたを覆すような新しい史実が登場すると、それがたとえランニングという具体的な事柄であったとしても、〝でっちあげ〟と一蹴されがちだ。人間とは常に、前の時代より自分たちのほうが優れていると考える生き物であり、技術も未熟で科学も未発達だった時代の先祖たちが、多くの点で、後世の人間と同じような身体能力を示していたとは想像しにくいのだ。

ピーター・ラドフォードは二〇〇四年、ロジャー・バニスターの記録達成五〇周年にからめて、自分の調査結果を発表した。その報告に対する評価は分かれた。イングランド・スポーツ研究所の科学部長グレッグ・ホワイト博士は、こう言っている。

当時のスポーツは、その後のヴィクトリア朝時代に比べれば幅広い階層に開かれていた。ヴィクトリア朝時代にはアマチュア倫理が導入され、それが労働者階級の参加を阻み、スポーツを上流階級の特権にしてしまった。

（《オブザーバー》二〇〇四年五月二日号）

ロジャー・バニスターの一九五四年の記録にまつわる著書『三分五九秒四』の著者ボブ・フィリップスも、一八世紀の〝超人〟時代を否定しない。しかし、イギリス陸上競技に関する記録収集の第一人者メル・ワットマンは、少なくともパロットの一七七〇年の記録については、タイムと距離の精確さに疑問を抱く。たしかに新聞がこぞって書き立てたが、厳密に吟味された記録ではないと考えているのだ。ワットマンが一マイル競走の偉大なる英雄として挙げるのは、一八八六年に四分一二秒七五という世界記録を出したウォルター・ジョージだ。この記録はじつに三七年間も破られることがなく、ワットマンの考えでは、一世紀も前の人間がそれよりはるかに速く走れたはずはない。

服も恥も脱ぎ捨てて

一七世紀の半ば、イングランドに裸の走者たちが現われた。新聞が「生まれたままの姿」と表現した者たちだ。ダービーシャー州の当時の歴史学者フィリップ・キンダーは、〝裸の少年〟と〝素っ裸のふたりの対抗者〟が、真冬に二～三マイルのレースを行なったことを伝えている。

一六八一年には、「素っ裸で、秘部だけを一枚の布で隠した」三、四人の婦人が走ったという。何千人もの見物人がいたらしいが、いったいどの程度の布をまとっていたのか、はっきりとはわからない。時代によって〝裸〟や〝肌もあらわに〟という言葉の解釈が違ってくるからだ。

ピーター・ラドフォードが調べた北イングランドとロンドン周辺の一九事例においても、〝裸〟の実態には幅があったようだ。前述の少年の場合は単に〝裸〟と書かれているが、別のふたりの少年は〝素っ裸〟とあり、これは、完全な裸以外に考えにくい。

　ここで言う裸走りは、衝動的な自己露出行動、つまり一九七〇年代にアメリカ、カナダ、イギリス、オーストラリア、イタリア、フランスなどで、フットボールやラグビーの試合中に起きた〝ストリーキング〟現象とは、性格を異にする。それらストリーカーたちが狙ったのは、テレビ中継された広い競技場を服を脱ぎ捨てて走り抜けることによるサプライズ効果にほかならない。

　一八世紀のイングランドでは、裸走りはたいてい事前に告知され、ときには何百、何千もの見物人を集めることがあった。当人たちも身元を隠そうとせず、恥ずかしいとも思わなかったらしい。むしろ今日の露出狂にも似て、人目を引くことを喜んでいた。とはいえ今日と違い、裸ランナーはみなが逮捕されたわけではなかった。早朝に多かったその手のイベントのあとに、警告と逮捕が行なわれることもあるにはあったが……。

　女性は服を脱ぐことを戒められる場合が多く、また男女がいっしょに裸で走ることはなかった。一七二五年にロンドンでふたりの女性が〝生まれたままの姿で〟公衆の面前に出ようとしたところ、白い下着と胴衣を身に着けるよう命じられた。その一〇年後、ほぼ全裸の女性ふたりがやはりロンドンで叱責を受け、公序良俗のためにも、今後は下着と胴衣をつけるよう言われたという。男性は比較的自由が許されており、見物人の反応にも幅があった。

　ラドフォードは、一七世紀前半に特に権勢を誇ったイングランドの清教主義が、このような公然の脱衣行動を引き起こしたと見ている。裸のランナーたちはおそらく、清教徒から罪深いと非難されるようなことを、あえてやっていたのだ。

一七世紀のダービーシャー州の事例については、少年たちも書き手のフィリップ・キンダーも、古代ギリシアの走者が裸で競技したことを意識していたのではないか、とラドフォードは指摘する。キンダーが「ジムノペディア（裸の子どもの意）」というギリシア起源の言葉で少年たちを呼んだことから、ギリシアの歴史と伝統に通じていたことがうかがえる。上流階級にはなじみの深かった太古の時代へのオマージュとして、少年たちは衣服を脱ぎ捨てたのだろう。当時人々は古典芸術に魅了され、一七二〇年から七〇年のあいだにイタリア、フランス、オランダからだけでも、五万枚の絵画と五〇万枚の銅版画がイングランドへ輸入されたと推計されている。美術品を買って家に飾る余裕のある人々は、日々、裸体の描写に囲まれていた。これがイギリス上流階級の芸術、文学、建築などに影響を与えており、作家や画家たち同様、スポーツマンが古典時代に目を向けるのも自然なことだっただろう。

一九世紀に入ると、イングランドでの裸走りは姿を消す。服装に関する当時の規範からして、裸で走ることはすなわち、逮捕、高額な罰金、精神病院への収監などの危険を冒すことだった。

第8章　フランス啓蒙主義も走る

女というものは、走るようにはできていない。追いつかれるために逃げるのが女だからだ。

――ジャン＝ジャック・ルソー

ルソーとランニング

一七六二年、フランス人哲学者ジャン＝ジャック・ルソーが、著書『エミール、または教育について』を完成させた。それはルソーがライフワークのひとつとして書きあげた書物で、のちに西欧文化の発展に大きな影響を与えることになる。

ルソーは、子ども時代が大人の生活とは別物であり、大人になるための単なる準備期間ではなく、まったく別個の段階であると理解していた。ルソーは教育者として自由と野生を推奨した。そして哲学者として、人類の〝自然らしさ〟は文明によって破壊されてきたと考えた。子どもたちには経験を積ませ、甘やかすことなく愛情を与えよう。幼いうちは思いきり遊ばせてやるべきで、一二歳になったら、もっと系統立った訓練を始めればいい。ルソーが綴った〝エミールの教育〟とは、ある架空の少年を親元から離し、ひとりの家庭教師のもとで育てるという、一種の知的実験であり、また教育学の理想像であった。「あるときわたしは、無気力で怠け者のこの少年に、走る訓練を施そうという試みを始めた。この子はそれまで自分の意志でそのような鍛錬に加わったことがなく、いや、体を使ったどんな運動にも関わったことがない。将来軍人になることが決まっていたにもかかわらず」

横柄な腕白坊主を〝俊足アキレス〟に変身させるのは至難の業だ。しかも、貴族に命令するわけにはいかないから、無理強いはできない。走るという行為にいかに教育的要素を見出すかが試されるケースなのだ。

少年とふたりで午後の散歩に出かけるとき、ルソーはいつも焼き菓子を二個、ポケットに入れていった。ある日少年は、ルソーのポケットに一個余分に菓子があるのを見て、それをねだった。ところが少年は菓子をもらえなかった。ルソーは自分で食べるか、あるいは、近くで遊んでいた別の子どもふたりにかけっこをさせて、勝者への賞品にしようと考えていたのだ。ルソーは子どもたちに焼き菓子を見せ、かけっこをするように話を持ちかけた。コースの線が引かれ、子どもたちは合図とともに駆けだす。やがて勝ったほうの子どもが賞品の菓子をつかんで、ほおばった。

ルソーの怠惰な散歩仲間エミールにとって、このことは何のインパクトも持たなかった。子どもの教育には時間がかかるし、忍耐が必要だ。それからもふたりは毎日菓子を持って散歩を続け、そのたびに、少年たちがかけっこをして賞品をもらった。そして、いつもルソーと彼の生徒は、そのようすを座って見物した。そのうちに通行人が足を止め、拍手や声援を送るようになる。このイベントはいつしか近所でも噂になっていたのだ。お坊っちゃま本人もこのかけっこ競技に興奮し、飛び跳ねたり大声をあげたりして応援するようになった。

そのうちに少年は、おいしい焼き菓子が毎度毎度他人の口に消えていくことにうんざりし、かけっこをすることは得になるのだと気がついた。そして密かにみずからを鍛え、ある日、冗談めかして菓子が欲しいとねだった。だめだ、との答えに、少年は憤る。「お菓子を石の上に置いて、コースの線を引いて、黙って見ててよ！」

ルソーに奮起させられた少年は、走って賞品を勝ち取り、その後は走りに夢中になった。称賛も激励も必要なく、ランニングのおかげで気高く寛大になっていたので、むしろ自分の菓子も他人に分け与えるようになる。しかしじつは、コース選択に影響を与えることによって、ルソーが勝敗を操作していたのだ。コースの長さによって結果に違いが生じることを、少年に気づいてほしいと思っていた。

少年は徐々に、最短ルートを取れば有利であることを理解した。コース全体を見て歩測しようとしてみたが、子どもというのは単純作業にはすぐ飽きる。その時間はむしろトレーニングに充てたほうが楽しいということで、今度は目測で距離を測る練習をし、やがて、焼き菓子までの距離を測量師のような正確さで測れるようになった。こうしてルソーは、また別の側面にも少年の目を向けさせた。人間の視力と、日常生活の中で即座に距離を判断する能力――これらもランニングによって培われるものだった。

やがて青年に成長したエミールは、ある社交パーティーで焼き菓子を口にし、昔のかけっこ遊びのことを思い出した。自分はまだ走れるだろうか？　もちろんだ！　ゴールラインを引いてその上に菓子を載せ、エミールと三人の青年がスタートラインに並ぶ。エミールは最初に飛び出し、ほかの三人がようやくペースに乗り始めたときには、もうゴールに着いていた。友人のソフィーから賞品を受け取ったエミールは、ライバルたちにそれを分け与えてやった。

「わたしがあなたと勝負するわ！」とソフィーはエミールに言い、スカートをたくし上げた。走るためでもあったが、美しい脚を見せるためでもあった。スタートの合図にソフィーは飛ぶように走り出したが、エミールは立ち尽くしたままだった。

ソフィーは大幅にリードしていたので、追いつくには全速力で走る必要があった。けれどもエミールは騎士道精神を発揮してソフィーに先にゴールさせ、「ソフィーが勝った！」と叫んだ。ところがルソーはここで、女性一般への侮蔑の言葉を述べている。

女というものは、走るようにはできていない。追いつかれるために逃げるのが女だからだ。女が不得手なのは走ることだけではないが、女がぶざまに見えるのは、この運動だけだろう。胴体にくっついたままで後ろに向いている肘は滑稽に見えるし、不安定に体を支えるハイヒールのおかげで、まるで跳ぶかわりに走ろうとしているバッタみたいに見える。

ルソーは多くの分野で進歩的な考えの持ち主だったが、女性走者の能力はあまり信頼していなかった。もっとも女性たちは、服装のせいで自由がきかなかったのだ。当時のフランス女性のファッションときたら、ペチコートといいオーバースカートといいコルセットといい、およそ体を動かす余地を与えない。成長期にある少女たちの姿勢や体の発達は、この服装によって大きく影響を受けていた。

距離と時間が測定された一〇〇メートル走が、世界で最初に行なわれたのは、この当時、一七九六年のフランスでのことだ。その五年前にメートル（ギリシア語で「計測器」を意味する「metron」より）が定義されたのも、フランスにおいてだった。一六七五年、イタリア人科学者ティトー・リヴィオ・ブラティーニが、この単位を現代的な意味で新しく使おうと提唱した。その考えのもとになったのは、さらにその七年前、イングランド人ジョン・ウィルキンスが世界共通の度量衡の必要性を訴えたことだった。

一七九一年、フランス国民議会は科学アカデミーの提言を受け入れ、赤道からパリを通って北極に至る子午線の一〇〇〇万分の一を一メートルにすると定めた。のちの測定により、この定義は完全に正確ではなかったことが判明する。しかし、これと並行して一七九五年にフランスで黄銅製のメートル原器が鋳造され、その誤差は〇・二ミリ以内という僅差だった。一八一二年、フランスは世界で最初にメートル法を導入した。

一八七五年五月二〇日に結ばれたメートル条約は国際的な科学協定で、これにより多くの国がメートル法を採用することになる。一八八九年には新たに白金とイリジウム製の原器が鋳造された。当然ながらこの標準化はすべての人々にとって非常に重要な意味を持った。なかでも、時間と距離を正確に測りたいランナーたちにとっては、なおさらだった。

第9章　一九世紀の飽くなき挑戦者

街道や田舎道を勢いよく駆けていくその男を見て、人々は、風変わりな輩、ひどい場合には精神異常者、はたまた悪魔に取り憑かれた者だと考えた。

――パリからモスクワまで走るメンセン・エルンストについて

船乗りからランナーに

ノルウェー人メンセン・エルンスト（一七九五～一八四三）は、ソグンオフィヨーラネ県フレスヴィクの小作農家に、七人きょうだいの末っ子として生まれた。授かった名前はモンス・モンセン・ウーレンだったが、のちに改名する。船乗りとして海外へ出る者が名前を変えるのは珍しいことではなく、モンセン・ウーレンはイギリス船の上で、メンセン・エルンストになった。

海に出たのは一八一二年ごろのこと。カレドニア号で世界中の海を旅して回り、遠くインド、オーストラリア、中国の港にも立ち寄った。海の横揺れに慣らされた船乗りが固い地面に適応するのは容易ではないはずだが、南アフリカではランニングのレースに出場し、優勝した。一八一八年にロンドンで船を降りるころ、エルンストは世界じゅうの文化と言語に通じていた。

それからエルンストは走り始める。野心的なランナーにとってロンドンは住むのに最適な場所で、外国人もレースを目当てに集まっていた。エルンストは船乗りの賃金以上の金額を賭け、レースで稼ぐようになった。まさしく天職を見つけたのだ。

エルンストは賞金額の大小にかかわらずどんなレースにも出場し、スイス、イタリア、オーストリア、ドイツを転戦した。果物とパンと葡萄酒を主食にして、肉類はほとんど食べない。冒険好きにふさわしく、走りの才能をあちこちで披露しようとヨーロッパじゅうを旅して回った。遠征競技者としてだけでなく、知識欲旺盛な人間として多くの本を読み、知識人の集まりにも加わったので、よい蔵書に触れ、旅の計画に欠かせない新しい地図を手に入れることもできた。生涯ノルウェーには戻らなかったが、一八二六年の冬にはデンマークを訪れ、コペンハーゲンの国王をはじめ何千人もの観客の前で走った。ランナーとしての業績が認められ、ただの百姓のせがれが、貴族もこぞって会いたがる名士になった。

諸侯やお偉方、一般大衆の前で、エルンストはその走りを、いや走りの〝パフォーマンス〟を披露した。時には五〇センチほどの竹馬に乗って街路を走り、同じ道を今度は竹馬なしで瞬時に駆け抜けた。エルンストは七〇以上の町を巡業し、印刷所に発注したポスターをみずから貼って、宣伝した。表敬訪問した先の有力者や高官が、今度は観客として見に来てくれたおかげで、いい宣伝にもなり、当局との交渉も容易になった。評判が評判を呼び、ヨーロッパじゅうに広がる貴族や王族の血縁を伝って、名声が諸国に響き渡った。小さな町で走りを見せるのが日課になったが、エルンストはじつは、とうてい人間には不可能に思えるある偉業を、密かに狙っていた。

パリからモスクワまで

一八三二年六月一一日、エルンストはパリを出発して走り始めた。モスクワまでの一六〇〇マイル（二五七五キロ）を、一五日間で走れるかどうかという賭けが設定されたのだ。ところが走り始めてまもなく、酔っ払った農民の一団に襲われ、荷車の上で縛りあげられてしまう。エルンストはその村一番の駿馬と競走することを申し出て、この難局を切り抜けた。そのままドイツを抜けポーランドに入り、クラクフに向かう。「街道や田舎道を勢いよく駆けていくその男を見て、人々は、風変わりな輩、ひどい場合には精神異常者、はたまた悪魔に取り憑かれた者だと考えた」

メンセン・エルンスト。ノルウェー人長距離走者にして大旅行家。

人々が目撃したのは、細身で小柄、日焼け顔に白髪混じりの男だった。ペースはさほど速くもない時速六マイルほどで、勾配のある地形ではさらに減速したが、それでも距離は着実に積み上がっていった。なにしろ、睡眠時間をあまり必要としない体質だったのだ。エルンストは外で地べたに寝転がって眠るのが好きだったので、短時間でもしっかり休息を取ることができた。睡眠が短いので、月明かり星明かりを頼りに、夜道をたどって距離を稼げた。ここで船員時代の航海知識が役立ち、見知らぬ土地でも方位磁針、木製象限儀、地図を頼りに、精力的に進むことができた。

六月一九日の夕刻、ポーランドのヘウム付近からロシアの領土に入るが、モスクワまでにはまだ茫漠たる原野が横たわっていた。五日後、ボロディノの地に到着。二〇年前にナポレオンがロシア軍と戦った場所だ。モスクワへはあと一日の距離だが、タイムリミットまでは四八時間あった。エルンストは自分のペースに満足し、前祝いのつもりで宿を取ることにした。ところが、いかにも先を急ぐ旅人然とした、異国の奇妙な風貌が怪しまれ、いくら通行証を見せて釈明を試みてもわかってもらえない。通行証も没収されたエルンストは、牢屋に入れられ、絶望に沈む。しかし、幸いにも冷静さを失わずにすんだ。唯一の脱出口は煙突のパイプだ。石をはずし、煙突の中を這い登り、屋根に出る。ところが、そこで人に見つかった。幸い屋根から梯子が伸びていたので、それを伝って下り、一目散に逃げた。村人は追いつけず、メンセン・エルンストはふたたびモスクワへの道を走り始めた。

エルンストのモスクワ到着の期限は、六月二六日午後一一時とされていた。その前日の午前一〇時、クレムリンの門兵の前に、見慣れぬ汗まみれの男が立ち止まった。旅人エルンストが、旅のあいだじゅう携えてきたフランス語の書類を手渡すと、ロシア人たちは状況を理解して、上流階級のフランス語で丁重に迎え入れた。人々の喝采を浴び、歓迎の祝杯を受けたのち、エルンストは手に入れた大金を懐に、宿屋へ引き上げた。けれども上質なベッドで眠るのを好まず、モスクワ滞在中の一週間、ずっと木の長椅子の上で寝たという。エルンストのモスクワ到着のニュースは、当時最速の通信手段であった腕木通信でパリに伝えられた。

一四日間で一六〇〇マイルということは、一日平均一一五マイル（一八五キロ）。この距離をそれほどの長期間走り続けるのは人間わざとは思えないが、エルンストは競技者として最盛期にあり、よく鍛えられ経験も豊富で、しかも睡眠をあまり必要としなかった。その距離をクリアするには一日に最低でも一八〜二〇時間走る必要があったが、ある種の人々にとって、それは肉体的に不可能な話ではないのだ。とはいえ、道はいつも直線で平坦とは限らず、前もってルートを計画していても、見知らぬ国で迷わず進むには時間と技術が必要だ。一八三〇年代にパリからモスクワまで二週間で走れる者がいたとすれば、それはメンセン・エルンスト以外にありえなかっただろう。

限界に挑む

エルンストは翌年、ミュンヘンからギリシアのナフプリオンまで旅しており、こちらは当時の記録に詳しく記載されている。一八三三年六月七日から七月一日まで、二四日と四二分三〇秒で、ほぼ一七〇〇マイル（二七三五キロ）を走破した。一日平均七〇マイル（一一三キロ）の距離だ。このときは、バイエルン国王ルートヴィヒ一世から、その息子のギリシア国王オソン一世への親書を携えていた。ルートが山岳地帯を通ることを考えれば、この偉業はモスクワまでの旅路に匹敵するものだ。

メンセン・エルンストが克服しなければならなかったのは、その長い距離だけではない。川を渡る苦労はもちろん、辻強盗、野獣、伝染病などの危険にもさらされた。ときにはコレラやペストなどの疫病が広がる町を迂回した。町の入口に門番がいて、来訪者に危険を知らせていたのだ。有名な刻印の文書を携えていたおかげで、エルンストは国境の検問所を容易に通り抜けた。貴族発行の通行許証と金貨を懐に入れ、多言語を操るこの特使には、どことなく異国風の魅力があったが、彼個人はたいして見てくれがよかったわけではない。バイエルンのテレーズ王妃なども、この有名な走者があまりに小柄なことに驚いたという。

エルンストの最も偉大な業績はなんであったのか、決めるのはむずかしいが、距離の長さで言えば、最長は、イスタンブールからカルカッタ（現コルカタ）までを四週間で走り、また戻ってきた一八三六年の旅だろう。五九日間で往復し、全体でほぼ五二〇〇マイル（八三七〇キロ）、つまり一日に八八マイルを走ったことになる。この旅には、じつは、カルカッタまでほんとうに行ったのかという疑問符がついている。しかし署名入りのテヘランからの手紙によって、エルンストが復路でテヘランからイスタンブールのスウェーデン大使館まで八日で走ったことは確認できる。そもそもの旅のきっかけは、東インド会社のイギリス人たちが、トルコからインドまで急使を派遣しようと考えたことだった。その話に想像力を刺激されたエルンストが、自分なら六週間で到達できると持ちかけ、実際、日数に相当な余裕を残して到着した。もっとも、出発前にアジアの新しい地図を調べた際、エルンストはそのルートの危険性とみずからの限界に気づいたという。この旅がいかに多くの準備と努力を要するか、彼以上によく理解していた者はいない。

けれどそれらの困難にもかかわらず、エルンストはなおも、アフリカ横断、あるいは中国までの旅を夢見ていた。一八四二年以降、ドイツの貴族で長距離走愛好者であったヘルマン・フォン・ピュックラー＝ムスカウ侯爵に仕えて、侯爵の勧めでアフリカに行き、当時ヨーロッパ人には未踏の領域であったナイル川の源流を探すことになった。まずはエルサレム経由でカイロにたどり着き、そこから長いナイル川をさかのぼったのだが、その途上で赤痢に侵され、一八四三年一月二二日、ナイルの岸辺で息を引き取った。四七歳のときだった。通りかかった旅人がその場に遺体を埋葬したので、おそらく彼は今でも、後年アスワンダムによってできた巨大な湖の底で眠っているはずだ。

メンセン・エルンストが生きたのは、公認記録、標準化されたトラック、選手権大会などが登場する前の時代であり、それゆえ、彼の業績は公式な記録としては残っていない。街路での短距離走もすばらしかったが、一九世紀のほかのプロランナーたちと一線を画していたのは、何週間も続けて一定のペースで走り続けられる能力だった。自身の力の限界を試したいという野望と衝動を原動力に、この世界で最高の地位に最も長く君臨できることを熱望した。けっして富や名声に突き動かされていたわけではない。エルンストは、長距離においては馬よりも速い、当時のヨーロッパで最速の急使であり、きわめて珍しい偉業を成し遂げるのに最もふさわしい人物だった。

馬より速く熊のように強い

その巨大な男は、太古からの本能の塊だった。じっと座っているのは無理な相談で、しじゅう動き回っては、自分の強さと忍耐力を試さずにはいられなかった。その名はロバート・バークレー・アラルディス（一七七九〜一八五四）。イギリスで最も活発な男、速くてたくましくて熊のように強い男と言われた、短距離走、長距離走、競歩、重量挙げ、ボクシングの才能を併せ持つ男だった。

その最も有名な偉業は一八〇九年の、一〇〇〇時間で一〇〇〇マイル（一六〇九キロ）を歩くという試みだ。それは現存する記録の中でもイングランド随一のビッグイベントで、何万人もの見物人が、ロンドンから六五マイル北のニューマーケットに押し寄せたという。

バークレーは、日曜日を含む六週間、一時間に一マイルのペースでぶっ通しで歩くと宣言し、最初はジェームズ・ウェダバーン＝ウェブスター相手に一〇〇〇ギニーを賭けた。ところが賭け金はあれよあれよとふくらんで、ついに一万六〇〇〇ギニーに達する。農夫の稼ぎの三二〇年分の金額だ。それ以外にも、皇太子をはじめ多くの金持ちが、自分たちのあいだでこの勝負をめぐって一〇万ポンド（現在の通貨で四〇〇〇万ポンド）を賭けた。巨額の金が動いていたわけだが、それ以上に、命のかかったレースだった。ほとんど限界まで肉体を酷使するので、医師によれば、血液過熱を起こして、場合によっては死ぬか、生涯後遺症が残る危険があった。

バークレーが一時間に一度往復する半マイルのコースの両端に、バークレー、ウェダバーン＝ウェブスターそれぞれの支持者、計時係、助手などが陣取って、テントに寝泊りした。偉業達成間近の一八〇九年七月一二日水曜日の午後二時半少し前、バークレーは、熱狂する支持者に囲まれて、宿舎を出た。六週間におよぶ運動と寝不足のせいで体重は落ち憔悴しているが、それでも頑強な体軀が服の下に透けて見える。足から包帯をほどき、九九九マイル目に向けて準備する。コースは平坦で草が茂り、夜間照明にガス灯が配されている。闇夜に足もとを照らすガス灯は当時発明されたばかりで、これ自体がものめずらしく、さらなる見物客を呼び込んでいた。ガス灯の一部が壊れたので、夜間は、武装したボディーガード、ボクサーのビッグ・ジョン・カリーがバークレーに付き添っていた。

眠りながら歩いたことも、スタート地点に立ったまま眠ったこともあり、膝の故障や歯痛も抱え、あるときは降りしきる雨の中で足を引きずり、あるときは熱暑の中、汗だくで歩いた。足をひきずるようすがあまりに痛々しく、「今にも死にそうだ」と記事に書かれたときもあった。体に油を塗り熱い布を当てるという医師の勧めを忠実に守り、民間療法もかたっぱしから試していた。それでも、バークレーの作戦自体は大成功だった。一時間の枠の終わりのほうで一マイルを歩き、短時間休んだ直後、次の一マイルを一時間の最初のほうでこなす。こうすることで、ラップとラップのあいだに約一時間半のまとまった休憩が取れるのだ。

午後三時三七分、バークレーは一〇〇〇マイルの最後のゴールを踏んだ。歓喜の声があがり、ニューマーケットじゅうに教会の鐘が鳴り響き、新聞記者らはこの最新ニュースを伝えるために駆け出していった。バークレーは熱い風呂につかり、すぐに眠りに就いた。四二日ぶりの本当の睡眠だった。

そして翌日はすっかり元気になって、以前より二八ポンドも軽い体で、祝いの言葉と拍手を浴びながら、ニューマーケットの街路を闊歩したという。

ロバート・バークレー・アラルディスは、一七七九年、スコットランドのウリーに生まれた。バークレー家は七〇〇年さかのぼれる由緒ある家柄だ。ロバート自身は田舎に育ったが、祖父ロバート・〝ザ・ストロング〟をはじめ、多くの有名人を祖先に持つ、屈強な家系の一員だった。その屋敷は、敵の侵入に備えるため一階に入口を設けず、客人といえども家に入るにはロープをのぼらなければならなかったという。ロープにぶらさがる、あるいは他の子どもたちと競走することで、若き日のバークレーは、その並外れた体格の素地を作った。六マイルを一時間以内に歩くことに一〇〇ギニーを賭けた、一七九六年の最初の賭けレース以来、バークレーは競走を好むようになった。金を手にしたことで、賭けとは儲かるものだと知ったのだ。

バークレーの父が他界した一七九七年は、一家にとって不運続きの時期だった。父は多額の借金を残したが、ロバートには年間四〇〇ポンドの収入と、土地の権利があった。ウリーの六代目領主を継承した彼の手に財政の建て直しが託された。ところが一八〇一年、五カ月のあいだに四回も〝ばかな領主〟と賭けをして負け、一家の年収の四倍にあたる六一七五ポンドもの借金を背負うことになって状況はさらに悪化した。それを競走や競歩で穴埋めしようと、さらなる高い賭けに挑み、一八〇一年の秋、同じ相手と今度は合計一万ギニーの賭けを設定した。パンムーア卿の勧めで、バークレーは、ベテランのトレーナーであった小作人ジャッキー・スミスを訪ねた。スポーツ選手に意欲を与え、自信をつけさせるのがうまい人物だったが、その要求はたいへんきびしかった。夜は五時間しか睡眠を与えず、二時間はハンモックで眠らせ、朝の四時には叩き起こすのだ。

スミスは六時に、バークレーを最初のラン・トレーニングに送り出した。

「前かがみになれ！」とスミスが指導する。「歩幅を狭くして、地面にもっと足をつけて！」

膝への負担を軽減し、背中も保護するこの走法は、バターとチーズの重い荷物を背負って一八マイル（約二九キロ）を九〇分で往復するよう命じられたとき、特に役立った。もちろんそんな条件は達成不可能なのだが、この一八〇一年秋のトレーニングは過酷をきわめていた。トレーニングの合間には蒸し風呂が待っていた。

一八〇一年一〇月中旬、バークレーは最後のテストランに挑んだ。一一〇マイル（一七七キロ）の距離を走りだしたのは、雨の降りしきる真夜中だった。石油ランプがトラックを照らしていたが、真っ暗闇になったときに備えて道案内のロープが張られていた。ぬかるみの中を進むバークレーは、夜が明けるころにはくるぶしまで泥に埋まっていた。一周ごとにトレーナーが板に刻み目をつけ、時計をチェックする。そしてバークレーを三度小屋に招き入れて、パン、鶏肉、オールドエールの食事を取らせた。彼の指示でバークレーは体を拭き、暗闇の中で一〇分間横になった。短い休憩で可能な限り精神的な力を蓄えようという狙いから、その小屋には光も音も遮断する特殊な細工が施されていた。

結局バークレーは、一一〇マイルを一九時間二七分で踏破するという、当時のイングランドで最速の記録を出す。天候の悪条件を考えれば驚異的な数字だ。〝ばかな領主〟を負かすための準備は整った。

領主はわざわざ悪天候、つまり風、強雨、霧などの多い一一月を選んでレースを設定していた。しかも一一月は人間の体が最も衰弱する月だという。しかし、バークレーはそんな障害はどこ吹く風で、悪天候の中、見事に一万ギニーを勝ち取った。その日、以前の賞金の一〇倍の額が動き、弱冠二二歳のバークレーは、どんな距離も制覇する男として、すでに伝説的な人物になっていた。

大いなる茶番？

当時マンチェスターには、エイブラハム・ウッドという走者がいて、国じゅうで彼を負かす者はないと噂されていた。エイブラハムはイングランド随一の走者で、バークレーは国で最速の長距離徒歩走者。両者の対決はいずれ避けられないことだった。一八〇七年一〇月一二日、ついにふたりは二四時間でどれだけの距離を行けるかという競走に挑むことになる。準備期間中、バークレーは八〇マイル（一二九キロ）を一二時間で進んだが、ウッドは五三マイル（八五キロ）を七時間で走った。バークレーは競歩なので、二〇マイルのハンディキャップが与えられた。

高名なロンドンの時計製造者が選び抜き、調整を施した時計が準備されて、ふたりは元気にニューマーケットの街路を出発するが、やがて八百長の噂が流れ始める。好調なすべり出しだったウッドが二時間で疲れを見せ始め、六時間後にはついにリタイアしてしまったのだ。作為の疑いを抱いた出資者たちは賞金を支払わなかった。ウッドは腹痛を訴えており、二日後には生命の危機も伝えられ、バークレーがウッドの病床を見舞ってふたりが握手を交わしたという話すら取りざたされた。ついにウッドの死亡が伝えられたが、その二日後には、ボクシングの試合を観戦するウッドの元気な姿が目撃された。観衆が怒りのあまり大騒ぎになったのは言うまでもない。

結局、すべては茶番であったという噂により、ウッドがスケープゴートにされた。一方で、じつは妨害工作がなされたのだという説もあった。二二マイル地点でウッドがふらふらの状態で目撃されており、飲み物にアヘンを盛った者がいたのではないかという推測が成り立った。ウッドもバークレーも終始紳士的にふるまっており、結局真相は闇の中だ。

その後、王立ランカシャー州市民軍のフェアマン大尉という最高の挑戦者が、バークレーの前に現われた。小柄なこの男はバークレーへの挑戦条件として、二四時間競走で二〇マイルのハンディを与えると申し出たが、バークレーは断った。ふたりは決闘の条件をめぐって、手紙で三カ月間押し問答を繰り返した。フェアマンは五〇〇マイル（八〇四キロ）競走を提案したが、バークレーはウリーの地元にあるみずから選んだコースで対決しようと言う。フェアマンはこれを拒否し、バークレーが中立的な場所での対決に乗り気でないことに腹を立てたフェアマンの後援者たちが、ロンドンのマーブル・アーチからハローまで、往復二〇マイル（三二キロ）の非公式試合を企画し、実行した。結局、フェアマンが四分の差をつけて勝ち、今度は飲まず食わずでどれだけ歩ける、または走れるかの競走に、王国じゅうから、いや世界じゅうから挑戦者を募り始めた。

バークレーは屈辱を感じ、その呼びかけには見向きもしなかった。青二才のフェアマンには長距離徒歩走者としての経験もなく、まっとうな資質に欠けている。これは克己心、自尊心の戦いであり、要するに誰が一番かという問題なのだ。バークレーはなんとかして栄冠を取り戻し、王者としての健在ぶりを示そうと考えた。

そこで思いついたのが、一八〇九年のあの偉大な一〇〇〇マイルの賭けレースだった。バークレーの成し遂げたこの偉業はイングランド全土に熱狂をもたらし、〝不可能への挑戦者〟を次々と生み出した。ある肥満男は、自分も一〇〇〇マイル歩こうとして、スタート前に棄権した。別のイングランド人は、一時間に一マイル半ずつ一〇〇〇時間歩き続けると宣言した。またあるスコットランド人は、一時間に聖書六章分の精読を六週間続けようと企てた。ある大食漢は、ソーセージを一時間に一本ずつ、一〇〇〇時間続けて食べようとしたが、三本で挫折。バークレーの二番煎じを狙ったこれらの試みはことごとく失敗に終わり、彼ひとりが金字塔を打ち立てたのだった。

その後数年間、バークレーはボクシングにも打ち込み、また（ランニングに打ち込む）ボクサーたちのトレーニングを請け負い、まだベアナックル（素手）が主流だった当時最強の拳闘家たちに新手の技を教え込んだ。イングランド屈指のボクサー、トム・クリブが一八一一年からウリーに滞在し、元奴隷のアメリカ黒人チャンピオン、トム・モリノーとの対戦に備えてトレーニングを開始した。バークレーのもとにやって来た当初のクリブは太り過ぎですぐに息が上がったが、きびしい鍛錬の結果、一週ごとに体重が落ちていった。クリブが人一倍得意とした上り坂ランニングが功を奏したのだ。バークレーがポケットに尖った石を詰め、それを坂道を駆け上がる弟子の足にぶつけるので、クリブは怒って石を投げ返し、バークレーを逆に追いかけたという。バークレーはそのほかにも、クリブの利き腕を馬車に結わえつけた状態で馬車を走らせ、クリブは何時間も引っ張り回されて、三〇マイル（約四八キロ）走破した。さらに農場での肉体労働も加わり、クリブはとうもろこしの袋をかつがされ、溝を掘らされ、木を切らされたが、その代償に与えられたのは、一日にたった四パイント（約二リットル）の水分（ビール）と牛、豚、鶏腿肉という単調な食事だけだった。

結果、クリブは二万の観衆の前でみごと試合に勝って、恩師バークレーにその名誉を捧げ、バークレーは弟子の勝利に賭けて、一万ポンドの儲けを手にした。

食事と飲み物に関するきびしい制限については、それがほんとうに実行されたものなのか、あるいは理想に過ぎなかったのかは疑問符がつく。その後一九世紀全般にわたって、有力なランナーたちはその準備の詳細を隠し、食事やトレーニングについてはうそをついて敵を混乱させるのが常だった。トレーニング方法などの企業秘密を、わざわざ触れ回ることはないというわけだ。

大量のトレーニングと少ない水分補給

バークレーの活躍の裏には周到に練られた強化訓練があったが、それはランニングに関してわれわれが知ることのできる最初の近代的トレーニングプログラムだった。そこには、トレーニング効果を増幅させる目的で、八日間に三回、かなりの量のグラウバー塩（下剤）を摂取し、身体を浄化するという処方箋も含まれていた。

バークレーはまず五時に起きて、全力で半マイルの坂道を駆け上がり、続けて軽いペースで六マイル歩き、それから帰宅して牛肉か骨付き羊肉、乾パン、ビールの朝食を摂る。それからまたゆるく六マイルをこなし、一二時には裸で横になって半時間の休憩を取る。その後は四マイル歩いてから、また牛、羊、パン、ビールの夕食を摂る。食後すぐ半マイルの全力疾走をこなしたあと、六マイルを早歩きする。それから八時には床に就くのだが、一日に軽く二〇マイル以上を、全速力の計一マイル以外はゆっくりのペースで歩く計算になる。

このようなトレーニングを三、四週間続けると、体は〝発汗《スウエツト》ランニング〟を要求するようになる。重く暑苦しい服装で、四マイルを全力疾走するのだ。走り終えると、キャラウェイ、コリアンダーの種、甘草、赤砂糖を特別に調合した温かい〝発汗ドリンク〟を飲み、服を着たまま毛布を六〜八枚重ねがけして横になり、さらに汗を出す。三〇分で起き上がり、着替えて汗をふく。それからさらに二マイル、厚い上着を着て歩いたところで、ようやくローストチキンの食事にありつき、ふだんのトレーニングに戻る。この発汗法はその後も数回繰り返される。もし胃が悪くなるようなら、試合の一週間前に催吐薬を飲むことになる。バークレーが何にも増して推奨したのは、体調を整えるためにも常に軽く体を動かすこと。何もせず座っているのはご法度だ。

バークレーは正しい食事、つまりパンと乾いたビスケット以外は肉類だけ、という食事を義務づけた。ただし、子牛や子羊の肉はよくない。豚肉や脂肪の多い肉もいけない。バークレーの好みは赤身の肉だ。人参、蕪、芋類は水分が多くて消化に悪く、魚類も同様。バター、チーズ、スパイス、塩も避けたほうがいい。卵もあまりよくないが、朝起きたての空腹時に生の黄身を流し込むのはいい。

すべての飲料、特に自家製エールについては、冷やして飲むことを勧めた。ただし飲み過ぎると胃が膨張し呼吸を妨げてしまう。ビールは一日最大で三パイント（約一・五リットル）まで。またワイン以上に強いアルコールは禁物だ。バークレーは牛乳も水も飲まず、消化不良を避けるためにもなるべく水分は減らすよう勧めた。

これらの食事法は、一九世紀初めのイギリスの食卓事情に照らして考える必要がある。飲料水はあまりきれいとは言えず、果物も収穫時以外の季節にはほとんど手に入らなかった時代だ。ほかの多くの人に比べれば、バークレーは食事に気を遣っていたほうだろう。塩分の取り過ぎを避け、ビールを一日に二・五パイントしか飲まなかったのだから。

バークレーは、五〇歳を過ぎてもアウトドア派の長距離徒歩走者であることをやめず、寄る年波に屈するのを拒んで、嚙み煙草を吐き散らす偏屈親父であり続けた。徹夜で飲み食いしたあとも運動を怠らず、朝食後の二マイル歩行と数時間の乗馬を欠かすことがなかった。たとえそれで一夜の睡眠を犠牲にしたとしても。バークレーは自由を重んじ、のびのびとした子育てを実践したので、娘のマーガレットは、エジンバラの寄宿学校でも靴を履くのを拒み、家にいるとき同様、裸足で走り回ったという。

七〇歳になってもバークレーの熊のような怪力は衰えず、それを誇示して客人を驚かせるのを好んだ。ある晩餐の席で片手を床に置き、体重一二ストーン（七六キログラム）もある大の大人ダーウィン・ガルトンに、その手に乗るようにと言った。バークレーはそのままガルトンをてのひらで持ち上げ、テーブルの上に置いた。四五年前に一八ストーン（一一四キログラム）の男をひと息で持ち上げたのとまったく同じように――。今回も、七〇歳のバークレーは客人たちを驚嘆させた。さすがに肩を痛めるはめにはなったが。

一八五四年、バークレーは何度か軽い脳卒中を起こし、体が一部麻痺したが、それでも少し動けるようになると外へ飛び出し、仕事とトレーニングに打ち込んだ。彼にとってトレーニングとは常に、病気や怪我を克服するための処方箋だったので、たとえ熱があろうと足を引きずっていようと、トレーニングをやめることはなかった。しかし、一八五四年五月一日、ポニーに頭部を蹴られたあと急に具合が悪くなり、バークレーはついに息を引き取った。

メンセン・エルンストとキャプテン・バークレーは、ふたりとも、野望と冒険心に突き動かされた人物だった。芸術家でありスポーツマンであり、多額の金を生み世間の注目を集める商才に長けていた。大人になってからは常に人々の娯楽の中心に位置し、大勢の観客を引きつけ、超人と称賛された。そして、自分の専門分野では常に第一人者であろうとする気概を持ち続けた。

第10章　アマチュア精神の希求

この男は葉巻の箱とパイプと煙草を手放さず、浴びるほどのシェリーを飲みながらトレーニングした。
——一八八〇年代のプロのランナー、サンボ・コンボについて

だまし、だまされ

一八六〇年代のアメリカに多く見られたランナーは、賭けのために走るはったり屋だった。彼らは偽装屋とも呼ばれ、その噂は世界の隅々にまで知れ渡っていた。偽装屋は、凡人か酔っ払いか浮浪者のふりをして、町や村にやってくる。できれば誰にも素性を知られていない場所がいい。酒場など、男たちがたむろする場所へ行き、自分のランナーとしての才能や手柄話を〝うっかり〟口にする。うまくことが運べば、やがて誰かが挑発されて、賭けレースをやろうと言い出す。よそ者が金と体面を失うところが見たい、いや、それ以上に自分たちが金と名誉を勝ち取りたい、と躍起になるのだ。

町いちばんの俊足男がその場にいなければ呼びにいき、たいていはそのまま外に出て、道をロープで遮断しての勝負となる。当然ながら、みんな知り合いの地元ランナーが勝つほうに賭ける。互いの

速さをまったく知らないふたりのランナーが並び立ち、はやしたてる観衆を横目にスタートを切る。町の男たちの目には、この偽装屋は、飛んで火に入る夏の虫。うっかり大口を叩いたばかりに巻き上げられるはめになった哀れなよそ者に映る。偽装屋も熟練者になるほど、巧みにドラマを演出する。最初ゴールでも相手との差は最小限におさえ、あたかもまぐれで勝って驚いているふうを装うのだ。最初の挑発も走りもその後の態度も、演技であることを感づかれなければしめたもの、次の町で同じことをやっても誰ひとり気づかない。しかし、ひとたび正体がばれたときは、それこそ一目散に逃走し、外見も変えねばならず、二度とその地方に戻ってくることはできない。

ミシガン州ナイルズ出身のヘンリー・クランデルも、一八六〇年代に暗躍した抜け目ない偽装屋のひとりだった。めざしたのは、ゴールドラッシュに沸くカリフォルニア州。当時はまだ人口もまばらだったが、鉱山の近くにはにぎやかで羽振りのいい地域があった。グレンジャーという偽名であらゆる挑戦と賭けレースに勝ち続けたクランデルは、とうとう西海岸一の俊足走者と競うことになったが、大差をつけて勝利した。

たいていの場合、賞品は砂金だった。クランデルはコロラドスプリングズでミリアード・ストーンを破り、懐を肥やした。その直後に同じ州内のプエブロに行き、またも賭けレースを設定する。クランデルはコロラドスプリングズの人々に手紙を書き、よかったらプエブロに来て、この楽勝レースで自分に賭けてほしいと誘う。先だっては大損をさせてしまって申し訳なかったから、というのだ。

クランデルの殊勝な申し出と内部情報に感激したコロラドスプリングズの人々は、こぞって金や所有物を彼の勝利に賭け、多くがわざわざプエブロにまで足を運んだ。ところが、近隣諸州でも屈指のスプリンターであるクランデルは、わざと二位に敗れ、〝友人たち〟はすっからかんになってしまった。これは正真正銘の詐欺行為だった。

コロラドスプリングズの人々から二度までも金をだまし取ったヘンリー・クランデルには、今やリンチの危険が迫っていた。《マウンテニア》紙によれば、クランデルは荷物と報酬をつかむと、汽車に飛び乗って町から逃げ出した。新聞は、彼が汽車まで走ったスピードの半分でも出していれば、必ずやレースで勝っていただろうと評した。コロラドスプリングズからの訪問団は失意のどん底で、しかも一文なし。食費や宿賃すら払えないありさまだった。プエブロの町の厚意で食事と宿が提供され、翌日は汽車賃まで出してもらって帰宅したが、自分たちはほとほとお人よしだと思い知ったのだった。

同じような手口を使ったのが、一八一七年にコネチカット州ニューヘイヴンに生まれたジョージ・セワードだ。子どものころから、立ち馬を飛び越えては身ごなしの速さと敏捷さを発揮したという。〝ダウン・イースト・ヤンキー〟の通称で活躍したが、一八四一年に国一番の俊足ウィリアム・ベルデンを破ってからは、誰もセワードと賭けレースをやろうとしなくなった。

そこでイギリスに目を向けたセワードは、別名を名乗り、水夫としてリヴァプール行きの船に乗り込んだ。上陸するとその足で、賭けレースが企画されている酒場へ赴く。当時、多くの酒場では近くに競走用トラックを併設しており、喉が渇いた観客がレースの前後にバーに立ち寄れるようにして稼ぎを増やしていた。ランナーとして出走したい者は誰でも、そういう場所に行けば、店主がレースを計画し、招待状や新聞広告を手配してくれるのだ。

リヴァプールの酒場に着いたセワードは、そういう仕組みに通じていた。慎重を期したうえで、ジャック・ファウラー級の相手と手合わせを願いたい、と申し出た。

なんだって！　この外国人はほんとうにあのジャック・ファウラーと対戦するつもりなのか？　一

〇〇ヤード競走ではイングランドじゅうで右に出る者がいない最速の男と？

「そうだよ」とセワードは答える。ただし、スタートでほんの少しハンディをつけてもらえれば。もちろん、この世間知らずのアメリカ人にはリードを与えてやろう。それでも、イングランド男たちにとって、これはたやすい儲け話に思えた。

セワードはレース前の数日を酒場でぶらぶらと過ごした。水夫の格好のまま、下品な外国なまりを隠そうともせず、アメリカの田舎青年をネタに楽しんでいるイングランド人たちの嘲笑を甘んじて受けた。レース当日、セワードが優雅な帽子に仰々しいブーツとズボンを身につけ、あたかもこれぞ短距離走にふさわしい服装だと言わんばかりに気取ってトラックに登場したのを見て、観衆の笑みはますます広がった。しかし、セワードはやおらシャツと重いブーツを脱ぎ捨て、シルクのタイツとランニングシューズで走りだした。突然完璧なランナーに変身したセワードは、あっけに取られる観衆の前でスタートを切り、勝利した。

それ以後、リヴァプールでレースはできなかったが、セワードはイギリスじゅうを旅して回り、一〇〇ヤードから一マイルまでのあらゆる距離で、またときには障害物競走やハードル走などでも、多大な成功を収めた。それも再試合を可能にするために、なるべく僅差で勝つように調整する。勝利と賞金こそが目的であり、タイムは二の次だったのだ。けれども、一八四四年秋にハマースミスで打ち立てた一〇〇ヤード（九一・四メートル）九・二五秒の記録はセワードの超人的な能力を証明するものであり、自己ベストである一二〇ヤード（一一〇メートル）一一秒一二五、二〇〇ヤード（一八三メートル）一九秒五もまた、堂々たるタイムだ。これらのタイムはメートルに換算すると、二〇世紀にもじゅうぶん通用する国際級の記録と言っていい。しかもセワードが走ったのは、スタンディング・スタート、スパイクなしのシューズ、でこぼこだらけの整備不十分なトラックという原始的な条件下だったのだ。二五年間プロとして活躍したのち、セワードはリヴァプールに腰を落ち着け、銀細工師という本来の職業に戻った。

セワードがこうして競走で大儲けできたのも、賭けレースの伝統がアメリカとイギリスでしっかり根づいていたおかげだった。

ハンディキャップの原理

一九世紀後半には、プロによる競走が、特にイングランド、アメリカ、南アフリカ、ニュージーランドで盛んに行なわれた。アメリカ以外は大英帝国に属する国々だ。

主に短距離を対象とした大きな競技会が、ロンドン、シェフィールド、マンチェスター、バーミンガム、ニューキャッスルで開催された。今に至る伝統的な大会としては、一八七〇年にスコットランド、エジンバラのパウダーホール・グラウンドで始まったものが、今や三世紀にまたがって続いている。また、オーストラリア、ヴィクトリア州スタウェルで金鉱探したちのために遊びの競走として一八七九年に始まったスタウェル・ギフト大会が、現在も年に一度開かれている。一九世紀後半に最も色鮮やかなプロのランニング文化が花開いたのは、一八六八年までに一〇万人のイギリス人囚人が上陸したオーストラリアだった。

一八五〇年にオーストラリアで金鉱が発見されてからというもの、一攫千金を狙う野望家たちが世界じゅうからやってきた。金鉱掘りたちはやがて、砂金や金塊を賭けて互いにレースをふっかけ合うようになり、周囲の野次馬もそれをけしかけた。開拓者精神旺盛なこの種の男社会では、運動競技やランニングが男らしさを測る物差しになった。

この時期、オーストラリアその他の国では、プロ・アマを問わず、競走のスタート時にハンディキャップをつけるのが普通だった。今日ではほとんど見られないが、第二次世界大戦まで、プロの競走では（ときにはアマチュアの競走でも）どこでもそれがあたりまえで、その習慣が戦後まで続いた地域もあった。

ハンディキャップの原理はシンプルかつ複雑なものだ。遅いランナーは速いランナーより先に出発したり、短い距離を走ったりする。ハンディをもらう、つまり、下駄をはかせてもらうのだ。理論的には、こうすることによって個々人の能力が均等化され、勝負と賞金の行方に予想がつきにくくなる。この種のプロ競技に特徴的なのは、当事者たちが必ずしもすべてのレースに勝とうとするわけでもベストタイムをめざすわけでもないことだ。彼らはある特定のレース、それもときとして何年も先のレースを念頭に、トレーニングと試合を続ける。トレーナーがそのプロセスを導き、その大いなる晴れ舞台に向けて必要なやりくりの方法を教え、勝利の可能性を高めてやる。わざと成績を上げない少々ずるいやりかただが、究極的にはひとつの目標に焦点が定まっているのだ。

一八八五年から九〇年にかけて、シドニーとメルボルンでは少なくとも一〇〇名のプロのランナーが、この競技で生計を立てていた。トレーナーは常に、六、七名の選手を抱え、競わせていた。ランニング競技といえば短距離走のことだった当時は、さほど訓練しなくてもすむ天才ランナーたちが大半を占めた。一八八八年に一〇〇ヤードを九秒一で走ったアボリジニのサンボ・コンボも、そんなランナーのひとりだった。この男は「葉巻の箱とパイプと煙草を手放さず、浴びるほどのシェリーを飲みながら」トレーニングしたと伝えられている。

勝負は劇的なものが多かった。例えば一八六九年、アイルランド人マット・ヒギンズが、オーストラリア人トム・キューザックと、後者の地元ワンガラッタで対戦したときのこと。ヒギンズがトレーナーとふたりの助手とともに二週間前に現地入りしたとき、地元の愛国者たちが妨害工作をたくらんで近づいた。ヒギンズがあまりにすばらしいフォームを見せつけたので、ワンガラッタの住民は脅威を感じた。レース前日に体調をひどく崩したのは、誰かが毒を盛ったせいではないかという疑いが持たれている。控え室で着替えていたヒギンズに向かって、石や脅し文句を投げかける観客までいた。

ヒギンズがまだ群衆に取り囲まれているときに、一〇〇ヤード走のピストルが予定より早く鳴らされた。それでもふたりはほぼ同時にゴール。そこへ見物人のひとりがヒギンズにパンチを食らわせた。次のレースではキューザックがまたしてもずるいスタートを切り、今度はさすがに勝利する。なのにヒギンズは、ふたたび観客に殴られて地面に伸びた。次にヒギンズが三〇〇ヤード走を制し、同点に追いつくと、キューザックの支持者はいよいよ逆上し、控え室の窓越しにさらに石を投げつけた。

ヒギンズは不正も脅迫も群衆の圧力もどこ吹く風という態度で、最後の二〇〇ヤード走に臨む。地元の煙突掃除人が近くの木の上からトラックを走るヒギンズめがけて飛び降りたが、ヒギンズは何事もなく走り抜け、暴徒と化した民衆の怒りを逆撫でするかのように、勝利した。競技のあとヒギンズは一目散にホテルへ走って閉じこもり、自分の身を守るために民衆から距離を置いた。キューザックに出資していた支援者たちは、直前のレースのふたつの敗北に加え、三〇〇〇ポンドを失った。

クラウチングスタートの誕生

このように無茶苦茶なランニング文化の中からも、やがてスポーツ界全体に貢献するような、画期的な出来事が生まれることになる。
それは一八八七年、オーストラリアはシドニーのキャリントン・グラウンドでのこと。ある短距離レースで、アボリジニ・ランナーのボビー・マクドナルドがうずくまった《クラウチング》体勢から飛び出し、大幅にリードした。見物人や競走相手は肝をつぶす。このスタート様式は、いったいなんなのか？ マクドナルドはこのスタートが有利であると気づき、次の準決勝でも、またもや他を大きく引き離して勝利した。審判は、不正の訴えや公平を欠くという主張を真剣に協議したうえで、決勝戦ではこの新型スタートを禁止した。

その次のレースでも、マクドナルドは再度クラウチングの姿勢でスタートし、みごとに走って一位を取った。対抗選手らが抗議したので、審判団はマクドナルドに、そのテクニックの使用を禁じた。

マクドナルドがこのスターティング・ポジションを発見したのは、偶然のことだ。レース直前になると寒気を感じる傾向があったので、今でいう「位置について」の姿勢でうずくまり、風をよけていた。ある日、彼がまだその姿勢でいるときにスターターがピストルを鳴らした。驚いたマクドナルドは本能的にそのまま飛び出したが、直立スタートのときよりも加速が早く、バランスもいいことに気がついた。しかし、審判たちに禁止され、マクドナルドはこのスタート方法を断念せざるを得なかった。

同じころ、オーストラリアの白人ランナー、ハリー・ブッシェルも、この姿勢を試していた。小さなふたつの穴を掘り、スタート時に蹴って出ることで、最速のスピードに早く到達できることにも気がついた。さらに、当時のランナーたちは力を強く込めるためにコルクを手に握り締めていたが、これをやめてみると、体がリラックスして動きがなめらかになることがわかった。

練習を重ねたあと、ブッシェルはこのクラウチングのポジションをキャリントン・ハンディキャップでの試合で試し、みごと優勝した。はたから見ても有利な方法であることは明らかだったが、出場者のひとりはこれに抗議した。しかし、審判がその申し立てを退けたので、以来クラウチング・スタートは全豪に、そして全世界に広まっていった。

いんちき試合を最初にやった人物かどうかは定かでないが、一八九〇年代に、あるアボリジニがキャリントン・グラウンドでの短距離走に臨んだ。ある程度のハンディキャップをもらっているこのアボリジニは、夕方、ガス灯のもとでの試合に全力で走る準備を整えて、公衆の面前に姿を現わす。ただし、スタート地点とゴール地点は真っ暗闇の中だった。このアボリジニのマネージャーたちは、ある白人ランナーの体を黒く塗り、人々がアボリジニと間違えるように仕組んでいた。スターターの合図で黒塗りのランナーが闇から飛び出し、優勝したが、そのままスピードを落とさず、闇の中へ走り去った。彼はすぐさま厚いコートをはおってこっそりその場を去り、入れ違いに、まったく同じランニングウェアを着たアボリジニが闇から審判のところへ駆け戻り、勝者の宣言を受けた。支持者たちはかなりの金額を稼ぐことになった。

オーストラリアの都会の一流ランナーたちは、田舎町へ旅しては、地元の英雄に挑戦状を叩きつけた。賭けの胴元がこれに同行し、その財布の中の金額がそのまま、これら節操のない行為への賭け金になった。

ニューサウスウェールズ州ハンガーフォードの大会にやってきたある一団が、ひとりの短距離走者を偽名で登録した。ホテルでは人々がレースの噂をし、よそから来た選手が地元の選手を負かすだろうかと議論し合っていた。

「われわれの選手は無敵だ」とハンガーフォードの住人が言う。
「いやいや、うちの女子選手だって、やつになら勝てるさ」と来訪者のひとりが皮肉を込めて言い返す。

住民たちは即座に、地元選手をくだんの女性選手と戦わせることに同意する。
「オーケー、ただし夜間に目抜き通りで走るというのが条件だ」と来訪者は言う。通りの街灯が薄暗いことを知っているのだ。

その晩、コースの歩測が行なわれ、大勢の観客が集まると、すべての視線が女性選手に注がれた。女は矢のように走って衝撃的な勝利を収めたが、そのまま全速力ですぐにホテルへ消え、さっさと隣町へと移動した。

さてその後、俊足女性は隣町で慈善コンサートに出ることになった。ハンガーフォードから行った住人の中に、ステージ上の彼女に気づいた者があり、無遠慮に話しかけたが、これに驚いた女は舞台から飛び降りてふたたび姿を消した。どこであっても、詐欺師は逃げ足が肝心。この髭のない男性短距離走者は、女装が得意で、女のふりをさせたら天下一品だったのだ。

この種の悪ふざけは人々を怒らせ、その結果、一九世紀末から二〇世紀初めにかけて、純粋で清潔なアマチュア競技を求める声があがり始めた。

アマチュアが目指したもの

アマチュア競技というものを理解するには（この場合はランニングにおいてだが）、ただ単にアマチュア資格の規定に通じているだけでは不十分だ。アマチュア主義がいったい何に対抗していたのか、言い換えれば、対するプロフェッショナル・ランニングの形態とはいかなるものだったかを知ることが重要になってくる。それをよく研究することで、アマチュア主義のめざすところがよりよく理解できる。「あんなふうにはしたくない！」というのが、彼らの言い分だった。〝プロ〟のランニングを最もよく知っていたのはイギリス人であり、だからこそ、長年、国際アマチュア協会の中心的役割を担うことになったのも、イギリス人たちだった。

アマチュアが嫌ったのは、プロの選手が、大きな大会で有利なスタート・ポジションを得るために、甘いハンディキャップ判定を導こうと不正を働くことだった。また、競技出場者自身が自分のレースに賭け、それで金儲けをすることも、アマチュアの反発を買った。プロたちはまた、〝死んだように〟走っていた。つまり、対戦相手を欺くために、わざと本来の能力以下の成績で走る術を身につけたのだ。これにはあの手この手が使われた。例えば大会当日の朝、あるいは試合の直前に激しくトレーニングして、本番でベストの走りをできなくすること。試合でわざとゆっくり走ろうとしても、それはさすがにばれてしまうからだ。たとえハンディキャップを定める判定者が不正を承知していたとしても、うまくごまかす努力をするに越したことはない。オーストラリア人のロジャー・ベストは、最高のコンディションのときにわざとペースを落とすための方法を、こう説明している。「試合に向かう途中にモナッシュ大学に寄って、四〇〇メートルを全速力で、それも立て続けに二回も走れば気分が悪くなる。その状態で試合に臨んだ」。彼は二年のあいだ一度も、不正を働いているとかベストを尽くしていないと指摘されずにすんだ。

はったりが不得手な者もいた。オーストラリア人ジョン・ウィトソンは、ハンディキャップが決まる試合で、わざとらしく見せずにペースを落とすことができなかったので、大きな試合で勝つチャンスを狭めていた。ところがある日のトレーニングのあと、友人のコーチが、ランニングシューズの底に敷くための中敷を一足分持ってきた。

中敷の裏面は鉛で覆われていて、それぞれ三〇〇グラムほどの重さがあった。そのシーズンのあいだずっと、わたしはこの鉛の重りのついた靴で走った。唯一気をつけなければならないのは、シューズを脱いだときそばに人がいても、絶対に自分でシューズを持つこと。町じゅうでいちばん重いのだから、シューズを入れたバッグもけっして他人に持たせてはならない。こうして審判からも何も言われずに、ひとシーズンを過ごすことができた。

短距離走者より中長距離走者のほうが、ごまかしかたが多様だった。トラックの外側を走ったり、ラストスパートのときに、他の選手に進路を阻まれるような位置をわざと走ったりした。試合前に炭酸水やハンバーガーなど不適切な食事を取ったり、重要な試合の直前にわざわざハードトレーニングに励んだりもした。要は、今後のハンディキャップを決めるべく個々の選手の成績をチェックして回る審判たちの目さえ、欺ければよかったのだ。

一九二〇年代、オーストラリアでは、これらがすべてまるでマフィア活動のように行なわれた。〝黒手ギャング〟なる集団がランナーを雇い、組織的に八百長試合を行なっていた。ギャングの活動はオーストラリア連邦にとどまらず、絶大な力を誇ったので、当局からも恐れられた。ギャングに雇われた若者たちにはきびしい箝口令《かんこうれい》が敷かれたので、一〇年間の調査、無限の尋問、膨大な刑事捜査の末に、ようやく陰謀に終止符が打たれたほどだった。

近代トラック競技の誕生

一九世紀後半のイギリスにおけるスポーツ・陸上競技事情が、その後、この分野で非常に大きな意味を持つようになる。その重要な要素のひとつが、スコットランドのハイランド競技会だ。スコットランド丘陵地帯での坂道レースを中心に据えたこの多種競技の大会は、一一世紀の発祥以来、何世紀にもわたってケルトおよびスコットランド文化を称えるものとして続いてきた。各部族の故郷であるスコットランドのハイランドで特に強く残っていた伝統に沿って、材木運び、重り投げ、ランニングなどの競技会が、一九世紀にイングランド、アメリカ、カナダ、そして主にスコットランド人が入植した多くの大英帝国植民地へと広まった。そのような競技会は祖国への敬意の表われであり、同時に、同郷人との連帯を強めるものだった。近代陸上競技は、ひとつには、このハイランド競技会の精神をモデルとして発達した。

この時代、世界の目は大英帝国に注がれており、スコットランド人とイングランド人が主導していた多くのスポーツ競技が、ただ単に英国人がやっていたという理由から、のちのオリンピックで採用されることになる。近代スポーツ、なかでもランニングの勃興を理解するには、一九世紀イギリスの事情を知ることが欠かせない。そして、もうひとつ念頭に置くべき重要な背景として、〝プロフェッショナル・ランニング〟が盛んだったことが挙げられる。これにはすべての社会階級が参入しており、イギリスの上流階級は自分たち自身のスポーツを新たに定義する必要に迫られた。賞金目当てではなく、理想を言うなら、腐敗や不正と縁のないスポーツだ。

長距離徒歩走《ペデストリアニズム》（この言葉はイギリスでは競歩と競走のどちらをも意味するが、ここでは競走のみを指すことにする）は主に、階級意識の強い国での労働者階級のためのスポーツだった。余暇と土地と財産をたっぷり持っていたイギリスの紳士階級は、一九世紀半ばの多くのランナーたちとはまったく別の社会水準に属していた。もっとも、なかには勲爵士だったジョン・アストリー卿（一八二八～九四）のように、下流階級とともにレースに出場し、なおかつ自身をアマチュアと称した者もあった。アストリーが最も活躍した一八五〇年代、「アマチュア」とは暗に紳士のことを指し、試合での賞金の有無は問わなかったが、紳士はスポーツで金を稼ぐ必要がないわけで、よって、ある程度の優越性を示唆した言葉でもあった。紳士は、厳密に言えば労働をせず、資産の利子や土地収入によって生活していた。

イギリスの主要大学、すなわちオックスフォードとケンブリッジで起こりつつあったことが、大きなドミノ効果を生んだ。これらの大学は上流階級の子息たちが大事な人格形成期を過ごし、生涯の交友関係を育んだ場所だ。一八五〇年にオックスフォードのエクセター・カレッジがあるレースを企画したことを皮切りに、オックスフォードとケンブリッジの他のカレッジもこれにならい、やがて陸上競技への注目が高まった。なかでもその中核になったのが、ランニング競技だった。

このような関心の高まりは、のちに〝筋肉的キリスト教〟と称されることになる、スポーツを通じたクリスチャン紳士の育成をめざす青年教育と無関係ではなかった。この活動は、最初に寄宿学校を通じて、のちにはキリスト教青年会（ＹＭＣＡ）を通して、他の国にも広まっていった。

イギリスでは一八六〇年代初頭から多くの陸上競技協会が発足したが、なかでも最も重要なのは、一八六六年にケンブリッジを卒業したジョン・チェンバーズが、同年ロンドンで設立したアマチュア陸上競技クラブ（ＡＡＣ）だった。翌年開かれた最初の大会への招待状には、「アマチュアの紳士なら誰でも」出場できると謳われていた。しかし、たとえ紳士階級の者であっても、公開競技会やハンディキャップ付きの大会に出場したことがある者は、ＡＡＣ主催の大会には出場を許されなかった。このようにＡＡＣは、発足当初から閉鎖的な組織だった。

近代陸上競技の創始者とも呼ばれるチェンバーズの狙いは、スコットランド、アイルランドを含むイギリスじゅうの大学から、アマチュアリズムの精神を体現しようという有能な陸上選手をすべて集めることだった。

ラテン語で「恋人」を意味する「アマトレム（amatorem）」から派生したフランス語の「アマテユール（amateur）」は、一八世紀終わりごろまでのフランスで、経済的利益を期待せずに芸術、建築その他を愛好する人という意味で使われていた。実は「アマチュア」とは多くの言語において、賛辞を表わす言葉だったのだ。英語における「アマチュア」は、一八世紀ごろから、ボート競技とクリケットについて使われていた。一八三五年の《ベルのロンドン生活とスポーツ記録》という雑誌には、アマチュアとは、海で働かずボート漕ぎを職業にもしない、ボートの漕ぎ手のことであると書かれている。金をかけずにトレーニングできたり、その行為から報酬を得たりする者は、アマチュアとは見なされなかった。一八六一年の『ロウイング・アルマナック』では、〝卓越した〟選手を育んだ大学、学校、研究所をリストアップすることで、アマチュアを定義している。商人、労働者、職人は除外された。

アマチュア陸上競技クラブは一八六六年に独自の定義を定めた。「アマチュアとは、公開競技にて競走に参加したり、賞金を稼いだり、出場することで報酬を受け取ったり、生活のためにスポーツを行なったりしたことが一切ない者のことを指す」。ただしここでは私的な競争や賭けへの参加については言及されていない。一八六七年には重要な除外規定「職人や肉体労働者でない者」が追加された。さらに翌年、冒頭に「アマチュアとは、紳士階級の者のうち……」の文言が加わった。

紳士クラブの常として、ＡＡＣもまた、会員が自分たちで条件を決めてメンバーを選ぶような組織になっており、労働者、つまり、仕事でトレーニングができる者を排除しようとする力が働いていた。例えば、鍛冶屋や石工などは腕力があるので投擲競技に秀でていたし、羊飼いなど戸外で歩き回る労働者は、ランニング競技において有利だった。

一八七〇年代の終わりに、スポーツの将来をめぐってあらゆるグループが議論を繰り広げた。論争はすべて、次の三つの点を論じるものだった。国全体で共通の選手権を行なうべきか否か、除外されていた職業の者も含めるべきか否か、メンバーシップ規定から〝紳士〟をはずすべきか否か。

一八八〇年、クレメント・Ｎ・ジャクソン、モンタギュー・シアマン、バーナード・Ｒ・ワイズという三人の青年が「アマチュア陸上競技協会（ＡＡＡ）」の設立を唱えた。論争にピリオドを打ち、世界初のこの種の全国協会に国全体をまとめようと考えたのだ。同年四月二四日にオックスフォードのランドルフホテルの宴会場で開催された最初の代表者会議では、「アマチュア」という言葉の定義が重要な議題になった。最も保守的な者でさえ、これまで除外されていた職種の労働者を受け入れることを承諾した。こうして以前よりも多くの職業集団が参加を認められたが、まだまだ排除されたままの職種も数多くあり、どういう人がアマチュア規定に違反するのか、そのような規定にはどんな意味があるのかという議論が、陸上競技および他のスポーツ分野でその後一世紀以上にわたって続けられることになる。また一方では、この新組織が発足したおかげで、記録の標準化をめざす長いプロセスも、同時にスタートを切ることになった。

ランニングの記録保存の歴史はさほど長くはない。陸上競技の記録が最初に記されたのは一八六四年、オックスフォード大学とケンブリッジ大学の対抗試合だった。一八六八年の陸上トレーニング教本には、イギリス最高成績の記述がある。オックスフォード英語辞典によれば、record（記録）が優秀なスポーツ成績を指す言葉として初めて使われたのは、一八八三年から八四年のことだという。イギリスのスポーツ歴史学者であるモンタギュー・シアマンは、一八八七年に著書『陸上競技とフットボール』の中で、読者にも意味が通じるという前提で、この言葉を使っている。しかし、ここでシアマンは、アメリカ人が記録に執着することに対し懸念も表明している。アメリカほど記録に固執する国はなく、そのような過度の執着は陸上競技を誤った方向へ向かわせ、イギリスのアマチュア・スポーツの理想から乖離することになりかねない、とシアマンは大いに憂慮していた。

公式記録への道

ランニングの分野に全国記録という概念が持ち込まれたことによって、トラックの標準化、正確な距離の測定、信頼できるタイム記録計の確保などが不可欠となった。国によっては、その作業の完了に多くの年数を必要とした。ランニング成績の記録は、多くの人が考えるように〝自然〟のことでもなければ、あたりまえのことでもない。そこには高い技術と標準化作業と人々の意識づけが必要であり、それらは一九世紀末のヨーロッパで社会が成熟し、ようやく一般的になったのだ。産業化社会の規範がそのままスポーツ界にも持ち込まれ、やがてそれが主流になって、数量化できる結果を生むことが目的になっていった。他方、当然の流れとして、スポーツの持つ大道芸的あるいは祝祭的な伝統は、徐々に軽んじられるようになった。

基準にのっとったスポーツの発展は緩やかだった。初期の〝まじめなスポーツ〟は、いくら当事者たちが真剣に取り組んでいたにしても、後世の目から見れば笑ってしまうぐらいに無邪気で滑稽なものだった。ヴィクトリア朝のイギリスは節度ある行動と〝競技のための競技〟を理想とした。上流階級の人々にとっては、これこそが、下流階級の粗野なスポーツのやりかたに比べ、文明的な態度だったのだ。

〝プロの〟ランニングは、そういう粗野なやりかたのひとつととらえられていた。歴史書でプロが過小評価されることになったのは、表舞台をアマチュアの理想が占め、なおかつ、歴史を書いたのがアマチュアたちだったからだ。こうしてプロの歴史はほとんど、いや、まったくといっていいほど、書き残されずに消えていった。スポーツにおけるアマチュアという概念が近代スポーツの発展とともに広まったのは、つい最近の、一九世紀末から二〇世紀にかけてのことだ。それ以前は議論の的にさえならなかった概念が、今や非常に重要になった。その理由は、偉大なるスポーツの世界祭典、すなわち近代オリンピックの創設だった。

第11章　オリンピック大会の復活

選手たちは、咳や嘔吐で口から埃を吐き出さねばならなかった。カリフォルニア出身のウィリアム・ガルシアなどは、中毒症状で死にそうになり、粉塵による胃内出血で入院するほどだった。
——一九〇四年セントルイス五輪、猛暑の中のマラソン後のようす

クーベルタンの野心

フランス人のピエール・フレディ・ド・クーベルタン（一八六三～一九三七）男爵が個人的に古代オリンピックを再発見し、一八九六年にこれを復活させたというのは、大きな誤解だ。そこに至るまでには、はるか以前からの積み重ねがあった。一〇〇〇年以上忘れ去られ、その後、多大な考古学的調査と研究が行なわれたオリンピア競技場は、一九世紀の終わりには、もう世界じゅうに向けて公開されていた。

フランス人、ドイツ人、イギリス人の考古学者が、一八世紀にはすでにオリンピアを訪れ、発掘調査の必要性を訴えていた。一九世紀初頭にもなると「古代オリンピア競技会」の存在はヨーロッパじゅうの古代学研究者の知るところとなり、当時地元住民の採石場になっていたオリンピア遺跡を、イ

ギリスの調査隊が何度も訪れていた。イギリス人ウィリアム・マーティン・リークも「イギリス当局のために、この重要かつ興味深い国についての知識を得る」という目的で、一八〇五年の冬に当地を訪れている。その後フランスの調査隊が、一八二九年に本格的なオリンピア発掘事業を開始。ギリシアがオスマン帝国からの独立を宣言したのと、ちょうど同じ年だった。

一八三八年、祖国の独立を記念し古代遺物の発見を祝うために、ギリシアの町ピルゴスが、オリンピア競技会の再興を提案する。ギリシア人富豪エヴァンゲリオス・ザッパがこれに賛同し、すべての費用を負担して遺産も全額寄付することを申し出た。こうして財源が確保されたことから、一八五九年、七〇年、七五年、七七年、八八～八九年に、アテネでオリンピア競技会が開催された。

一八七四年、ドイツ皇帝（カイゼル）ヴィルヘルム一世は、ギリシアとの交渉の末、オリンピアでの考古学的発見はすべてギリシア側に帰属させるという条件で、発掘結果の発表をすべてドイツが行なう権利を勝ち取った。一八七五～八〇年、ドイツの調査隊は考古学者エルンスト・クルティウスに率いられ、発掘調査を実施する。やがてクルティウスの著書がヨーロッパじゅうで爆発的に売れ、古《いにしえ》のかの時代への興味を掻き立てた。

大敵ドイツが秩序立った発掘を成功させ、古代ヨーロッパ史の栄光の一ページを再構築してみせたことに、フランスが嫉妬心を抱かないはずがない。ドイツ人が古代の驚異を明かすというのなら、われわれフランス人も、同じ分野で大いに貢献をしてみせようではないか、と。

一八六三年一月一日生まれの貴族、ピエール・ド・クーベルタンは、まさにそのようなフランス人の国民心情に影響を受けて育つ。芸術家の父も、優れた音楽家だった母も、ともに熱狂的な歴史愛好者だった。きょうだいと共に母親から過去への敬意を叩き込まれたクーベルタンは、パリで通ったイエズス会の学校で、古典世界へのさらに深い造詣を身につけた。一族の義務として法律を学んだが、幼いころからの大きな衝動は、大人になっても健在だった。一方、学生時代にフェンシング、乗馬、ボクシング、ボートなどさまざまなスポーツを経験するうちに、それらが自分の人格によいバランスを与えていることに気づく。そのような経験に加え、フランスの教育システムを単なる座学や機械的な学習法から脱却させ、活性化させたいという強い願望から、クーベルタンの試みが芽吹いていく。しかもパリでの生活は、鉄道の発達、急速な工業化、生活ペースの迅速化というかつてないほどの時代の変化を、肌で感じさせるものだった。

一八八三年、クーベルタンはイギリスへ渡る。当時フランスで議論されていたスポーツの発展について学び、役立ちそうな情報はなんでも祖国へ持ち帰ろうと考えたのだ。イングランドとアイルランドの寄宿学校を訪ね、生徒と教師双方に、日々の生活のようすとスポーツの果たす役割についてきいてまわった。クーベルタンはその調査結果を記事や書簡や書籍で発表し、なるべく効果的に世間に広めようと努力した。一八八八年には、フランス学校体育促進委員会の委員長という、まさにうってつけのポストに任じられ、その後アメリカへの研修旅行を経て、クーベルタンはひとつの結論に達する。一六一二年から一八八〇年まで、近世のあいだに催されたあらゆる〝競技会〟とは一線を画す形で、「オリンピア競技会」こそは真の世界大会であるべきだ、ということだった。「オリンピック（オリンピアの）」という言葉を冠した競技会は少なくとも世界一三カ所で実施されていたが、スウェーデンであれカナダであれ、あるいはアメリカ、ドイツ、ギリシア、ユーゴスラヴィア、フランス、イギリスのいずれであれ、しょせんは地域の大会に過ぎなかった。

一八九〇年、クーベルタンはイギリスのシュロップシャー州で行なわれていた「マッチウェンロック・オリンピア競技会」を視察して、さらに意志を固める。同年、熱意に満ちて帰国した直後にソルボンヌ大学の演壇に立ち、現代スポーツをテーマとした講演の最後で、こう高らかに宣言した。「オリンピック競技会を復活させよう。全世界の人々のために！」

クーベルタンは、古代ギリシアの理想を現代によみがえらせる目的とは、身体の育成のみならず、心と体の調和であるという考えを打ち出した。さらには、大会参加者を「平和の使者」とする、国家間の平和構築についても提案した。

ソルボンヌ大学の聴衆のほとんどが、クーベルタンの提案は実行不可能だと感じた。だが彼は一八九四年、国際アマチュアスポーツのルール標準化について話し合う、パリ・スポーツ会議という、よりふさわしい機会を得た。あらかじめロビー活動を試みたものの、クーベルタンの提案に対し、九カ国の代表団は懐疑的だった。しかし、いざふたをあけてみると、その提案は賛成多数で可決された。

クーベルタンが票を勝ち得た理由には、その粘り強さと人脈の広さのほかに、時代そのものが有利に働いたことが挙げられる。国際化の加速、輸送手段の向上、メディアの関心の高まり……組織的国際スポーツ大会の実現は、いわば時代の必然だった。植民地時代には、ヨーロッパの文化と特定のスポーツ分野が普及した。しかし、どの国のスポーツも地域ごとに変形していったため、オリンピックのプログラムにはうまく適合しなかった。オリンピック大会の存在は、最初の十年間は不安定なもので、その形が整っていくには長い年月を必要とした。

画期的な提案

紀元前四九〇年にマラトンからアテナイまで走り、ペルシア軍との戦いの勝利を伝え、その直後に力尽きて死んだ伝令走者を記念して、レース競技を作ったらどうだろう？

アテネでオリンピック競技会を復活させる計画が進んでいた一八九二年、フランス人学者ミシェル・ブレアルがそう提案した。しかしクーベルタンは、それほどの長距離を走らせることには慎重だった。「わたしが優勝杯を寄付しよう」と、ブレアルは決議の前に言ったという。ブレアルは、マラトンからアテネの丘陵地プニュクスまでのコースを提案した。町から離れた平原から古代アテネの会議場までという歴史をなぞりつつ、持久力を試すというものだ。

そのアイデアはギリシア人の愛国心に火を点し、熱狂的な歓迎を受けた。マラトン平原をスタート地点に、走者たちはアテネに新設されるオリンピック・スタジアムに向かって、二五マイル（四〇キロ）の距離をひた走る。つまりこのマラソン競走創設の裏にあったのは、学者であるブレアル個人の古代史に対する愛情であって、一八九〇年代当時、その故事が歴史的に正しかったかどうかなど、だれも気にかける者はいなかった。

二五マイルあるいはそれ以上の長距離走は、正式な種目としては、ギリシアやローマの古代文献に言及がない。出てくる競走は長くてもその十分の一の距離だ。スポーツ競技としてのマラソンにはなんら歴史的な根拠はなく、いわばひとつの固定観念に過ぎない。伝説の主人公はフェイディピデスあるいはフィリピデスと呼ばれた伝令走者で、この人物自体は空想の産物ではない。問題は、彼とその伝説との関連性が疑わしいことだ。

紀元前四九〇年、ペルシア軍はアテナイに侵攻するべく、戦略上重要な上陸地点であるアテナイ近郊のマラトン平原から攻め込んだ。輸送船二〇〇〜三〇〇隻分の兵士、一〇〇〇頭の馬、それに強大な兵器類が整っていた。アテネ兵は敵を迎え撃つために町を出発し、同時に、援軍を要請するために、ベテラン伝令走者のフェイディピデスを一五〇マイル離れたスパルタへ派遣した。フェイディピデスは翌日には到着し伝言を伝えたが、スパルタ人は宗教的祭事の真っ最中で、次の満月、つまり六日後まで援軍派遣はできなかった。伝令走者はアテナイに引き返し、その途上で牧神パンから支援を約束される。

当初、アテナイの進軍は無謀に思われた。アテナイ軍一万に対し、ペルシア軍は二万五〇〇〇。しかし、知恵と勇気と奇襲策がアテナイ側を有利に導く。ただ敵を粉砕するという大胆不敵な信念から、夜明け前に整列し一マイルの距離を走って、稲妻攻撃を仕掛けたのだ。ペルシア軍の弓矢が届く距離まで近づくと、アテナイ軍は加速して、ペルシア軍を後退させた。突然の大軍の出現にペルシア兵は動揺し、敵は悪魔に取り憑かれているにちがいないと考えた。戦場は剣、弓矢、素手での白兵戦となり、やがてペルシア軍は浜辺へ退散し、輸送船に逃げ込んだ。わずか数時間の戦いでペルシア軍は六四〇〇もの兵を失ったが、対するアテナイ側の死者は一九二名にとどまった。

マラトンでの勝利は、アテナイにとっては大いなる偉業であった。ペルシアにしてみれば初めての敗戦で、この戦いがのちのちアテナイ・ギリシア史上、多大な意味を持つことになる。

ギリシアの歴史家ヘロドトス（紀元前四八四～前四二五）は、そこで戦った兵士たちから話を聞き、当時の情報をもとに史実を書き記した。しかしその著書には、フェイディピデスが、いや他の誰であれ、マラトンからアテナイまで勝利の報を携えて走り、直後に死んだという記述は見当たらない。当然ながらそういう大事な役目を果たした者がいたはずだし、最悪の事態を覚悟して気を揉んでいたアテナイ市民が、歓びと誇りに沸いたであろうことは想像にかたくない。フェイディピデスのような伝令走者は、日常的にそういう伝言を託されていたはずだ。けれど彼が戦場にいたとは伝えられておらず、走者としての長い経歴を考えれば、そのような比較的短い距離を走ったのちに力尽きるとは、考えにくい。

勝利の伝令はフェイディピデスであったと最初に記したのは、ギリシアの風刺作家ルキアノス（一二五〜一八〇以降）だったが、フェイディピデスの名を挙げた唯一の資料であるこの著作も、書かれたのは当の出来事から六〇〇年後のことだ。一方、プルタルコス（四六〜一二〇）は別の伝令エウクレスの名を挙げている。外国から戻ってその足でマラトンへ向かい、戦いに間に合ったのだという。そこから武具一式を身に着けたまま町まで走り、アテナイの有力者に戦勝報告を伝え、直後に息絶えたらしい。プルタルコスによれば、当時のギリシアの歴史家の大半が伝令の名をエウクレスだと考えていたが、テルシップスだと考えている者もあったという。しかしこの論争は、戦闘から何世紀も経った時代にも、伝説は生き続けていたという事実を示している。そして、そこからさらに長い年月を経て、フェイディピデスの伝説がヨーロッパじゅうの学者たちに知られるようになった。

一九世紀初頭のギリシアの独立闘争が、ギリシア学への興味とギリシア史への情熱を再燃させた。イギリスの詩人バイロン卿（一七八八〜一八二四）もギリシアを旅して、ギリシア革命のために戦った。マラトン平原を訪れたときには、激しく詩情をかきたてられたようだ。

山々がマラトンを見下ろし
マラトンは海を見はるかす
しばしひとりでそこにたたずみ
ギリシアの勝ち得るべき自由を夢見る

ペルシア人らの墓場に立てば
もはやみずからを奴隷とは思えない

詩人ロバート・ブラウニング（一八一二～八九）もまたギリシアの黄金時代を夢見たひとりで、賛歌「フェイディピデス」の中で、かの伝令走者に、スパルタに警告をもたらしたあと、マラトンからアテナイへの走りに命を懸けたという栄誉を与えている。

多くの詩人がこの同じ伝説的風景から着想を得ており、これら詩人の貢献が、ギリシア学の開花とギリシアの愛国精神の高まり――一八九六年オリンピック大会組織者にとっては、後者が特に重要だった――とあいまって、ブレアルの発案した長距離走が受け入れられることになる。これこそが、ピエール・ド・クーベルタンが必要としていた、古代と現代のオリンピック大会をつなぐ重要な環であった。ギリシア国民も、マラソン競技に大きな関心を寄せた。話題性もあり、参加選手の予想を含め、期待できる楽しみがあった。しかも、英米選手の独壇場だった短距離競技に対し、マラソン競技ならば、ギリシア人にも勝てる見込みがあるかもしれない。

最初のマラソン勝者

一八九五年、スピリドン・ルイスは、兵役の一環でマヴロミヒャリス将軍の馬丁を務めていた。ある日、建設中のオリンピック競技場の横を通ったとき、多くの国の選手が参加する、栄えあるマラトンからの競技のことを、将軍から聞かされた。

「ぼくも走ってみたいです。足はけっこう速いんですよ」とルイスは言った。

「おまえが？　スピリドン、おまえがか？　それも、走るだって？」将軍は、その言葉を浸透させようとするかのように、ルイスの頭を指でこづいた。

その後、ルイスが兵役を終えて故郷の村に戻ると、すでに何人かの走者とレスラーがオリンピックに備えてトレーニングをしていた。ギリシア人が最も力を入れて準備していたのはマラソンだった。オリンピック熱狂者たちにあおられ、さらには、ジョージオス・アヴェロフやアイオンニス・ランブロスなどのギリシア人富豪が、自国の勝利を願って骨董品の壺を副賞に出すと言い出したことも手伝って、貧しい裸足のギリシア少年たちは、何週間も前からトレーニングに精を出していたのだ。忍耐強い男、羊飼い、天才ランナーを募集しているという噂が、ギリシアじゅうを駆け巡っていた。アテネから遠く離れた村でも、農家の息子や肉体労働者が鍛錬に励み、行き過ぎたトレーニングのせいで三人の若者が命を落としたとさえ噂されていた。

ギリシアでは二度の予選が行なわれた。一八九六年三月一〇日の最初の予選には、一二名が出場。ベテランの競歩選手ハリラオス・ヴァシラコスが、この歴史上最初のマラソン競走において、三時間一八分という記録で優勝した。オリンピック本番のわずか五日前に行なわれた二度目の予選には、三八名が参加し、最高記録は三時間一一分だった。無名のスピリドン・ルイスも五位に入った。

イタリアの優れた長距離走者カルロ・アイロルディも、オリンピックに出場したいと考えた。三月一二日、ギリシアに向けてミラノから徒歩で出発し、二〇日後にクロアチアのラグーザ（ドゥブロブニク）に到着。そこから船でケルキラ（コルフ）島経由でギリシアのパトラスへ渡った。さらに残りをアテネまで歩き、合計で八三〇マイル（一三三六キロ）の距離を踏破した。ところが、大会への参加を申請したところ、ギリシアの審判たちに却下されてしまう。ロードレースで賞金を受け取ったり、バッファロー・ビルのサーカスで馬や自転車相手に競走したことがあったからだ。アイロルディは失意のうちに、また歩いて故郷に戻ることになった。オリンピック史上初の、アマチュア規定の犠牲者だった。

一八九六年四月九日、競技の前日、ランナーたちはアテネからマラトンの町まで移動した。四時間もかけて、でこぼこ道をのろのろと進んだ。マラトンの市長は選手を歓迎し、翌日の大舞台に向けて、飲み放題食べ放題の宴会でもてなした。

「何か必要なものはないかね？」

「もっとワインを持ってきてください、市長さん」走者たちはそう言っては食べ、笑っては歌い、夜もふけるまで、さんざん飲み食いしたという。

エントリーした選手は一八名いたが、名前の記録がないドイツ人がひとり、出場を辞退した。残りのうち一三人までがギリシア代表で、あとの四人はオーストラリアのエドウィン・〝テディ〟・フラック、フランスのアルバン・レムゾー、ハンガリーのジュラ・ケッルネル、アメリカのアーサー・ブレイクだった。スタートラインに並んだ外国人のうち、二五マイルの距離を走った経験があるのは、ハンガリー人のケッルネルただひとり。一方フラックは、マラトンへの移動の当日に八〇〇メートル走で優勝しており、さらにその三日前には、フラック、ブレイク、レムゾーの三人が、一五〇〇メートルでそれぞれ金、銀、銅の表彰台に上がっていた。つまりは、中距離走者の健脚と、根性・愛国心・神への祈りが武器のギリシア魂との戦い、という構図だった。競技当日の朝、マラトン教会の礼拝においては、会衆はギリシア勢の勝利を祈り、走者の何人かはひざまずいて十字を切った。

一八九六年四月一〇日、各選手は午前一一時に牛乳とビール二本を与えられた。午後二時にスタートの号砲が鳴り、薄着の走者たち、自転車、騎兵がまるでお祭り行列のように進み、かなり離れて医師団を乗せた馬車が続いた。沿道付近の住民は総出で見物したが、陸上競技など初めて見る者が大半だった。選手全員に声援と拍手が送られ、飲食物が提供された。

それぞれ伴走の自転車を従えた俊足の外国人たちが、まず前に出る。フランス人レムゾーがトップを走り、およそ中間地点にあるピケルミ村を通過する時点で、オーストラリア人フラック、アメリカ人ブレイク、ハンガリー人ケッルネルをリードしていた。快調に走っていたスピリドン・ルイスは、継父からワインを一杯受け取り、先頭集団との距離はどれほどかと尋ねた。「必ず追いついてみせる」と、ルイスは約束したという。

レムゾーは一五マイル（二四キロ）地点のハルヴァティ村を一時間三四分で通過し、次いでフラックが一時間三五分、ブレイクが一時間三八分で通過した。ギリシア勢のトップ、ヴァシラコスとルイスはその直後につけていた。

その少し先の坂道区間で、レムゾーが大声で助手を招き、マッサージとアルコールの塗布を受けた。ふたりが立ったまま、ものめずらしげな見物人に囲まれている横を、フラックが通り抜けて、初めてリードを奪う。レムゾーはその後、二〇マイル（三二キロ）地点で倒れ、馬車に担ぎ込まれた。フラックも足をふらつかせ、今にも脱落しそうになっているところへ、スピリドン・ルイスが追いついてきた。

この時点で初めて、勝利への衝動がルイスをとらえる。ひとりの士官が歓喜の空砲を放って「ギリシア万歳！」と叫び、ルイスとフラックは肩を並べて競り合った。ルイスは視野の隅にライバルの姿をとらえ、自分のスパートに対し相手が勝っていないことを確認する。はどなくフラックは足をもたつかせ、やがてあきらめて馬車へ倒れこんだ。

競技のスターターを務めたパパディアマントポロス将軍が、馬でルイスの横へ走り寄った。

「何か飲みたいか?」

「水を」

ところが渡されたのが水ではなくコニャックだったので、ルイスはすぐに吐き出した。将軍からハンカチを手渡され、ルイスは顔の汗を拭ったが、うっかりハンカチを落としてしまう。かがんで拾おうとしたとき、将軍が「むだな力を使うな!」と止めたという。ルイスはまだ快調で、同郷の者からワインを提供され、ますます奮起した。市の境界にさしかかったときには合図の砲声が轟いた。沿道の観衆がロケット花火を打ち上げ、轟音が響く中、ルイスにはオレンジの房が差し出され、結婚の申込みまでもが殺到した。

レースの経過について、スタジアムに集まった七万の観衆は口々に噂し合っていたが、ドイツ人自転車走者アウグスト・グードリッヒが駆け込んできて、オーストラリア人がリードしていることを伝えると、失望のため息で会場が波打った。ところがその少しあとにパパディアマントポロス将軍が馬で到着し、長旅による埃まみれの姿のまま、王族表彰台のゲオルギオス国王に歩み寄った。

数分後、勝利のどよめきが巻き起こる。汗まみれの日に焼けた白服の男が、スタジアムのゲートをくぐったのだ。帽子が宙を舞い、人々は歓喜の叫びをあげて抱擁し合った。過去と現在が、スピリドン・ルイスというひとりの人間によって、ひとつになった。その肩に誇り高きギリシアの遺産を担ぎ、今こうして、オリンピアの栄光の時代以来はじめて、ギリシアで最も偉大な勝利の歓声を受けたのだ。

他の観衆同様に深く感銘を受けたギリシア国王と皇太子は、飛び降りていってルイスと共に走ったが、当のルイスはスタジアムのようすに圧倒され、観客のひとりに、ゴールラインはどこかと尋ねるほどだった。幸せと疲れに包まれ、ルイスは二時間五十八分五〇秒のタイムでゴールして、そのまま倒れこんだ。

空腹だったルイスには牛乳とビスケットが供され、よろよろとゴールへ到着する他の選手たちにも同様に与えられた。完走者は九名で、最後にゴールした選手のタイムは三時間五十八分五〇秒だった。外国人唯一の完走者、ハンガリー人ジュラ・ケッルネルは、三位でゴールしたベロカスについて、途中で馬車に乗る反則があったと抗議を申し立てた。調査の結果、抗議が認められ、ケッルネルはふたりのギリシア人に次ぐ三位に繰り上がった。

ルイスは当時二三歳、アテネ近郊のマルーシ村出身だった。鍛え抜かれたアスリートではなく、勤勉な肉体労働者で、家の近くの湧き水を汲んで荷馬車に積み、アテネまでの九マイルを運んでいた。彼自身も荷車を引く馬の横で歩き、ときには駆け足で進んだ。

ルイスは金メダル、表彰状、それにゲオルギオス国王から「なんでも欲しいものをつかわそう！」という申し出を受けた。しかしルイスは、水運びに必要な、よりよい荷車とより元気な馬以外、何も要らないと答えた。ほかにも結婚の申込みとよい働き口の申し出があり、あるチョコレート工場は一生無料でチョコレートを提供する、と申し出た。ルイスは生涯同じ社会階級にとどまり、二度と競技に出ることはなかった。生涯にたった二回、それもほんの一週間のあいだに行なわれた競技にしか参加せずに、これほどの栄光を打ち立てた選手もめずらしい。

非公認で完走した女性ランナー

一八九六年のマラソン競技への参加は男子のみに限られていたが、それでも参加しようと試みた女性がひとりいた。オリンピックが開催される何週間も前のこと、スタマタ・レヴィシは、七歳のわが子の死という悲劇をなんとか克服し、みずからの運を試そうと決意を固めて、ピレウスにある自宅からアテネをめざして歩いていた。この哀れな女性は三〇歳だったが、わずかな手回り品と一歳五カ月の乳児を抱えて歩くその姿は、実際よりも年かさに見えた。

道すがら、ひとりの走者がスタマタと出会い、なぜそんなにとぼとぼ寂しく歩いているのかと尋ねた。男は金を渡して励まし、マラトンからの男子レースに出るよう勧めた。

スタマタはその助言が気に入った。自分は強くて粘り強く、その長い距離も走れるだろうと考えた。もちろん、女がひとりで走るのは気が引ける。けれどももし完走できたらすばらしい快挙だろうし、有名になれば子どもにとってもいいことがあるだろう。

スタマタはマラソン競技の前日にマラトンに到着し、報道関係者に、審判委員会がなんと言おうと、自分はアテネまで走る、と宣言した。

「アテネに着くころには、観客はみな帰ってしまっているだろうよ」とひとりの男が言った。

「そんなこと、ありません」とスタマタは頑固に言い張った。

女性があまりに肌を露出した格好で通りを走ることは、罪に問われる危険があった。そこでスタマタは膝まであるスカートをはき、包帯で腕を覆った。レース当日の朝、マラトンの年配の司祭に祝福を請うたが、審判らが許可を与えていないことを知った司祭は、祈ることを拒んだ。

実際に何があったのかは誰にもわからないが、スタマタ・レヴィシが参加を許可されなかったことだけは確かだ。しかし、男子レースが行なわれた翌日、市長の立会いのもと、スタートの日時と場所を記した証明書を得たうえで、スタマタは走り始めた。

アテネに到着したのは、その五時間半後。長い休憩が何度か入ったためだ。船に目を奪われてしばし見とれていたり、時間を尋ねたりしていた。

「なぜそれほど疲労困憊しながら、こんな長距離を走るんだい？」

「国王陛下がわたしの子どもに、将来なんらかの地位を約束してくださるかもしれないからです。今から直接、ギリシア・オリンピック委員会の委員長さんのところへ行き、マラトンからアテネまでかかった時間をお伝えして、誰でもわたしに挑戦してくれていいと言うつもりです」

スタマタは木の底のついたサンダルを脱ぎ、裸足で走った。彼女のその後の人生については、何も知られていない。しかし、この女性の話はけっして忘れ去られることはない。

マラソン大会の興隆

ブレアルの当初の提案は、一回限りのレースを意図したものだった。あくまで、マラトンという特定の場所にまつわる伝説を下敷きにした競技で、他の国では歴史的な意義を持たないからだ。ところが、スピリドン・ルイスの活躍とその醸し出した輝きが、レース後に世界を駆け巡った報道記事で増幅された結果、冷めることない熱狂をかきたて、同じ競技を求める肥沃な土壌を作り出した。マラソンは競技として独自の生命を得て、早くもオリンピック開催のまさにその年、一八九六年の夏にはパリへ、そして同年秋にはアメリカ、ハンガリー、ノルウェー、デンマークへと伝播した。二年後にはドイツとイタリアがそれぞれ最初のマラソン大会を開催し、一八九九年にはスウェーデンが、九つ目のマラソン開催国となった。

アテネ五輪に参加したアメリカの陸上選手は多くがボストン出身で、彼らもまたマラソンに魅了された。ボストンでもさっそく歴史が掘り起こされて、一八九七年、アメリカ独立戦争の英雄ポール・リヴィアとウィリアム・ドーズを記念するマラソンの開催へとつながっていく。一七七〇年代、マサチューセッツの農民たちにイギリス軍の襲来を警告するべく、夜中に長距離を馬で走り回ったのが、このふたりだった。その長旅の逸話を記念するレースが、四月一九日の〝愛国者の日〟に開催されることになったのも、ごく自然な流れだろう。

ボストン・マラソンが成功した理由は、国の重要な史実と結びつけたことだろう。人気はまたたくまに広まり、一九〇二年には一〇万人以上の観衆を惹きつけ、ひとつのスポーツイベントとしては世界最大の観客数を記録した。それから一一〇年後の今日も、現在まで続く世界最古のマラソン大会として、いぜん人気を博している。

マラソン競技はオリンピックという枠の外で独自の道を歩み始めたが、オリンピックの中では、最終的な形が決まるまで、さまざまな紆余曲折があった。一九〇〇年のパリ五輪は、五月一四日から一〇月二八日まで開かれたパリ万博と同時開催で、陸上競技は七月半ばに行なわれたが、観客は必ずしもこれがオリンピックの一部だと認識してはいなかった。パリ大会には開会式も閉会式もなく、クーベルタンの五輪復活の願いは、末永く続くとも高い地位を得るとも思われていなかった。

当時最速のマラソンランナーであったイギリスのレン・ハーストら、プロのスター選手たちが軒並み参加を許可されなかったため、一九〇〇年七月一九日にスタートを切った選手たちは、けっして世界最高レベルのマラソンランナーではなかった。七カ国一六名の選手は、ハンカチやひさしつきの帽子で太陽から頭を隠した。当日の最高気温は三九度を記録したのだ。

何人もが暑さのせいで早々に脱落し、コース表示がわかりにくく係員も不足していたため、土地勘のない選手は混乱した。フランス人選手トゥケ＝ドニは曲がり角を間違えたため、カフェに寄って飲み物を注文。唯一置いてあったビールをグラスに二杯飲み干して、そのまま棄権した。その他の選手も、九マイル付近で道路に迷い込んだ羊や牛の群れに遭遇したり、自転車、自動車、歩行者に行く手をさえぎられたりで、パリ市街の表通り裏通りを走るレースは困難をきわめた。結局ミシェル・テアトが二時間五九分四五秒で優勝し、その五分後にエミール・シャンピオンが入り、フランスは一位二位を独占した。ところが九〇年ほど経ってから、テアトがじつはルクセンブルク出身で、国籍が違っていたことが発覚している。

一九〇四年にアメリカで行なわれたセントルイス大会も、万博と同時開催だった。このときにはアフリカから初の黒人選手レン・タウとヤン・マシアニがマラソンに参加し、また、キューバの郵便配達夫フェリクス・カルヴァハル・デ＝ソトが、故郷でのエキシビション走でニューオーリンズまでの船賃を工面して参加した。ニューオーリンズからセントルイスまでは、ヒッチハイクで英語を学びながら旅したという。

一九〇四年大会のマラソン当日はやはり暑い日で、ランナーたちは喉の渇きに苦しんだ。水を容易に補給できるのは六マイルを過ぎたあたりの給水塔と、その少し先にある道路近くの井戸だけだった。脱水状態に陥った選手たちは痙攣を起こして止まったり、動けなくなって脱落した。同時に、周囲を取り巻く随行車や一般車両のせいで粉塵が舞い、水分不足の影響をさらに悪化させた。選手たちは、咳や嘔吐で口から埃を吐き出さねばならなかった。カリフォルニア出身のウィリアム・ガルシアなどは、呼吸困難で死にそうになり、粉塵による胃内出血で入院するほどだった。

受けた支援のレベルが選手によって違ったため、競走は不公平なものになった。優勝者はアメリカの代表トーマス・ヒックスで、競技に関してはベストの人材ではなかったが、周囲の支援を受けられたのが大きかった。レース中、ヒックスは、桃を食べながら歩いている一団に出会う。「少し分けてもらえませんか?」と尋ねるなり、ヒックスは桃をふたつばかりひったくり、走りながら口に入れた。車に乗った支援者も、スポンジで体を冷ましたり、水や合成興奮薬を提供した。ヒックスは一八マイル地点で、ストリキニーネ(白くて苦い薬物)の調合薬と、卵の白身を提供される。ストリキニーネは中枢神経系を刺激するもので、殺鼠剤にも使われており、中毒を防ぐには服用量を正確に量らなければならない。最悪の場合、死に至ることもある危険な薬物だ。

ヒックスは先頭を独走していたのに棄権したがったので、支援者が調合薬を飲ませた。ストリキニーネの最初の服用で顔が真っ青になったが、続けてもう一服を卵白ふたつ分と蒸留酒とともに飲み込んだ。よろめきながらも走り続け、さらに卵、酒、スポンジ水の補給を受けつつスタジアムに到着すると、そこではすでに表彰式が始まっていた。

アメリカ人フレッド・ローツが一五分前に到着しており、観衆は彼が優勝したと思い込んでいた。ローツは九マイルを過ぎたあたりで棄権し、自動車に乗り込んだが、ゴール手前三マイルの地点で車が故障してしまった。炎天下で修理工を待つよりはと、そこから走り始め、途中でヒックスを追い抜いたのだ。ローツは三時間一三分でゴールして観衆の歓呼に応え、ヒックスが到着するまで芝居を続けたが、ついにはだましていたことを認めた。

その日最も健闘したのは、なんの支援も受けずに二位でゴールしたフランス人選手アルベール・コレーだった。四位に入ったフェリクス・カルヴァハル・デ゠ソトは、レース途中で林檎を盗みに行き、戻るときにコースの方角を人に尋ねたという。

その次に行なわれた一九〇八年のロンドン大会は、いくつもの側面でマラソン競技の転換点となった。まず、二六マイル三八五ヤード（四二・一九五キロ）という正式な距離が確立された。これは、イギリス王妃がわが子たちにスタートのようすを見せたいと願ったことから、スタートラインがウィンザー城の敷地内に変更されたためだ。そこから、収容人数九万人という世界最大規模のスポーツ会場、ホワイトシティ競技場のロイヤルボックスまでの距離を測ったのだ。一九二四年大会以降、この距離が公式のマラソン距離として採用された。それまでは何年ものあいだ、約四〇キロ（二五マイル）という大まかな距離で行なわれていた。

悲劇

一九〇八年のマラソンはまた、小柄なイタリア人ドランド・ピエトリが、歴史の一ページにその名を刻む大会になった。レース最後の六マイル、ピエトリは先頭を走る南アフリカ人チャールズ・ヘフェロンに、しぶとく食らいついていた。ヘフェロンは観客からシャンパンを一杯受け取り、元気をつけようとしたが、かえって胃の痛みに襲われる。ピエトリは先頭を追い抜くだけでも力をほぼ使い果たしたが、それでも鉄の意志を振り絞って走り続けた。ホワイトシティ競技場に入ったところで、左に曲がるべきところを右に曲がってしまい、ふらふらと左に戻ったところで倒れこむ。それでも超人的な努力で立ち上がり、走りだす。走ろうとするが、走れない。歩こうとするが倒れ、また立ち上がっては倒れ、とまるで酔っ払いのように繰り返した。周囲の者が水をかけ、マッサージを施し、声をかける。スタジアム全体の喚声が、まるで嵐のような轟音を響かせる。ゴールまであと五〇ヤードのところで、第二位の選手がスタジアムに入ってきた。

迫り来る敵が目に入ったピエトリは、自身を引っ張り上げる格好で立ち上がり、死に物狂いでゴールへ走ろうとする。ヘイズは後方五〇ヤード弱まで近づいている。ピエトリはゴールに向けて走る。ついに月桂冠を手にするのだ！

いや待て、まだだ！　ゴールの手前二、三ヤードでピエトリは倒れる。

イタリア人たちが倒れた英雄に向かって、狂ったような叫びを上げる。彼らがピエトリの体を引っ張り上げ、ピエトリはよろよろとゴールラインを越える。大喜びの友人たちの腕の中へ倒れこみ、まるで子どものように担がれて、担架から救急車へと運ばれていく。わずか三二秒後にヘイズが到着し、こちらは誰の助けも借りずにゴールラインを越え、倒れこむ。助け手に体を支えられ、ヘイズもまた救急車へと運ばれる。

走者たちは脱水症状と炭水化物枯渇に見舞われていた。レース前の朝食では、上等なステーキ、生卵二個、トーストと紅茶を取っていた。公式な給食所ではライスプディング、レーズン、バナナ、ミネラルウォーター、牛乳、さらに必要であれば合成興奮剤が提供された。けれど自転車で走者に随伴する支援者たちは、ブランデーや砒素といった興奮剤を供与することを禁じられていた。

アメリカは、ピエトリがゴール直前に他人の助けを借りたと反則の申し立てを行ない、認められた。ピエトリは支援を受けたことで失格となり、アメリカ人選手ジョン・ヘイズが優勝者となった。

その夜、ピエトリは死んだという噂が広まった。しかし深刻な病状も数時間のうちに回復し、ピエトリは翌日、メダル授与式に臨むため、何食わぬ顔で競技場へ赴いた。そして颯爽と観衆の歓声に応え、女王からの特別賞を受けた。ヘイズは金メダルを勝ち取ったが、観衆の心を勝ち得ることはできなかった。ピエトリこそが、人々の心の勝者だった。

息も絶え絶えに倒れこんだピエトリの姿は、世間のマラソンへの見かたを変えた。それまでは、選手たちに対し、自分をいたぶり苦行に励む変わり者という見かたはあったにしろ、マラソン競技そのものに対してはおおむね好印象が持たれていた。一八九六年のアテネ五輪で湧き起こったスピリドン礼賛現象のおかげで、マラソンは超人的なスポーツであり、何やら新しく未探究ではあるが、歴史的な基盤を持つものと理解されていた。

ところが一九〇八年大会の先頭ゴール者が、まるで故事をなぞるかのように、ゴールであわや死にかけたことから、競技の正当性が国際的な議論の的となった。かのイタリア人は、野蛮なドラマの中で翻弄されたのではないか？　マラソンは有害なスポーツなのではないか？

ピエトリが言うには、ゴールでの歓声にとまどい、すでに体が極限状態にあったため、精神的にもショートしてしまったらしい。そのほか、ピエトリは興奮剤を服用しており、それが意図と反対の作用を及ぼして、体を突然衰弱させるような予期せぬ反応を引き起こしたのだ、という指摘もなされた。

マラソンは有害か？

一九〇八年大会のマラソンは、オリンピックという舞台で増幅されたスポーツ熱狂主義の象徴である、と批判する者も多かった。何万もの観衆の前で、過剰なまでに人間の能力の限界に挑戦しようとする異常な試みだ、と。イギリス、ドイツ、アメリカ、スカンジナビアなどの有名スポーツ記者も、同様に考えていた。マラソンはスポーツの中でもある種病的な分野ととらえられるようになった。とはいえ、評論家の中にマラソン経験者はほとんどおらず、実際に参加した選手の意見が議論に反映されることもなかった。

くだんのレースには政治的な後日談もあった。アメリカ大統領セオドア・ルーズベルトは、騒動や対立を引き起こすような競走の形に疑問を抱きつつも、スポーツの功績を国力をはかる指標として引き合いに出し、嬉々としてスター選手と握手をしたり、親しく交流したりした。ルーズベルトは私的な書簡の中で、ホワイトシティ競技場の運営者の行為に対して不快感を示し、さらには愛国精神が昂じたのか、イギリスがアメリカ人選手の勝利を阻止しようとした、と決めつけている。

一九〇八年の夏から秋にかけ、ドランド・ピエトリは、世界で最も有名なスポーツ選手だった。失格の憂き目に遭ったことにより、大きな目と優雅な口ひげをたたえたこの小柄な人物に、かえって世界中の同情が集まる結果になった。ピエトリへの寄付はロンドンだけで三〇〇ポンド集まり、故国イタリアでも募金箱はどこでもすぐにいっぱいになった。大会直後のロンドンでは、ピエトリの講演はどこも満員で、彼が顔を見せるたびに、人々は立ち上がり拍手を送った。ドランド・ピエトリにはどことなく気品があった。謙虚で気高い振る舞いに、報道や娯楽メディアに対する人当たりのよさ。世界各国のレビュー作家や漫画家が、かの出来事から金になる芸術を生み出した。アメリカ人はアーヴィング・バーリンの作曲した『ドランド』の旋律を口ずさみ、欧米の映画館はその秋じゅう、オリンピック映画を上映して大盛況だった。

世間はヘイズとピエトリの再試合を望んだが、ふたりともすでにアマチュアの身分を離れていた。ピエトリはオリンピック後に受けた山のような賞金のせいであり、ヘイズはニューヨークのブルーミングデイル・デパートで勤め始め、店内での勤務より、高層店舗ビルの屋上でトレーニングしている時間のほうがはるかに長かったからだ。

アメリカのプロモーターたちは、ロンドン五輪の因縁の対決をネタにしてひと儲けしようと思っていたが、試合が着実に収益を上げるためには、観客がきちんと入場料を払い、選手を間近で見られるように、競技場で行なわれる必要があった。アメリカにおいて、それは屋内競技場を意味していた。ロンドン大会から約四カ月後、ピエトリとヘイズは、ニューヨーク市民一万二〇〇〇の観衆の前に姿を現わした。紫煙がたちこめ、賭けによってますます興奮が高まっている屋内競技場で、ふたりはまるでボクシング選手のように華々しく登場した。服装もロンドン大会とまったく同じだったが、ピエトリのベストには葉巻の広告が描かれていた。そういう大口のスポンサーもついたのだ。そんな猥雑な雰囲気の中で、かのイタリア人は雪辱を果たす。最後の二周を飛び入りでいっしょに走るほど熱狂したイタリア人移民たちに後押しされて……。

マラソン熱はイギリスじゅうを席巻し、ランナーたちはかなりの額の賞金をめぐってしのぎを削り、後援者たちはあらゆることを賭けの対象にした。金儲けの誘惑にかられた優秀な長距離走者たちが、このマラソン狂想曲にのめりこんだ。一九〇八年から一一年にかけては大衆の熱狂ぶりが目に余るほどで、報道各社はこれを〝マラソン熱〟〝マラソン狂乱〟と命名した。

職業スポーツ、特にプロのマラソンについて批判的な者は、一九〇八年ロンドン五輪以降、競技が金儲け主義に偏っていく傾向を、好ましくないと考えていた。しかし同時に、公式スポーツの発展が、新しい英雄を――血の通う生身の肉体でありながら、英雄を求める人類の本能を満たしてくれるような、栄光の高みにのぼった人間を――生み出している現実に、異を唱えることはできなかった。英雄たちは人々に確かさと励ましを与え、広く不安定な世界における道しるべの役割を果たした。ドランド・ピエトリと好敵手たちがまるで古典劇を再現するかのように大地を蹴るとき、彼らの走りは、身近なようでありながら人間離れした感覚をもたらし、息を呑むほどの神秘を中空に漂わせた。マラソンランナーたちには、敬虔な信仰者や修道僧の趣があった。彼らは、凡人には到達しえない、悟りの境地に至っているのではないか?

ピエトリの〝悲劇〟はその後、多くの長距離走者を健康診断へ向かわせる一方、医療関係者のあいだに、マラソンを果たして認めてよいかどうかの議論を引き起こす。一九一二年のストックホルム五輪で、ポルトガルの選手フランシスコ・ラザロが日射病で死亡したことも、議論に拍車をかけた。ラザロは一八マイルを過ぎたところで倒れ、すぐに治療を受けたものの、一四時間意識不明が続いたあとに亡くなっている。

一九〇八年、一二年と悲惨な事例が続いたことから、その後マラソン熱が下火になったのもうなずける。ランニングが心臓に悪いかどうかの議論はその後何年も続き、休息時の低脈拍と心臓肥大は有害な証拠だと医師たちは勘違いした。大きすぎる心臓から送り出される血液は、動脈壁に危険レベルの負荷を与えるため、その〝打撃〟がランナーの命を縮めると考えたのだ。

ボストン・マラソンでの調査によって、心臓はそういう負荷にも耐えられるものであり、若者が挑む他の多くのスポーツに比べても、害の少ない運動であると証明されたにもかかわらず、なおマラソンは危険を伴う苦行と見なされた。

一九〇九年、アメリカで徹底的な調査が行なわれた。ある医師がピッツバーグでマラソンを企画し、五五名の出場選手全員に対し、病歴、食習慣、トレーニング、煙草・酒の摂取量について、書面調査を行なった。さらに競技の前後に心臓の大きさと音を計測し、脈拍と尿を検査した。レースは過酷な高低差の多いコースだったが、医師たちは、走者たちの内臓になんら永続的なダメージを見出すことはできなかった。

けれども、きびしい耐久レースに対する猜疑心は、容易には消えなかった。専門家も一般大衆も用心深かったのは、ひとえに、この競技が新しいものだったからだ。マラソンとはまさに、一九世紀末から二〇世紀にかけての疲れを知らぬ新たな時代——工業生産に効率性を求め、労働生活を時計の支配にゆだねた時代——を、象徴する競技だったと言える。

第12章　トラックを走る

ランナーは最初から独走状態で勝利は必至だったが、突然羊が一匹トラックに迷い込み、その場に立ちすくんだ。そのすさまじいスピードに驚いたのだ。彼は羊に激突して羊の脚の骨を折りながらも、四分の一マイルを堂々、五〇秒と五分の二で走りきった。

——一八六八年、全英陸上選手権でのできごと

メートルとマイル

近代陸上競技を決定づけているひとつの特徴は、トラックや競技場の長さが固定化され、正確に計測されていることだ。競走の舞台は基準が定められ、それは、計測可能な競技場の建設を促した工業化時代そのものを反映している。近代のランニング競技には実測マイル、実測ヤード、ストップウォッチが不可欠になり、それらをおろそかにすれば、競技の審判や主催者から粗悪または不完全な試合環境だと見なされて、まともに扱ってもらえない。一九世紀末に起こった距離や時間の国際標準化の流れが、スポーツ界にも浸透したのだ。

オリンピックのモットー、「citius, altius, fortius（より速く、より高く、より強く）」は、予想外のスピードで発展を促した。あらゆるレベルで記録を生み、新記録を渇望する。絶え間なく成長し、け

っして現状に満足せず、〝今よりさらに速く〟は常に可能なのだという思いに取りつかれる――これらが、近代スポーツの特徴だ。ピエール・ド・クーベルタンの言では、オリンピックというイデオロギーにおける〝記録〟の概念は、ニュートン力学における重力のようなものである。記録という概念は不変の基本原則であり、原動力でもあればゴールでもある。さらに、人類と個人の進歩への、絶えざる夢のような思いを引き起こすものでもあった。

「時間とは時計によって計られるものだ」とはアルベルト・アインシュタインの言葉だが、彼は時間が必ずしも常に同じようにとらえられるわけではないことを知っており、むしろここでは二〇世紀の人々の考えかたについて述べている。しかし正確な時計があれば、ランニングの成績を誰も疑う余地がないし、タイムを記録することで、ほかとの比較が可能になる。秒単位の時間計測があってはじめて、近代の競走が発達したと言っていい。

トラックを走るランニング競技ほど、成績の優劣が残酷なまでにはっきりと出るスポーツはない。スタートし、走り、ゴールする、そのあいだにタイムが計られ、順位が記録される。けれどそのためには、トラックの長さと計時を保証するための、標準化され、検証可能なシステムが必要だ。

一九世紀終盤、競技用トラックは大きさも形もさまざまだった。短いものもあれば長いものもあり、一八九六年アテネ五輪の会場などはU字型で、長辺が二〇〇メートルもあったという。一八八〇年代にイギリス人モンタギュー・シアマンは、競技用トラックはなるべくまっすぐで、かつ、カーブはなるべく短いほうがいいと主張した。そしてのちに標準となる長方形ではなく、等辺で直角な形が望ましいと言う。

近代陸上競技は、馬場や畑、牧場、草原、道路など、表面の凹凸が少なく、草を食む家畜とは柵で隔てられた平らな場所を、早足で歩いたり走ったりすることから始まった。一八六八年、ロンドンのボーフォート・ハウス・グラウンドで行なわれた全英選手権で、短距離走者エドワード・コルベックは、四分の一マイル（約四〇〇メートル）走のゴールまであとほんの少しのところを走っていた。「（コルベックは）最初から独走状態で勝利は必至だったが、突然羊が一匹トラックに迷い込み、その場に立ちすくんだ。そのすさまじいスピードに驚いたのだ。コルベックは羊に激突して羊の脚の骨を折りながらも、四分の一マイルを堂々、五〇秒と五分の二で走りきった」

　イギリス以外のヨーロッパではトラックを一周五〇〇メートルに作った国が多く、そのため、一九〇〇年のパリ五輪で一五〇〇メートル走が行なわれたのはごく自然な流れだった。八年後のロンドン五輪では、トラックの長さは三分の一マイル、すなわち五三六・四五メートルだった。一九一二年のストックホルム五輪で、一周三八三メートルの陸上競技場で戦うことになった世界の一流選手たちが、非常に混乱したのも無理はない。

　一九二〇年、二四年と、五〇〇メートルトラックでのオリンピックが続いたあと、一九二八年アムステルダム大会で採用された四〇〇メートルのトラックが、その後の標準となった。四分の一マイルは四〇二メートル強なので、いわばメートルとマイルが歩み寄った格好だ。二〇世紀、この標準距離が世界に広まった。

　記録が承認されるためには、トラックの表面は平らで、かつ、あまり傾斜があってはならない。バーミンガムのアスター・グラウンドには一周のうちに二メートルも勾配があったが、これとて極端な例ではなかった。二〇世紀初頭から数十年のあいだ、ランナーたちは凹凸やあらゆる方向に反りのある地面で競わなければならなかった。もっとも、権威ある競技場のトラックは、きちんと整地がなされ整備された。

記録は常に承認されたわけではない。風の状態や変則的なトラックが疑いの対象となったり、あるいは不正行為が疑われた場合もあった。ランニング競技を牛耳っていた欧米の人々は、世界の他地域におけるタイム計測や競技条件について、やや懐疑的だった。

例えば、一九〇二年の東京で、日本人ランナー藤井実が一〇〇メートルを一〇秒二四で走った。世界記録より〇・三六秒速いタイムだ。日本の審判や協会役員は、英米の陸上競技協会に、このタイムを世界新記録として登録するよう書き送ったが、聞き入れられなかった。電子計時装置が用いられたことを、その精確さと信頼性とともに説明したが、それも徒労に終わる。その装置はモントリオールのC・H・マックラウド教授が発明し、一八八三年に初めて使用されたものとほぼ同じだった。スタート・ピストルについたスイッチで計測を開始し、ごく細いコードまたはワイヤーを勝者が破ることでストップする。スタート時とゴール時の電流が、高精度時計に制御されたテープに記録される。理屈上は、一〇〇分の一秒の単位で正確なタイムが計れる装置だった。

一九〇二年の藤井のケースでは、風の状態と、トラックの長さおよび勾配について、正確な情報が得られなかった。藤井は生涯、欧米の試合に出場する機会がなかったが、もし出場していい成績を残していれば、あるいは彼のタイムが世界記録として認められたかもしれない。

心地よい靴を求めて

長いあいだの発展期間を経て、ランニングシューズも、それ専門に改良され標準化されてきた。一万年前、狩猟のためのランニングシューズだったと思われるサンダルが、オレゴン州のフォートロック砦で発見されている。以来何千年にもわたり、多くの民族が衣服、サンダル、それにもっと頑丈な靴を縫う技術と技能を発達させてきたが、この一万年前のランニングシューズについては、ほとんど何もわかっていない。

古代ギリシアでは伝令だけが靴を履き、大多数の者は靴なしで過ごしていた。ローマ皇帝ディオクレティアヌス（二四四～三一二）は、走者たちに、農民が履いていた二枚底の靴ではなく、一枚底でくるぶしを紐で留めるような革靴、「ガリカエ・クルスリアエ」を使うよう命じた。ローマ人は、走るための靴は機能的で軽いに越したことはないと考えていた。

イギリスでは、一九世紀になって初めて、ランニング専用の靴が登場する。

一八三九年、チャールズ・グッドイヤーが、ゴムを実用的な原料に変える方法を発見した。ゴムは熱にも寒さにも弱いため、それまではほとんど利用されていなかったのだ。グッドイヤーが生ゴムと硫黄を熱して溶解させたうえで冷却させると、安定的で弾力性のある物質が得られ、以前よりも幅広い用途に使えることがわかった。〝加硫処理〟と呼ばれるこのプロセスのおかげで、ゴム工業が発達した。

その後数十年でゴムはあらゆる用途に用いられるようになり、その中にランニングシューズも含まれていた。一九世紀半ばごろに競技生活を送ったイングランド人、サー・ジョン・アストリーは、「まるで手袋のようにぴったりと合うゴムの靴」を履いていたことを書き残している。アストリーはまた、一八五二年に、競走相手が「すばらしいスパイクシューズ」を使っていたことにも言及している。目の肥えたランナーたちの要求を満たすために、靴の製造者たちは長年試行錯誤を重ねていた。

スパイクシューズは、一八六一年、イングランドでクリケット用に特許申請された。その四年後、スペンサー卿がランニング用のスパイクシューズを注文する。クリケット用の長靴ではなく、二八〇グラムの軽い靴だ。前方に三本、後ろのかかと部分に一本付いたスパイクは、長距離走やクロスカントリーにうってつけだった。

一八九〇年以降、スパイクのあるなしにかかわらず、ランニング専用の靴が多くの国で使われ始めた。特にマラソンでは、履き心地がよく足にフィットした靴を履くことが肝要だった。硬く重い靴を履いて靴擦れや水ぶくれを起こすことは、マラソンランナーにとって致命的なのだ。

一九二〇年代にボストン・マラソンを走ったジョック・センプルは、毎晩三〇分間、牛肉塩漬け用の塩水に両足を浸し、靴の摩擦に耐えられるよう皮膚を鍛えたという。足用のオイルを塗ったり、自分なりの予防法を試す者も多かった。センプルの友人たちはトレーニングのことと同じぐらいの時間をかけて、足の問題について話し合った。マラソンランナーたちは必死になって、テニスシューズやボウリングシューズを試したり、自動車のタイヤを切って自家製の靴底を作ったりした。

アドルフ・〝アディ〟・ダスラーというドイツ人運動選手が、靴の特別モデルへの需要の高まりを見て、陸上競技向けに靴を作り始めた。最初の一足は、一九二〇年に母親の洗濯室で、帆布を主材料にして縫いあげた。第一次世界大戦直後のその時期、ダスラーはパラシュートの絹生地やヘルメットの皮革を用いており、やがてスパイクつきの軽い靴がダスラーの専門になった。

一九二四年に兄のルドルフ、通称〝ルディ〟が加わり、ふたりは、ニュルンベルクの北東約二〇キロにある生まれ故郷ヘルツォーゲンアウラッハに、ダスラー兄弟商会を設立した。その時点では毎日五〇足ずつ製造していたが、ふたりはもっと膨大な潜在需要があると見込んでいた。事業意欲旺盛なこの兄弟は、一流スポーツマンにシューズを無料で配ることで国際的なコネクションを長続きさせ、大規模なスポーツ大会は自社製品のショーウィンドーであると考えていた。オリンピック大会の場でダスラー製品が主流になったのは、ジェシー・オーエンスが一九三六年大会で履いたことがきっかけだった。第二次世界大戦前夜の一九三八年には、ダスラー社の靴が二〇万足も売れた。

こうした成功を収めたものの、兄弟は徐々に反目し合うようになり、一九四八年にたもとを分かつ。ルディ・ダスラーはプーマ社を設立し、アディ・ダスラーの会社は、彼の姓名を縮めた「アディダス」のブランド名で商売を始める。両者は激しくしのぎを削ったが、アディダスが優勢となり、長年にわたって、スポーツ界で最も有名な商標であり続けた。

女性ランナーの到来

女性たちもすぐにトラック競技ランナーたちの仲間入りを果たした。一八九〇年代、すでに何十年もウォーキングが日課として組み込まれていたアメリカの女子大学で、大きな展開があった。

ニューヨーク州のヴァッサー・カレッジの女子大生たちは陸上競技やランニングのパイオニアであり、大学の中でも運動場が最も人気ある社交場になっていた。女性が陸上競技に参加し始めたのは一八九〇年代だったが、当時は二二〇ヤード（二〇一メートル）走が最長だった。ヴァッサーの女学生らは当時の基準で最も身軽な服装で走ったが、スタート合図のピストルを持つ女性は長いスカートに巨大な帽子といういでたちだった。ヴァッサーに残る写真には、リレーやハードルの試合のあとに笑いながら抱擁し合う、楽しげな女性たちの姿が写っている。女性たちはどんなスポーツもこなすことができたが、男子の標準と比較するのはむちゃというもので、女子には女子の標準を決めることが必要だった。

一九〇三年に、アグネス・ウッドが二二〇ヤードを三〇秒三で走った。トラックが円形で、しかも短距離には不向きな傾斜があったにしては、いいタイムだ。その場に男性はいなかったか、いたとしてもごく少数で、女性の学生と教師だけが立ち会っており、すべてが女性たちの礼節の赴くままに進められた。服装は上品だったが、スカートの裾から脚の素肌が見えており、流行の変化にともなってスカート丈もだんだん短くなっていた。

二〇世紀初頭、若いアメリカ女性たちが陸上競技やランニングに取り組んだのは、白人上流階級の現象だった。イギリスやフランスをはじめ諸外国でも、当時の専門家たち（たいていは男性）が女性のランニングを推奨した。

それはちょうど、婦人参政論が叫ばれた時代だった。アメリカ、イギリスその他の国の女性たちは、参政権や労働に関するさまざまな権利を要求した。一八九三年にニュージーランドが婦人参政権を世界で初めて導入し、他国もそれに続いた。工場の女性労働者たちはストライキを起こして工場主を困らせる。シカゴでは、一九〇八年五月三日に最初の〝婦人デー〟が定められ、上流階級も労働者階級も、女性は自分たちの権利への意識を高めていった。極端な者たちは闘争的手段に訴えた。ロンドンでは怒れる女性たちの群れが街路を練り歩き、シュプレヒコールを唱え、窓を割り、商店に押し入っては、権利の平等を叫んだ。指導者たちは収監されたが、ハンガーストライキを実行して、殉教者の列に加わることを選んだ。

フェミニストの活動家たちに刺激され、女性スポーツの発展は勢いを増す。この新たな活動から、なぜ女性たちが排除されねばならないのか？　女性だって、身体能力を高め、花開かせるために生まれたはずではないか？　女性運動のパイオニアたちは、パイオニアであるがゆえの妨害や嘲笑に苦しんだが、彼女たちを支持する男性もいた。

そんな支持者のひとりハリー・イートン・スチュワート博士は、ほかの権威ある有力者たちとともに、若いアメリカ女性に、一九二二年にパリで行なわれる国際女子競技会に出るよう促した。これは、その前年に設立された国際女性陸上競技協会が主催したものだ。一九二二年八月のパリ大会には、五カ国からパイオニアたちが出場し、二万人の観客が集まった。

二〇世紀初頭、女性はおもに短距離を走っていた。英語圏の国々では二〇〇ヤードが長距離に数えられたが、ドイツでは女性の競技種目に五〇〇メートル、一〇〇〇メートルも登場していた。一九二〇年代にこうして多くの国際女子競技会が開かれ、積極的なロビー活動のおかげもあって、さまざまな距離の女子種目が生まれ、オリンピック大会への女子の参加に道が開かれた。もっとも、ピエール・ド・クーベルタン自身は女子の一線級スポーツを認めなかったのだが。

一九二八年、女子選手が初めてオリンピックに出場した。ランニング競技での最初の金メダリストは、競技歴の浅い一七歳のアメリカ人、エリザベス・〝ベティ〟・ロビンソンで、一〇〇メートルが一二秒二というタイムだった。

ロビンソンの故郷、イリノイ州リヴァーデールは小さな町だったので、学校に行くには二駅離れたハーヴェイまで通わなければならなかった。ハーヴェイの駅舎は丘の上にあったが、ある日、ベティがまだ丘のふもとにいるときに、列車が駅に到着した。プラットフォームにいたある教師が少女に目を留めたが、車掌の笛がすでに鳴り響いており、とても間に合わないだろうと考えた。ところがベティは全力疾走してプラットフォームへの階段を大股で駆け上り、驚いている教師の横の座席に腰を下ろしたのだ。

「きみの五〇ヤード走のタイムを計らなくては」と教師は言った。

その日の放課後、ふたりは廊下でタイムを計る。教師はそのタイムを見て、少女を大きな大会に出場させなければと考えたが、それはベティがこれまで考えてもみなかったばかりか、知りもしなかった世界だった。それまではただただ走るのが楽しく、級友たちの中で一番になれれば満足だったのだ。教師たちの支援でベティはスパイクシューズを手に入れて、競技会に臨んだ。そして、二度目のレースで一〇〇メートル一二秒フラットという世界記録を出す。三度目のレースは、オリンピックへの出場者を決定する試合だった。列車に向かって走ったあの無意識の全力疾走が、予想もしなかった成り行きを生んだのだ。

一九二八年のアムステルダム大会に続く四年後のオリンピックは、ベティのホームグラウンドであるロサンゼルスで行なわれることになっており、当然彼女は優勝候補だった。一九三一年のある猛暑の日のこと。女子選手たちがトレーニングできるような気温ではなかったが、ランナーは泳ぐことも許されていなかった。そこでベティは涼を取るために、飛行機を持っている従兄弟に、オープンコックピットに乗せて飛んでほしいと頼み込んだ。

飛行機は四〇〇フィート（約一二〇メートル）上昇したところで突然旋回し、すぐに高度を失って柔らかい地面に墜落した。ベティは足と腰に複雑骨折の怪我を負う。膝は硬く固まり、杖がないと歩けない状態で、医師からは、二度と試合には出られないだろうと告げられた。高額の医療費と長期リハビリのために、競技生活はあきらめざるを得なかった。

三年後、ベティは遊びでランニングを再開したが、これが功を奏した。以前のクラブにふたたび参加して、膝が固いにもかかわらず、一九三六年ベルリン五輪への出場権を勝ち取った。ベルリンではアメリカチームの一員として走り、四×一〇〇メートルリレーでみごとに優勝した。

第13章　国威発揚とウルトラ・ランニング

インディアンは人間社会のお荷物だと思っていたが、どうやら光が見えてきた。
——一九二〇年代、メキシコのタラフマラ族走者たちが、長距離を高速で走るのを見た、ハコボ・ダレヴェルタの言葉

駅伝の発明

長距離走の中でも伝統を誇るふたつの競技、日本の「駅伝」と南アフリカの「戦友《コムラッズ》レース」は、ともに第一次世界大戦中に生まれている。

日本で最初の駅伝が、古都と現首都、すなわち京都と東京を結んだのは、一九一七年のこと。東京遷都五〇周年を祝う記念行事の一環だった。約五〇八キロの距離を二三区間に分けたそのレースは、一般道を使って三日がかりで行なわれた。

「駅伝」の名付け親は歌人の土岐善麿《ときぜんまろ》で、土岐が当時務めていた読売新聞社がこのレースを主催した。自転車レースのツール・ド・フランスと同じく、全国紙の新聞社が作り出したイベントであり、かの国同様、自社独自のスポーツイベントを主催することによって、販売部数を伸ばすのが狙いだった。

だが、駅伝競技のアイデア自体は日本の文化にルーツを置く。馬を中心とした古い輸送制度は、旅客を馬車の中に待たせたまま、幹線道路沿いに配された〝駅〟ごとに馬を替えていくというリレー形式だった。人も手紙も大事な小包も運んだ、この昔の輸送制度を模倣し記念するという趣旨が、「駅伝」という名にこめられた。人間が走り伝えることで、この競技はまた、新しく、近代的で有能な日本を象徴するものだった。

読売新聞社は事前に大々的な広告キャンペーンを行なって参加者を募った。四六名の男性が選ばれ、かたや東京の二三名の学生から成るチーム、かたや愛知県出身の教師と学生から成るチームに分けられた。

競技はすぐさま不動の人気を獲得し、日本じゅうを興奮に巻き込んだ。走者が東京のゴールに近づくときには、一〇万の観衆が声援を送ったという。駅伝は日本のスポーツイベントとしては最大級の支持を得て、似たような競技が全国各地で始まった。

一九一二年ストックホルム五輪に参加し、日本のマラソンの父とも呼ばれた金栗《かなぐり》四三《しぞう》は、世界で通用するランナーを育てたいと考えていた。金栗は最初の駅伝の成功を見て、関東の主な大学に対し、駅伝を始めようと呼びかける。こうして一九二〇年に四つの大学が協力して、東京から箱根の山までを往復する箱根駅伝が始まった。この種の新たな試みもまた、西洋スポーツに対する日本人の関心の高まりを反映していた。

初期の箱根駅伝は、ずいぶんのんびりしたものだった。ランナーたちは午前中授業に出席し、走り始めるのは昼過ぎだったし、ルートも自分たちで勝手に決められた。スタート地点からゴールまで走りさえすればよかったのだ。

二〇〇二年に第七八回大会が一五の大学チームによって争われたときには、生中継のテレビ視聴率は二五パーセントに達し、何十万人もが沿道で応援した。レースは片道五区間、往復十区間から成り、合計二一八キロの距離を優勝タイム約一一時間で走る。この駅伝に参加したいがために、多くの日本人高校生が関東の大学への進学をめざすようになったほどだ。

駅伝では、ランナーが布でできた〝たすき〟を中継所から中継所へ運び、次の走者につないでいく。それぞれのたすきが走者を、チームを、そしてチームが所属する企業や地域を表わしている。順位が入れ替わるたびに沿道の観衆が一喜一憂するのも、日本人の郷土愛や会社への忠誠心の表われだ。企業に対する忠誠心は、終身雇用が一般的だった二〇世紀には、特に強いものだった。表面上はリレー競技のバトンと同じ役割を果たす〝たすき〟だが、そこには深い象徴的な意味がこめられていた。駅伝が格別な人気を誇るのは、伝統的な競争原理と日本独自の精神が融合しているからだろう。

参加選手がチームワークを重視し、力を合わせ、忠誠心を体現するところに、駅伝が一気に広まった理由がある。これらは日本で重んじられている姿勢であり、駅伝が始まったころは、特にそれが顕著だったからだ。

現在最長距離で争われている駅伝は、高松宮賜杯西日本各県対抗九州一周駅伝競走大会だ。七二区間一〇五七キロを走るこの大会は、おそらく世界最長の継走競技だろう。

コムラッズレース

ロンドン生まれのヴィク・クラパムは、子どものころ、両親とともに南アフリカのケープ植民地へ移り住んだ。まだ一三歳のときにボーア戦争（一八九九〜一九〇二）が勃発し、救急隊員として徴用された。第一次世界大戦では南ア第八歩兵師団に入隊し、東アフリカのサバンナで一七〇〇マイルを行軍する。ゲリラ戦術を取っていたドイツのパウル・フォン・レットウ＝フォルベック将軍の大部隊を追跡したのだ。ドイツ領東アフリカ（現タンザニア）にはドイツの植民地があり、将軍の部隊は、南ア軍と戦場で戦うのを避けようとしていた。

その試練のさなか、クラパムは苦痛、死、破壊を日々目撃したが、同時に仲間同士のすばらしい結束力をも目の当たりにする。そこで、一九一八年に大戦が終結すると、クラパムはあの長い行軍と戦死した仲間たちを記念して、苦難を語り継ぐための競技を創設したいと考え、南アの陸上競技関係者と「戦友《コムラッズ》連盟」という古くからある軍人協会に、話を持ちかけた。

ブライトン―ロンドン間の行進にヒントを得たクラパムは、ピーターマリッツバーグからダーバンまでの五六マイル（九〇キロ）のレースを提案したが、軍人協会は、非現実的だと（「誰がそんな距離を完走できる？」）反対した。しかしクラパムは、自分や戦友たちのような一般庶民の寄せ集めが、それも軍服姿に二五キログラムの装備を背負った状態で、アフリカ大陸の半分を踏破できたのだから、鍛え抜かれた、しかも手ぶらのランナーが、五六マイルを走れないはずがないと考えた。その提言は一九一九年と二〇年には却下されたが、二一年、ついに協会から許可が下りて、同年五月二四日（英連邦記念日）、ピーターマリッツバーグの市庁舎を出発点とするレースが開催された。三四名の白人が果敢にエントリーして、W・ローワンが八時間五九分というタイムで優勝した。

翌年、レースは逆方向で行なわれ、以来、そのような方法で続いている。女性初の完走者（フランシス・ヘイワード）は早くも一九二三年に現われ、一九三一年には、ジェラルディン・ワトスンという名の教師がたった六週間のトレーニングで参加して、以後三年連続で完走している。六カ月のトレーニングを積んだ最後の年のレースは、九時間三一分という記録だった。以来数十年間、このコムラッズ・マラソンの存在により、南アはウルトラ・マラソン（マラソン距離以上の長距離走）のトップランナーを輩出し続けることになる。

この「コムラッズレース」開設のニュースは、世界じゅうに伝えられた。スウェーデンではこれにヒントを得て、歴史的偉業をなした国民的英雄を記念し、一九二二年、クロスカントリー・スキーの五六マイル競走「バーサーロペット」が創設された。

また、このレースでは、酒と走りは両立できるかという新たな議論が生まれた。論争は数十年続き、おかげで奇妙な光景が見られるようになった。体内水分のバランス回復のために、ゴール地点で強制的にビールが配布されたのだ。もっとも当時は、街なかの飲料水がきれいでないという事情があった。疲労困憊の走者はビールのボトルを手渡され、中身を一気に飲み干す。それが当時手に入るいちばんましな飲み物だったからだ。ゴール周辺には汗とアルコールの臭いが充満し、世界トップレベルのランナーたちも、すばやい酒の摂取が健康上必要なのだと考えていた。

イギリス生まれのアーサー・F・H・ニュートンは、南アフリカに移り住み、一九二〇年代には農業に従事していた。おそらく同時代の誰よりも長距離を走り込んでいたニュートンは、多くの実験を試みており、そのひとつがアルコールだった。当時の運動選手のあいだでは、少なくとも競走中の酒の摂取は、体に悪影響を及ぼすと考えられていた。例えば、一九〇八年オリンピックのマラソンで金メダルを逃した南アのチャールズ・ヘフェロンは、沿道から差し入れられたシャンパンを飲んで失速したし、良識の範囲を超えたアルコール量で失神する走者も、これまでに何人もいた。

ニュートンは、体が極度に疲れているときに正しい方法で摂取すれば、アルコールも薬物同様に、よい効果をもたらすはずだと考えた。そこで、まずは日々のトレーニング量を通常の一二マイルより減らしてみた。アルコールの効果を調べる四〇マイル走の当日に、体にふだん以上の負荷をかけ、極度の疲労を起こすためだ。

三五マイル（五六キロ）を過ぎたあたりで、ブランデー匙一杯を水で六倍に薄めた水割りを、トレーニング助手でもある隣人に持ってこさせて摂取。そのまま走り続けたところ、気分が一新してペースも上がり、ゴールまでの約三〜四マイル、効果が持続した。そこでニュートンはさらなる実験を進める。

次回はアルコールの濃度を一・五倍にし、同じ下り坂の区間で摂取した。すると、まるで誰かに殴られたかのように足が麻痺し、ほとんど走れなくなった。回復するのに時間がかかり、家まで足を引きずって帰るとき、摂取量が多すぎたことを確信した。

ニュートンは最初の実験をもう一度繰り返し、同じ効果を確認する。そのシーズンの一大目標だったコムラッズ・レースでも、終盤で微量のアルコールを摂取すれば、うまくいくかもしれない。

果たしてレース当日、四八マイル地点であらかじめ決めた量を飲んだニュートンは、他を三〇分も引き離して優勝した。もちろん、アルコールの効果だけで達成できたわけではない。ニュートンも、のちにアルコールは必要ないと考えるようになり、競技中の摂取は中止した。しかし、ラストスパートにほんの数滴アルコールを摂取するのは、体に刺激を与え、さらなる奮起を促すという点で効果的であるという自説を、曲げることはなかった。

国の救済のために

一九二六年一一月七日、メキシコの町パチューカの住民は、ふだんよりかなり早起きをした。パチューカの市長やイダルゴ州知事までが観衆とともに集まり、午前三時五分、三人のアメリカ先住民が、打ち上げ花火の音を合図に、車やオートバイのライトに照らされた道路を、メキシコシティーまでの六〇マイル（九七キロ）長距離走に出発するのを見送った。走者たちがベルトに下げた鈴の音は、彼らがタラフマラ族であることを示していたが、三人の服装は、メキシコ国旗の色である赤、緑、白の配色だった。

ランナーたちは大きな注目を集めていた。コースが横切る地域では教会の鐘が響き渡って観衆を呼び集めたが、観衆は、道半ばでひとりの走者が脱落するのを見届けた。残りの走者たちがメキシコシティーに近づくにつれ、随行車の車列が交通渋滞を引き起こした。タラフマラ族のふたりは、六〇マイルを九時間三七分で走り、国営競技場に到着した。

このトマス・サフィロとレオンシオ・サン・ミゲルは、六〇マイルというとんでもない距離で非公式ながらも世界記録を出したことで、国の英雄になった。ふたりはスペイン語をほとんど話せず、メキシコ当局が絹のハンカチ二枚、大量の白綿、それに二本の鋤という賞品を差し出したときも、事情がよくわかっていなかった。

レースの主催者が、メキシコ人のスタミナと陸上競技選手としての技量を示すのに、先住民族を使ったことには、いくつか隠された動機があった。六〇マイル走がオリンピックの一競技として、できれば一九二八年アムステルダム大会から採用されるよう望みをかけており、そうなったあかつきには、タラフマラ族の選手が優勝して、メキシコに栄誉をもたらしてくれるだろう。オリンピックで金メダルを取れば、〝怠け者メキシコ人〟という偏見も払拭されるにちがいない。

当時のメキシコは、一九二一年まで一〇年間続いた血なまぐさい革命と大闘争の混乱から、国の建て直しを図っていた。ふたりのタラフマラ族ランナーを走らせたのは、国じゅうの先住民族を新生メキシコに迎え入れ、差別のない誇り高き国にしようという政治的努力の現われでもあった。ふたりは超人的陸上選手の役割にうってつけだったのだ。

タラフマラ族ランナーの起用は、著名な芸術家であり文化人である〝アトル博士〟の理想をなぞることでもあった。メキシコが初参加となった一九二四年オリンピックまでの準備期間中、博士は、上流階級の〝生白い文明人〟ではなく、屈強な先住民を国の代表として送り込むべきだと主張した。名高いオリンピックの競走種目に勝つためには、タラフマラ族に望みを託すしかない。

この提案の狙いは、原始的な力強さと近代性を融合させることだった。一九二六年に六〇マイル走の新記録を作った、かのタラフマラ族ランナーたちが走ったのは、全国的な自動車交通に対応すべく新たに開通した道路であり、ふたりの走りは、貧しい者であっても近代化のプロセスに立ち会うことができるという理念を象徴していた。貧しい農村の先住民族共同体では、識字率の低さと学校不足が深刻だったが、そのようないわゆる〝インディアン問題〟の解決にも、走るということがひと役買ってくれるかもしれない。

これらすべてがメキシコ革命にとっても、先住民の発展を信じる大統領のプルタルコ・エリアス・カリェス将軍にとっても、プラスに働くだろう。

ふたりのタラフマラ族ランナーの快挙は、世界じゅうのメディアに取り上げられ、センセーションを巻き起こす。メキシコ人は怠惰でトップレベルのスポーツ選手には向かないと思われていたアメリカでは、ことに大騒ぎだった。
一九二〇年代終わりにかけて、別の長距離走でも、タラフマラ族ランナーが注目を浴びた。六〇マイル走の記録を七時間三〇分に縮めたあとは、なおさらだった。しかし、ＩＯＣはこの距離をオリンピック種目として認めなかった（女子のマラソンも認められなかった）。一九二八年アムステルダム大会には、メキシコ代表としてホセ・トレスが出場したが二一位とふるわず、メキシコには失望が広がった。しかし、先進国での不本意な結果にもかかわらず、優秀な走者としてのタラフマラ族は、メキシコでのその伝説的な地位を保ち続けた。詩人アルフォンソ・レイエスは、彼らを讃える有名な詩を書いている。

苦い鹿肉で育まれた
世にも優れたマラソン走者が
勝利の報せを最初にもたらすだろう。
われらがその五感をもって
壁を乗り越える日が来るならば。

タラフマラ族の走者たちは、自己主張の手段としてスポーツがますます重要になりつつあった世界への、新生メキシコからの贈り物だった。しかしながら、野生児であるタラフマラ人たちは、蓄音機や映画といった発明品に子どものような関心を示したため、偏見を助長する結果になった。パチューカからメキシコシティーまで走ったあと、ひとりがこう語ったという。「わたしたちが強いのは、外で暮らしているからだ。尊敬を得ることで、われわれの足には翼が生える。そうして初めて、人間は幸せになれる」

第14章　中距離ランナーの飛躍

ヘッグ、とにかくもうスポーツだけはしないほうがいい。

——一九三九年、スウェーデン人医師がグンデル・ヘッグにかけた言葉。のちにヘッグは、中長距離ランナーとして世界一に輝く。

科学的トレーニング

一九三〇年代後半、フィンランドは陸上競技で世界随一の強豪国になった。他国との激しい競り合いが水準を押し上げて、独創的な走法を生み、それがさらなる成績向上を呼んだのだ。特に中長距離の分野でその傾向が顕著だった。フィンランドの英雄パーヴォ・ヌルミの走法は、腰、肩、腕の大きな動きが特徴だった。だが他国勢は、この走法に長所も短所もあることに気づいた。ニュージーランドの陸上選手で一九三六年ベルリン五輪一五〇〇メートルの金メダリスト、ジャック・ラブロックは、トレーニングには遊びの要素も必要だと考え、より力みの少ない走法を採り入れた。ラブロックはあらゆる方法を試み、フィンランドの選手よりよいトレーニングができれば、打ち負かすことも可能だと考えた。

一方、スウェーデンの選手は、自国のなだらかな地形を利用して走力をつけようと考えた。その先頭に立ったのが長距離ランナー、ヘンリー・ヨンソン・ケラルネで、コーチのグースタ・ホルメルが指導にあたった。ホルメルが提唱したのは、トラックではなく自然の地形の中で緩急をつけながら走るトレーニング法で、「ファルトレク」（ファルトはスウェーデン語で「スピード」、レクは「遊び」の意）と名づけられた。一時間ほど走ったのちに全力疾走を行ない、いったんペースをゆるめてから、今度は長めの疾走を行なうという具合で、あらかじめ立てた計画に従って走ってもいいし、本能のおもむくままに緩急をつけてもいい。ファルトレクはスピードを高めて、あまり負担をかけずに内臓を強化するうえ、美しい自然の中で行なえば気分転換にもなる。トラックやロードとは異なる豊かな環境の中で、よりオールラウンドな能力を持ったランナーを養成できるのだ。一九三四年には、ケラルネは雪をかき分けながら走るトレーニングも始めた。これは脚力を鍛えるとともに、全般的な体力、筋力、意志力の強化につながった。

第二次大戦で中立を保ったスウェーデンは、その時期に八〇〇メートル以上の競技で世界一のランナーを続々輩出した。ファルトレクを初めとする野外トレーニングが大きな成果を収めたのだ。

ドイツでは、一九三〇年代に多くの選手がより系統立ったトレーニング法、インターバル・トレーニングを導入した。スピードと持久力をつけるため、速く走ったあと短い休息を取ってまた走るという方法は、古代ギリシアでも知られていた。この方法はその後も用いられてきたが、一九〇〇年以降、イギリスやフィンランドでもっと意図的に利用されるようになり、一九三〇年代にはポーランドのヤニス・クゾチンスキーがいわゆる「インターバル・トレーニング」を創始した。だが、ドイツの取り組みはさらに科学的なものだった。

心臓専門医ヘルベルト・ラインデル博士と、コーチのヴァルデマール・ゲルシュラーは、一九三〇年代に脈拍と心拍数の研究を行なった。ラインデル博士は、インターバル・トレーニングを心臓病患者のリハビリテーションに用い、三〇〇〇人を越える人々のランニング後の脈拍を科学的に測定して、トレーニングの指標となる数値をはじき出した。脈拍が一分間一八〇回に達したら、一分半の休息によって一二〇まで戻るのが標準で、それ以上かかる場合は、走るスピードが速すぎるか距離が長すぎると判断する。

ゲルシュラーはおもに一〇〇メートルや二〇〇メートル、上級のランナーの場合には二〇〇〇メートルまでの距離を繰り返し走ることをすすめた。休息期に心臓が強化されると考え、休息の取りかたを重視した。ランナーが自分で立ち止まる前に休ませれば、オーバートレーニングの危険を回避できる。ゲルシュラーはまた、速度を上げるより休息を短くするほうを重視した。理想的には、心臓が強化されるにつれ自然と休息が短くなり、繰り返しの回数を増やせるようになる。さらに筋力トレーニングや試走、週に一度の一時間半から三時間のランニングも推奨した。これはさまざまに速度を変えながら行なう一種の自然なインターバル・トレーニングで、単調なトラック練習からの気分転換にもなった。

ドイツ人ランナー、ルドルフ・ハルビッヒは、ストップウォッチで測って脈拍を数えるこの方式に従い、トラックで八〇メートルから一五〇〇メートルまでさまざまな距離でのインターバル・トレーニングを行なった。ハルビッヒはきちんとウォームアップをしてクールダウンも欠かさず、食事制限を厳格に行ない、アルコールはけっして口にしないという〝鉄の意志〟を持つ男だった。世界最高の中距離ランナーのひとりで、脚が長くストライドが大きくて、一〇〇メートルを走るのも速かった

（一〇秒六）。

一九三九年、ハルビッヒは八〇〇メートルで従来の記録を二秒近くも縮める一分四六秒六の世界新を樹立した。また同じ年に四〇〇メートルでも四六秒〇の世界新記録を樹立。その後もさらに競技を続けたが、第二次大戦で東部戦線に派遣され、一九四四年、ウクライナで戦死した。

ルドルフ・ハルビッヒは、科学的なインターバル・トレーニングに取り組んだ真の国際的スターのさきがけだった。その後数十年のあいだにゲルシュラーとラインデルの編み出したこの手法は、多くの人に採用されてさらに発展するとともに、個々人のニーズに対応して変化した。「インターバル・トレーニング」は魔法の合い言葉となり、成功に直結する道筋となったが、トレーニングを終えて倒れ込む選手も珍しくないほどきびしい鍛錬でもあった。インターバル・トレーニングが導入されて、練習の一本一本を計時するようになった結果、走ることはかつてないほど制御された測定可能な行為になった。その意味では、速度変化という共通点はあるものの、スウェーデンのファルトレクとは対照的だった。

一九三〇年代以降、一流の国際的ランナーにとってコーチや医師や科学者が重要な存在になった。もちろん以前から舞台裏では活躍していたが、医学研究の発展やスポーツの地位向上に伴って、存在が前面に押し出されてきたのだ。このように、一流をめざすランナーにとって周囲の援助や科学の進歩はたしかに重みを増したが、自然から力を引き出すことによって得るものもまだたくさんあった。

雪中トレーニング

グンデル・ヘッグは一九一八年一二月三一日、スウェーデンのイェムトランド県ケラルネ地区にある人里離れた小さな村アルバッケンに生まれた。世界的ランナー、ヘンリー・ヨンソン（のちに地名の「ケラルネ」を名字に加えた）もこの地の出身で、グンデルにとってはお手本だった。

子どものころ、グンデルはクロスカントリー・スキーの選手になりたいという夢を抱いていた。しかし幼くして働き始め、一二歳のときにはもう斧をふるい皮はぎ器を使って、若く華奢な木こりになっていた。周りの大人たちからは多くを求められなかったが、一人前であるところを見せようと全力で働いた。グンデルは木こりとして五回の冬を乗り越え、誰も予想しなかったほど強くたくましくなった。

学校への行き帰りには、トレーニングになることなど考えもせずに毎日数キロの道のりを走った。森で仕事を終えたあとも、重い作業服を着たまま空腹にかられて家に駆け戻った。一五か一六のとき、陸上競技の大会に出るようになって、走る才能が開花する。初めて出場した正式な大会は、家から二〇マイルほど離れたブレッケの町で開催されたもので、ヘッグはヒッチハイクでトラックの荷台に乗せてもらって会場にたどり着いた。一五〇〇メートルで五分〇二秒というタイムは、けっして将来の世界的スターを予感させるものではない。しかし、父が喜んでランニング用のスパイクを買ってくれ、親子はスパイクを持って木こり小屋に通った。一九三六年六月のある日、父が七五〇メートルを測って折り返し地点に目印を置いた。

「タイムを計ってやるから往復一五〇〇メートルを走ってみろ」父は言い、どなってスタートの合図をすると、目覚まし時計でタイムを測った。

「四分四五秒！」グンデルが息をはずませ、くたくたになってゴールしたとき、父は嬉々として叫んだ。

とんでもなくすばらしいタイムだ。

「父さん、一分違うんじゃないの？」

「いや、そんなことはない」父は答えた。ナイフで椅子に刻み目をつけたから、数えればわかるというのだ。その夜、親子は寝つけぬままグンデルのランナーとしての将来性を語り合った。父のほうが息子より大きな夢を持ち、際限なくそれを語った。グンデルは父の言葉をすべて受け入れ、その場、すなわち木こり小屋の中で、走ることに全精力を注ぐ決意を固めた。何年も経ってから、父は、息子をその気にさせようとタイムを三〇秒少なく告げたことを告白した。

決意を固めた二カ月後、グンデルはケラルネ競技場で開かれる地区のジュニア選手権大会に出場しようとしたが、所属するアルバッケンの陸上クラブは、そんな大きな大会にグンデルが参加しても意味がないと、支援してくれなかった。しかたなくグンデルは自転車を借りて山々を越え、三〇キロ以上離れた競技場に乗りつけて、驚いたことに一五〇〇メートルで優勝してしまった。翌日行なわれる五〇〇〇メートルにも出場したかったが、宿泊費がない。そこで、酒屋でビールを買ってきて依頼主に届けるという使いっ走りをして釣り銭をもらい、宿泊費にあてた。翌日、グンデルはまたあたりまえのように勝利を収めた。そのとき観客の中にフリドルフ・ウェストマンという農夫がいて、グンデルに農場で仕事をしないかと声をかけた。

「父に聞いてみないとわかりません」グンデルはどぎまぎしながら答えた。尊敬するヘンリー・ヨンソン・ケラルネもかつてこのウェストマンの農場で働いていたということは、知らなかったのだ。

まもなくグンデル・ヘッグは、急斜面に広がるウェストマン農場で働くようになった。荷車に堆肥を積んで撒き、馬を追い、造作仕事や修繕をこなし、重い荷物を運んだ。グンデルが細身の割に恐ろしく重い物を持ち上げるのを見て、ウェストマンは舌を巻いた。農耕具の片づけのときには、鋤をやすやすと持ち上げて荷車に積んだりもする。ヘッグは、仕事ときびしいトレーニングのあと、かつてケラルネが使った小さな部屋のベッドにころがって、湖を眺めながら思いをはせた。ただひたすらに働き、鍛錬し、しっかり食べ、少なくとも一〇時間は寝るという毎日だった。

ウェストマンは、走る量を増やすようヘッグにすすめた。一九三七年にヘッグは多くの競技会で好成績をあげて世間の注目を集め、一九三八年、二〇歳になってから本格的なトレーニングを始めた。コーチからオーバートレーニングにならないよう指導されて、一九三八年から三九年にかけては地道な体力増強を図ったが、せっかちなヘッグにはおもしろくなかった。毎日一〇キロほど歩き、日曜日ごとに五六キロの長距離を歩くという練習が合わなかったのだ。五月までにスピードを身につけたいと思っているのに、なぜ冬じゅうずっと、とぼとぼと歩きまわらなきゃならないんだ?

結局、一九三九年には好結果を残せず、また秋には両側肺炎にかかって入院を余儀なくされた。医師は走ることをやめるようアドバイスした。

「ヘッグ、とにかくもうスポーツだけはしないほうがいい」

しかし、その年の一二月、徴兵でフィンランド国境近くのノルボッテンに派遣されると、体調が戻ってきたことを感じて、ヘッグはトレーニングを再開した。雪深い、厳寒の地だったが、くじけるどころか逆に闘志を燃やし、週に六日、仲間が休んでいる時間に全力で走った。

ヘッグは変化に富んだ五キロの周回コースを定めた。森を抜け、沼地を越えて窪地へ下り、雪原を突っ切ったら丘を登って川へと降りる。川の雪は凍っているのでくるぶしまでしか埋まらないが、他の部分では膝まで、いや、ときには腰まで雪に埋もれながら、一メートル一メートル懸命にもがき進まなければならない。

　森の雪をかき分けながら歩くのはたいへんで、一歩一歩ひどく苦労しながら歩を進めた。下り坂でひと息ついたあと平地に出ると、そこから先はまた苦難の連続で、腰まで雪に埋もれながら、脚を高く上げて進むしかない。とてもランニングと呼べるようなものではなかったが、この苦闘が太腿を鍛え、意志を強固にした。汗を流して、荒い息をつき、ときには両手で雪をかき分けながら、ヘッグは平地をじりじり進み、丘を登った。頂上に着くとほっとひと息ついて坂を下り、雪のない道を渡る。ここで新たな力を得て凍った川の上を全速力で走り、また坂道を登って陸軍の駐屯地に戻るのだった。

　周回五キロの内訳は、雪中歩行二・五キロと雪中走行二・五キロ。雪中歩行とは、新雪が積もって走れない道をできるかぎり速く歩くことだ。雪がさほど積もっていなければ走ってもいい。その際には、脚をふだん以上に高く上げて負荷をかけながら、腕を大きく振るという特別なフォームを用いる。体調はよく、肺も寒さに耐えた。一九四〇年の春、雪が解けると、ヘッグは毎日五キロを全力疾走した。五月以降は一日に二度走ることもあったが、その際は、朝ゆったりと五キロ走り、夕方には少し短い距離を全力で走った。

　ヘッグは目覚ましい進歩を遂げた。一九四〇年の六月中旬には一五〇〇メートルの自己記録を三分五九秒まで更新し、初めて鍛錬じゅうぶんの状態でシーズンを送ることができた。一五〇〇メートルと三〇〇〇メートルの自己記録は、世界記録にそれぞれ四秒と九秒及ばないだけだ。自然の中できびしいトレーニングを積み、肉体労働をすれば、必ず成功のチャンスが生まれるとヘッグは信じていた。次の冬には、グースタ・オランデルの招きにより、ヴォロダーレンで仕事とトレーニングをしたが、これがヘッグにはぴったりだった。

ヴォロダーレンには全力疾走できるような凍った川がなかったので、五キロの周回コースの所々で道路を走るようにした。雪を踏み分けて走るばかりではスピードを養えない。テンポや歩幅もまた重要だ。ヘッグは一九四〇年一二月七日に練習用コースを走り、夜、日記にこう記している。「昨年に匹敵するだけのトレーニングをするつもりだ。やはりきびしいトレーニングが物を言うと思う」。その後大雪が降って道路が通れなくなったので、木の枝に守られた森の中にコース全体を移した。ヘッグは常にスパイクを履いて走った。雪の降り積もった中でそんな薄手の寒そうな靴を使うとは、どうかしていると思われるかもしれない。しかしスパイクはオフロードでも凍結した道路でも、がっちりと地面をとらえる。それに、どんな靴を履こうと、ある程度の寒さと水濡れは防ぎようがないのだ。

三月半ばになると雪が踏み固められて、コース全体を走れるようになる。ヘッグは一周をわずか二〇分で走りきり、これを五週間続けることでスピードを養った。オランデルのもとでの仕事とトレーニングの期間が終了すると、わずかな期間ながらまた軍に戻ってきびしいトレーニングを続けた。朝には心地よい一定のペースで野山を六キロ走り、午後には道路を一五分間疾走する。

数々の試合で好成績をあげ、自己ベストを更新し、好敵手たちに競り勝ったのち、グンデル・ヘッグは一九四一年のスウェーデン選手権で、一五〇〇メートル三分四七秒六という、自身初の世界新記録を出した。

しかしその年の夏、ある競技会の参加料として三五〇クローナを受け取ったとして、アマチュア規定違反の処罰を受けることになる。ヘッグは一九四一年九月一日から翌一九四二年の六月三〇日まで競技会への出場を禁じられた。

しかし、一九四〇年代のスウェーデンにはほかにも優秀なランナーがおおぜいおり、その一〇年間だけで陸上競技の世界記録が二五回も更新された。中でもヘッグの最も手強い挑戦者だったのが、アルネ・アンデションだ。

アルネ・アンデション

長い脚を生かした大きなストライド。肺が強く、胸を前に押し出して走る――これがアルネ・アンデションだ。一九一八年、一歳の誕生日に、母親が世界で猛威をふるっていたスペイン風邪のため死去し、父の妹夫婦の手で育てられた。

アルネは海辺の町ヴェーネルスボリで育ち、カヌーと水泳に打ち込んで、水泳ではジュニアの国内記録を出すほどの実力を見せた。おかげで心肺機能が強化されたが、カヌーは腿の筋肉が硬くなってしまうので、あきらめざるを得なかった。かわりに長距離スキーを始め、ランニングを始めたのは一六歳になってからだった。一六の夏、アルネはウッデヴァラに住み、地元の一流ランナーとともにトレーニングをした。素質はあり、一九三六年、三七年にはフィンランドとの学生対抗戦で一五〇〇メートルに出場したが、並はずれた才能を見せるまでには至らなかった。

大きな飛躍を遂げたのは、一九三九年の「フィンカンプ」、すなわち年に一度の名誉あるスウェーデン・フィンランド対抗陸上競技会でのことだ。一五〇〇メートルの最後の一周をほかのスウェーデン人ふたりフィンランド人ひとりと激しく競り合ったのち、三分四八秒八で優勝した。これはスウェーデン新記録であるとともに、世界記録にわずか一秒及ばず、またアルネ自身の前年度の記録を一〇秒も更新する記録だった。

専門家たちは、好調は持続しないだろうと述べた。素質はすばらしいが、粗削りでエネルギーのロスが大きく、技術的に改良の余地があったからだ。アンデションは、コーチの指導に素直に従った。森の中でスピードを上げて六、七キロ走ることは苦もなくできたが、コーチはそれ以上の距離を一度に走る練習を禁じた。また上り坂を走ることも、フォームを崩すという理由で禁じられた。一九三〇年代にはフォームが重視された。のちの写真を見ると完璧なランナーのように見えるアンデションだが、当初はストライドが必要以上に大きく、前のめりになりすぎて、ある新聞記者から〝バッファロー走り〟と名づけられたように、一流中距離選手らしからぬフォームで走っていた。ストライドを縮めるようになったのは、一九四三年、四四年にペッカ・エドフェルトの指導を受けてからだ。そのころにはスパートをかける技術にも習熟し、アンデションは生涯最高の成績をあげるようになった。

記録の夏

一九四一年一二月、グンデル・ヘッグはもう山林暮らしではなく、イェヴレの街の消防署で働いていたが、やはり前年と同じメニューで来るべきシーズンに備えていた。すなわち冬場に特訓して体力を増強し、雪が解けてからはスピードを増強し、夏場にはトレーニングを軽めにする。冬場は雪中四キロ、ロード二キロを走るが、四月以降は雪の消えたグラウンドを六キロ走るというメニューだ。

出場停止の解けた翌日の一九四二年七月一日、ヘッグは一マイル競走で世界新記録を樹立し、この日から信じられないほど立て続けに好記録を出した。二日後には二マイル競走で新記録を出したが、このときの観衆は二万人で、さらに競技場に入りきれない数千人が場外に詰めかけていた。警察は道路を通行止めにしたが、それでも混乱を収拾しきれなかった。

この一九四二年に、ヘッグは八〇日間で一〇の世界記録を打ち立てる。その距離は一五〇〇メートルから五〇〇〇メートルにまで及び、そのためのトレーニングは、一日六キロ足らずの、短いながらもきびしいランニングと決まっていた。ヘッグは週五回までならどんなレースもこなし、そのシーズンの三三戦すべてに勝利を収めた。三一万六〇〇〇人を越える人々が競技を生で観戦し、国じゅうの人々がラジオの実況に耳を傾けた。ラジオでの人気はいやが上にも高まり、とりわけ一九四三年に行なわれたヘッグのアメリカ・ツアーの放送は、磁石のように人々を惹きつけた。レースの放送がある夜にはスウェーデンの街々から人影が消え、多くの人が夜更かししてラジオに耳を傾けた。ヘッグの故郷アルバッケンの隣人は、ヘッグが最初の競技で〝走る牧師〟と呼ばれたアメリカのギルバート・ドッズと対戦したとき、ひざまずいてこう祈ったという。「神様、どうかグンデルが憎たらしい牧師を負かしますように！」

ヘッグには独特の魅力があった。カリスマ性を備えていたが、けっして人を威圧するような類いのものではない。身長一八一センチ、体重六七キロの、気さくで人好きのする庶民的な男だった。細い顔は勝利への意欲に輝いていたが、髪を後ろになでつけたその風貌には、隣のお兄ちゃんのような親しみやすさがあった。

しかし、走る姿は優美そのものだった。かすかな前傾姿勢、力みない腕の振り、長距離走に最適なすらりとした脚――それらすべてを見事に調和させて、〝アルバッケンのヘラジカ〟は一〇カ月間のブランクののち、勝利を果たしたのだ。ヘッグはスパートの瞬発力を身につけるまでもなく、最後のスプリント勝負になるずっと以前に相手を消耗させて勝つのが常だった。脚は長いがストライドはけっして大きくなく、パーヴォ・ヌルミのようなフィンランドの走法とは対照的だった。ヌルミは腕を高い位置で振ってストライドを大きく取り、少しぎくしゃくした、ロボットのようなフォームで走った。一五〇〇メートルでのヘッグの歩幅は一八〇センチだったが、ヌルミはヘッグよりずっと背が低かったにもかかわらず、歩幅は二メートル近かった。

ヘッグは森の中から現われて、国じゅうの関心を惹きつけた。新聞が大いに書き立てたおかげでヘッグは神格化され、並ぶ者のない無敵の国民的英雄にまつりあげられた。ヘッグはスウェーデン人の生きかたの神髄を体現し、謙虚さと森林地帯でのきびしい鍛錬によって到達できる境地を身をもって示した。当時、何百、何千という人たちが田舎を捨てて都会で暮らし、さらに多くの人々がそれに続こうとしていたが、北部の大森林地帯には、まだこんなに自然に寄り添った簡素な暮らしがあり、力強さと忍耐力というスウェーデンの原初的な美徳が大切に守られていたのだ。ヘッグは、豆の木を登って巨人退治をしたジャックさながらの、おとぎ話の主人公のような存在だった。ヘッグが世に出るまでの物語も、その成績に劣らず人々の心をつかんで揺さぶり、また記者たちへのさりげなくも気のきいた返答が、神話をさらに大きくした。するとそのすべてが商業化されて、時計や靴、パン、かみそりの刃、洋服などを売るのに利用された。本が書かれ、映画が作られ、ヘッグ自身も新聞にコラムを書くようになった。

つば競り合い

八〇〇メートル以上の距離に実力者がひしめくスウェーデンでも、グンデル・ヘッグとアルネ・アンデションは二本の大木のように他を圧していた。ふたりは出身地から職業に至るまで、すべてにおいて対照的だった。アンデションは教職についており、運動能力全般に秀でていた。ヘッグほど軽々と走るわけではないが、よりエネルギッシュで、体力を最後の一滴まで絞り尽くすように走った。新聞はふたりを対比させ、肩を並べて競り合う写真を掲載した。短いストライドで目を伏せ、流れるようなフォームで走るグンデルと、頑固一徹を顔に刻み、腕を戦士のように勇ましく振るアルネ。ふたりはスウェーデン国民の人気を二分した。

大戦のニュースが電信で刻々と伝えられていた。各地の戦闘、侵攻、妨害工作、魚雷による船の爆破……。世界は戦火の中にあったが、スウェーデンではヘッグとアンデションの対決が日々の不安を忘れさせてくれた。選手生活の頂点にあるふたりが、互いに相手より速く走ろうとしのぎを削るさまには、どこかボクシングの試合を思わせるものがあった。戯れるようでありながら真剣そのもの――なにしろ遊びほど真剣になれるものは、ほかにないのだから。砲弾が飛び交い総力戦の行なわれる世界にあって、スウェーデンは世界一のランナーを選ぶ競技会を開いていた。老人たちは魅入られたようにラジオに耳を傾け、子どもたちは放送が終わると外に飛び出してグンデルやアルネのまねをした。

アルネ・アンデションは、しばしば〝ヘッグの影〟とか〝万年二番手〟などと揶揄されたが、それは一九四二年シーズンに限ってのことだ。一九四〇年に一度ヘッグに勝ち、また翌年のクロスカントリー・レースでも勝利を収めている。ヘッグがアメリカを転戦していた一九四三年夏には、アンデションが一五〇〇メートルと一マイルの両方で世界記録を更新。一九四四年の対戦成績はアンデションの六勝一敗、それ以降はアンデションがヘッグを圧倒した。一九四五年にヘッグが唯一アンデションに勝ったのは、一マイルで四分一秒四の自己ベストを出した試合だけだ。通算ではヘッグの一四勝九敗だった。

アンデションは、世界記録に並んだりそれを破ったりしたすぐ次の瞬間に、また別の選手に抜かれたこともあった。しかし、敗北によって技に磨きをかけることが成功につながると信じていた。

第二次大戦中のスウェーデン選手活躍の陰には、ペースメーカーの存在があった。初めにペースを上げて一周か二周走り、あとは記録を作る選手に道を譲るという役割のランナーだ。友人やチームの同僚が、報酬をもらってこの役割を務めた。当時の競技用トラックは石炭がらを敷き詰めたもので、状態がひどくまちまちだったが、ペースメーカーのおかげで記録が期待できた。一九四二年七月一七日の一五〇〇メートル競走のように、悪天候でも好記録が出た。

その日、どしゃ降りの雨があがったあとのトラックは、まるでプールのように水びたしだった。インコースが泥沼のような状態になっているのを見て、世界記録などとても無理だと断言する者もいた。競技会の主催者は、水たまりの少ない第三コースから外、すなわち最短距離より二コース分外側の走路を使って競技を行なうと発表した。国際ルールによれば、トラックの内側には、少なくとも五センチの高さのある縁を設けなくてはならない。そこでスタジアム備えつけの消火用ホースが使われたが、長さが足りなかったので、不足分はロープで補った。

激しいスタートのあとリードを取ったヘッグは、ラスト一周で残しておいた力を解き放ち、三分四五秒八の世界新記録でゴールした。ところがこの日のヒーローとなったヘッグがビクトリーランをしながら観衆の歓呼に応えていると、トラックの計測が正確ではなかったという恐ろしい知らせが届いた。実際に走った距離は一五〇〇・九メートルだったというのだ。

二年後の一九四四年七月一八日、ふたりはヘッグの新しい本拠地であるマルメー競技場の一マイル競走で相まみえた。そのシーズン絶好調だったアンデションは、そこまでヘッグに二勝一敗で勝ち越していたが、ヘッグも本拠地の観客に最高の姿を見せようと闘志満々だった。ヘッグは、人が自分より先にゴールするのを見たくないという大の負けず嫌いだったが、けっして笑みを忘れず、自分が二番手になっても笑ってすませた。気持ちの上では勝者であり、自分の負け数を数えたりしなかったのだ。その日のマルメー競技場では、記録よりも相手を打ち負かせるかどうかが重要だった。一万四〇〇〇人以上の観衆がスタンドを埋め尽くし、さらに入場券を買えなかった五〇〇〇人の人々が、スピーカーから流れるアナウンスや観客のどよめきで場内の模様を察知しようと、競技場の外に群がっていた。

ペースメーカー役のレンナート・ストランドが一マイル競走では最速のペースで飛び出し、二分の一マイルを一分五五秒九で通過した。ついに夢の一マイル四分の壁が破られるときが来るのか？　四分の三マイル地点での二分五九秒八というラップは、世界記録ペースだった。ヘッグはさらに走り、リードを保ったままラストスパートをかけた。しかし、アンデションが懸命に腕を振りながら追いすがり、ヘッグをかわすと、そのまま四分一秒六の世界新記録でゴールに飛び込んだ。

この記録が示したのは、三分五〇秒台の記録――すなわち一マイル四分の壁を破ること――が可能だということだった。ヘッグもアンデションも、ラップタイムを聞いてその思いを強くした。一周め五六秒〇、二周め五九秒九、三周め六三秒八、そして四周め六一秒八。三周めをもっと速く走りさえすればよかったのだ。

第15章　国家に仕えるランナー

若き運動選手たちよ、心せよ！　諸君の中から新たな闘士が現われて、ブルジョアの記録を打ち破り、ソビエト連邦の体育文化の旗印を高々と掲げるのだ。

——一九三五年、ソビエト連邦《クラスヌイ・スポーツ》紙より

ザトペックの目覚め

一九四二年五月一五日、チェコスロバキアのズリーン市。靴工場の若者たちが毎年恒例の、市街地での競走を始めようとしている。工場の経営陣が、従業員の元気溌剌としたところを世間に見せたがっているので、欠場は許されない。しかし、やる気満々の者など、ほとんどいなかった。大会の数日前、出場を拒んでいる工員エミールの寄宿舎に、とうとう工業学校の主任教官が押しかけてきた。

「日曜の大会で走るんだぞ！　いいな？」

「走るのは苦手なんです」

「かまわん。一位になるか、びりになるかはおまえの勝手だが、とにかく参加するんだ」

工場の仕事と工業学校の学籍を失いたくなければ、出場拒否などもってのほかとわかってはいるものの、サボれるものならなんとかサボりたい。エミールは健康診断のあいだじゅう脚を引きずり、膝に怪我を負っているふりをした。医者は取り合わず、スタートラインに立つよう命じるが、それでもなお、気が進まない。日曜の早朝、見つかりませんようにと念じながら、教科書を手に、こっそり教室へ向かった。化学式を暗記しているうちに、幼年時代の記憶がよみがえった。ランニングにうつつを抜かして体力をむだづかいし、靴底をすり減らしていると父親に言われ、優先すべきはスポーツではなく学業と労働だと教え込まれた。そんなことを思い出していると、友人が静かな教室に乗り込んできた。「何をぐずぐずしてるんだ」

友人とともに、スタート地点に駆けつけた。競技は一四〇〇メートル走。一〇〇人もの若者が懸命に優勝を狙うが、エミールは意気込みを欠いていた。ただしそれは、闘争本能に火がつくまでの話だ。ほどなく、エミールの前を走っているのは、友人のクルピチカだけになった。

準優勝という成績にも、賞品の万年筆にも、エミールの心はたいして弾まなかった。「ともかく、ぼくが走るのはこれが最後だ」

これほど見当外れの予測もなかっただろう。

それからまもなく、ランニングはエミール・ザトペックの人生で何より大切なものになり、やがてその走りで表彰され、新聞に載ることになった。屋外に出て自由を味わうほうが、工場の組み立てラインにかがみこんでいるよりも、はるかに楽しいに決まっている。どんなにきびきびと仕事をこなそうが、どなられ、罰金を科されるような職場なのだから。

チェコスロバキアのスポーツ界は、まだドイツの管理下に置かれていなかったので、競技場ではチェコ語を話せるし、戦争の恐怖を忘れてスポーツを楽しめた。ズリーン市の埃っぽく、すすけた運動場には、街のありとあらゆる工場の煙突から、煤煙が風に乗って運ばれてくるとはいえ、工場で一日じゅう毒性の強い粉塵を吸いながら働いている者にとっては、空気の澄み渡った場所と言えた。ザトペックは、他の部署へ異動させてもらおうとするが、回答は「強制労働収容所送りになりたいのか?」だった。

しかし、ザトペックの野心はすでに目覚めてしまっていた。一九四二年、全国陸上競技選手権大会に初出場し、一五〇〇メートルで第五位に入った。

ザトペックは、少しでも時間があれば、さまざまなトレーニング法を試した。

工場への道は、ポプラ並木を抜けて続いていた。エミールは時間を有効に活用するために、独自の自己制御法を考案し、工場への行き帰りに実践した。それは、呼吸を制御する練習だった。まずは四本めの木まで息を止めることから始めたが、数日も経つと、五本めの木まで息を吐かずにすむようになった。奮闘を続けた末に、ある日、並木道を通過して、ずっと先の小さな木立ちに達するまで息を止めていようと決めた。

どんどん歩を進めながら、意志の力を振り絞って呼吸を止めていた。頭ががんがんし、胸が張り裂けそうに感じられて、窒息寸前に思えたが、それでも息を吐かなかった。めざしていた木立ちにたどり着いたとたん、卒倒した。

ザトペックのトレーニングはあまりに過酷だったので、それに比べれば競技会などたやすいものに思えた。ザトペックの好成績を生んだのはインターバル・トレーニングだった。緩走をはさみながら、二〇メートルから三〇メートル、ときには競技用トラックの直線二〇〇メートルを全力疾走するという練習法だ。ザトペックがこのトレーニング法に自信を持ったのは、一九四四年、長距離ランナーのフロネムが指導する練習コースでのことだった。

ザトペックのインターバル・トレーニングは、広く世に知られるようになったが、当初はかなりの物議をかもした。しかし、ザトペックが競技会で好成績を収めるようになると、批判の声はやんだ。大会前に毎回あれほどの試練をみずからに課していたら、そのうちつぶれてしまうだろうと、否定的な予測をしていた者たちも、同じく口をつぐんだ。このような批判に対するザトペックの反応は〝自分のやりかたに問題があったら、ここまで続けられなかっただろう〟というものだった。ザトペックの走りかたをよく見れば、長距離走に適した、小さな歩幅の効率的な走法であることがわかる。

エミール・ザトペックは一九二二年に、チェコスロバキアの北部モラヴィアの小村、コプレブニツェで生まれた。家族はザトペックを含め、六人。父親は自動車・工業機械メーカーのタトラ社の職工だった。堅実かつ仕事熱心だった父親は、「また走りに行くのか？　もっと有益なことに体力を使ったほうがいいぞ」と、息子ザトペックの思慮のなさをよく嘆いていた。

あるとき、ザトペックのきょうだいが父親に告げ口した。エミールが教師から腸詰めを買ってくるよう頼まれて、真っ赤な顔で息を切らしながら、街の通りを猛然と駆け抜けていった、と。父親は、息子がランニングやサッカーで靴底をすり減らすことをいやがっていた。息子を師範学校に入れようと考えていたが、競争率が高く、家計も苦しかった。ザトペックはズリーンの靴工場に職を得て、工場付属の工業学校に入学してから、日々の生活と、明るい未来を保証されることになった。ただし、午前六時の起床から、夜間授業が終わる午後九時半まで、辛抱を続けられれば。

単調な仕事のせいで、若きザトペックは今にも頭がおかしくなりそうだった。ザトペックの部署は、一日に二二〇〇足ものテニスシューズを生産していたこともあり、ザトペックの仕事はといえば、靴に貼りつけたゴム底に歯輪で滑り止めを彫ることで、日がな一日、同じ動作の繰り返しだった。巨大工場での絶え間ない労働、生産効率至上主義、組み立てライン、つまらない単純作業。工場労働者の生活は、まるで一九三六年のチャーリー・チャップリンの映画『モダン・タイムス』のようだった。化学研究所に異動してからは、知識を増やすことはできたが、そこは汚染物質まみれの職場だった。

ザトペックの、のちの人生の充実ぶりを理解するには、つらい青年時代について知っておく必要がある。ランニングは単調な日々からの逃避の場であり、工場からの脱出手段だった。後年の一流ランナーたちと同様に、ザトペックもランニングの師を持つことの有用性を認識していた。例えば、元エンジニアのフロネムをはじめとする、チェコの優秀な長距離選手たちに、コーチのハルーザ博士がいたように。ザトペックが光明を見出したのは、一九四五年秋に陸軍に志願し、士官学校に入学してからのことだった。

「人間機関車」の誕生

このころ、国内最強の長距離ランナーのひとりだったザトペックは、三〇〇〇メートル（八分三三秒四）、五〇〇〇メートル（一四分五〇秒二）の国内最高記録を保持していた。士官学校は陸上競技に専念する機会など与えてくれない、とザトペックの進路を批判する者もいた。しかしザトペックは、仲間が休んでいる時間に練習を続けた。冬期には、馬術練習場でトレーニングした。仲間が馬術訓練をするかたわらで、馬場を何周も走った。

一九四六年の秋、ザトペックら新兵は軍の駐屯地で過ごし、過酷な任務のせいで自由時間はなきに等しかった。夕食のすむ午後七時ごろになると、すぐにザトペックは軍靴を履き、教練場を抜けて、森の中の一周四〇〇メートルの空地へ走っていった。

森の中の練習場は、それまで目にしたことのない光景の、物言わぬ立会人となった。ひとりの兵士が、深夜まで行ったり来たり行ったり来たりしている。強いられたわけでも、命じられたわけでもない。優雅とも上品とも言いかねるフォームで、ただ走りたいから走っている。辛い一日のあとに残った体力を総動員して、もっと速く走るためにみずからを鞭打ち、駆り立てているのは、はた目にも明らかだった。何周も何周も走りながら、情け容赦なく筋肉を責めさいなみ、どんどん要求を増やしていく。夜も更けてからようやく足を止め、真っ暗闇の中、懐中電灯を頼りに帰り道を探さなくてはならなかった。

秋と冬をそんなふうに過ごしていたので、競技用トラックでの、スパイクシューズと短パン姿でのレースは、開放感に満ちたものだった。

一九四七年と四八年を通じ、ザトペックは世界でトップクラスの長距離ランナーという地位を守り続けた。フランス、イギリス、ドイツ、ノルウェー、フィンランド、アルジェリアほか、数多くの国々でレースに出場しながら、常に練習方法の改善と技術の習得に熱心だった。ウォーミングアップなしでの競走を試みたり、四〇〇メートル・トラック六〇周を含む二五マイル（四〇キロ）もの距離を、一日で走ったりした。一九四八年に、ロンドン・オリンピックの一万メートルでの金メダル獲得で、世界的な名声を得たことから、チェコスロバキアを代表する人物になった。しかし、世間やマスコミがザトペックのカリスマ的な資質を肌で感じたのは、同オリンピック五〇〇〇メートルでの、ベルギーのガストン・ライフとの対決からだった。

ライフは後続に六〇メートルの差をつけ、栄光へとひた走っていたが、不意にザトペックが、両腕を振り回し、頭をぐらぐらさせ、顔じゅうに苦悶の色をにじませながら追い上げ始めた。ロンドンの観客や、ラジオ中継に耳を傾ける世界じゅうの人々が固唾を呑むなか、ザトペックは差を縮めたが、あと二メートルのところまで追い上げてゴールとなり、ライフが祖国に金メダルをもたらした。

ある新聞が見出しでザトペックのことを〝人間機関車〟と表現し、以来、このあだ名が生涯ついて回ることになった。ザトペックという選手を作ったのは、たいがいの競争相手を上回る豊富な練習量だったが、何より印象的なのは、レースで見せるその気迫だった。ザトペックは、死ぬならトラックでと思い定めているかのように見えた。こんな殺人的なスピードを保ちながら、ほんとうにもう一周できるのだろうか、このうえまだ本気でペースを上げようとしているのだろうか、と思わせる姿だった。

スポーツの英雄は、自国で神のごとき地位に祭り上げられるのが常だが、ザトペックの人気は世界規模だった。ザトペックはアジア、南アフリカなど、行く先々で人々を魅了した。一九四九、五〇、五一年と三年連続で世界のトップアスリートに選ばれながらも、走力を保つこと、人と知り合うこと、挑戦者たちに立ち向かうことに、無邪気な喜びをいだき続けた。一九四八年一〇月から一九五二年六月までのあいだ、五〇〇〇メートルと一万メートルの、計七二のレースで無敗を誇った。

一九五二年五月、ザトペックは同年のヘルシンキ・オリンピックに出場できるのかどうか悩んでい

エミール・ザトペック。1951年。

た。見通しが暗かった理由は、その春、オリンピックでの金メダル二個を目標に掲げて、風邪をひいたままトレーニングを続けたために、こじらせて気管支炎にまでなってしまったからだった。ザトペックは病床に伏したまま、夏のヘルシンキでのレースという、晴れの舞台に思いを馳せた。そして、心臓をやられるのではないかと危ぶむ医者の忠告を無視して、体力回復のトレーニングに取りかかった。病床を離れ、歩いたり走ったりすることで、病を克服した。

一九五二年のヘルシンキ・オリンピックでの、エミール・ザトペックによる三つの金メダル獲得は、スポーツ史の中でも最も多く引き合いに出される偉業のひとつだ。同一大会での五〇〇〇メートル、一万メートル、マラソンの三冠は、前人未到の快挙だった。五輪三大会で金メダル九個を獲得したフィンランドのパーヴォ・ヌルミにも匹敵する、伝説的な地位を築いた選手は、ザトペックのほかにいなかった。ただし、両者の性格は対極にあった。

ザトペックは、ごく限られた人間にのみ与えられる輝くばかりの魅力を備え、好きにならずにいられないような人物だった。オーストラリアのロン・クラークは、一九六〇年代の最も優れた長距離ランナーとして、ザトペックの後継者とも言える選手で、一九六八年にチェコスロバキアを訪れ、共産主義の〝鉄のカーテン〟の向こう側にいたザトペックに会っている。その際、ザトペックはクラークに、「これは、きみへの贈り物だ。ただし、この国を出るまでは絶対にあけないでほしい」と言って、包みを託したという。ザトペックは、オリンピックで一度も金メダルを取れなかったクラークに、自分の金メダルを一個分け与えたのだった。

一九六八年、大佐になっていたザトペックは、ソビエトのチェコスロバキア侵攻に抗議し、罰として、ウラニウム鉱山という劣悪な環境で強制労働を科されることになった。しかし後年、当局によって名誉を回復され、二〇〇〇年に没するまで、スポーツ親善大使として世界をめぐった。

大国の進出

第二次大戦の終結後すぐに、国際スポーツ界にソビエト連邦が全面的に参入した。それまで同国は〝ブルジョア的スポーツ〟への参加を拒否しており、一九一二年からオリンピックに出場していなかった。にもかかわらず、一九一七年のロシア革命以降、共産主義の旗印のもと、スポーツ分野の発展はずっと続いていた。

ヨーロッパのいくつかの国の労働者たちが、一九二〇年代に組合を結成し、〝労働者オリンピック〟を開催した。両世界大戦のはざまの総合競技大会《スパルタキアード》によって、ソビエトのスポーツ界の幅広さが世に示された。この大会では、個人の記録より団体の成績に重点が置かれていたが、一九三五年の、ソビエトの《クラスヌイ・スポーツ》紙の呼びかけは、思想の変化をうかがわせるもので、西側の記録への挑戦を求めていた。「若き運動選手たちよ、心せよ！　諸君の中から新たな闘士が現われて、ブルジョアの記録を打ち破り、ソビエト連邦の体育文化の旗印を高々と掲げるのだ」

この檄文が生まれた背景には、いわゆる〝五カ年計画〟と、スポーツを社会主義の実現に役立てるというスターリンの戦略があった。この壮大なプロジェクトにふさわしい競技は、ランニングをおいてほかになかった。競技の成果を測定できることが重要であり、例えばサッカーよりも競走のほうが、はるかにはっきりと出来不出来を測れた。ランニングでは距離とタイムの両方に関して精確さが求められたからだ。一九三七年のソビエト連邦のマラソン大会では、複数の選手が世界記録を破ったが、のちにコースが二キロメートル短かったことが発覚し、大会の主催者が拘束され、厳罰に処された。

一九三〇年代のソビエト・スポーツ界の、最も優れた勇士の多くは、セラフィムとゲオルギーのズナメンスキー兄弟のようなランナーたちだった。ズナメンスキー兄弟は、八〇〇メートルから一万メートルまでの国内記録を独占していた。ソビエトは優秀なランナーの育成に巨費を投じたが、西側と競えるレベルに達するまでには時間がかかった。

一九四八年、ソビエト連邦共産党中央委員会は、遠大な計画に着手した。計画の狙いは、大衆の体力を高めることに加えて、数年のうちに、ソビエトの運動選手が数々の主要なスポーツ分野において、世界の第一線に名を連ねることだった。二年後の《プラウダ》紙の論説は、「われらが若き運動選手の責務は、旧来の記録の打破にあり」と明言している。肝心なのは、西側、特にアメリカ合衆国と渡り合い、叩きのめすことだった。ソビエト連邦は産業、農業、科学、スポーツにおいて他国をしのぐべきであり、スポーツで優位に立つことがすなわち、退廃的な西側諸国とは対照的な、理想国家と無階級社会である証しなのだった。

一九五二年からオリンピックに参加したソビエト連邦は、めきめきと頭角を現わし、一九五〇年代の終わりまでに、世界に冠たるスポーツ国家となっていた。西側にしてみれば、競技用トラックを戦場と見なすソビエト人選手は、スパルタ人をほうふつさせる存在だった。一心不乱に競技に打ち込む彼らは、他国の選手との触れ合いや交流にほとんど興味を持たなかった。

その結果、西側の人々は総じて、共産主義政体とソビエトの参入に不信の念をいだくことになった。ありとあらゆるうわさが流れた。例えば一九五一年に、優勝確実だったハンガリー人ランナーが、ソビエトの選手たちに押されたり蹴られたりしたあげく、敗退したという話だ。ソビエトの選手は自国の競技場で負けることに我慢ならず、勝つためには手段を選ばなかった。西側への根強い不信感、国内での熾烈な競争、莫大な成功報酬の相乗効果によって、勝利を貪欲に欲する、新たなタイプのアスリートが養成された。スポーツとは、選手が汗にまみれてさまざまな私益を得る方法であり、ソビエト国家の宣伝手段でもあった。

烈々たる闘志

スポーツを通じて国家的・個人的利益を実現した選手といえば、まず挙げられるのが長距離選手のウラジミール・クーツ（一九二七〜七五）だろう。クーツは、ソビエトのほかのスポーツ選手と同じく、何十年にもわたって辛酸をなめ、鍛えられた階層の出だった。

クーツはウクライナの小村に生まれ、子どものころ、飢饉による混乱と死を目の当たりにした。一四歳のときに、侵攻してきたドイツ軍によって、年端もいかないのに〝成人男子〟として奴隷に等しい重労働を課された。幼いクーツは、生まれつき人におもねる性格ではなく、強烈な反抗心を秘めた子どもだった。とりわけ、ヘルメット姿で命令をどなり散らすドイツ兵に対しては。

反抗に対する懲罰は通常、棍棒で殴ることで、あるときクーツは泣き声ひとつ漏らさずに二五回も殴られたことがあった。このような強制労働の体験が、クーツの肉体と魂に焼きつけられた。クーツは、ドイツ軍の軍用道路を敷設するよりも、逃げ出して、自国を守るべく戦いたかった。一六歳の誕生日の前に村から脱出し、ドイツ軍を退却させつつあったロシアの武装勢力に加わった。ソビエト連邦のための戦いの中で、銃を手に、死と隣り合わせに生きた。

戦後、クーツは故郷の村に戻ったが、そこは焼け野原同然の状態だった。故郷には、一九歳のクーツが身を寄せる先も、仕事も、将来の展望もなかった。ランニングに関わったことは一度もなかったし、スポーツのことなど、ほとんど考えたこともなかった。当時は、ただ生き延びるだけのためにも、抜け目のなさとかなりの幸運が必要だった。それでクーツは、海軍に入隊することにした。

かつてクーツは、海軍よりも過酷で体力を必要とする生活を送っていたので、余った力をスポーツに注ぎ始めた。短距離選手になれるほど俊足ではなく、身長一七一センチ、体重七二キロのがっしりした体つきは、ウエイトリフティングかレスリングにいちばん向いているように見えた。しかし、ザトペックに刺激を受けたクーツは、ザトペックと同じ意気込みで、もっときびしいトレーニングに取り組み始めた。

二五歳で見出され、レニングラードに送られてコーチのグリゴリー・ニキフォロフとトレーニングを始めたころは、実際のところ、国際大会で張り合える力はなかったはずだ。クーツは俊足とは言えなかったが、ランニングの才能で欠けている部分を、強靭な肉体で補った。成長期にさんざん歩かされ、重い荷を運び、地面を掘り返し、耕してならすという重労働をこなしてきたおかげで、小柄ながらも筋骨隆々の男に成長していた。五〇〇〇メートルと一万メートルに的を絞り、単純かつ情け容赦ないインターバル・トレーニングを通じてスピードを磨いた。必要最低限の休憩をはさみながら、四〇〇メートルをほぼ全力で疾走する練習を繰り返す。わずかな休憩をはさむ八〇〇メートル走を六本、あるいは一二〇〇メートルを三本という練習法もあり、毎回息切れして、痙攣を起こしそうになったが、けっして投げ出すことはなかった。

クーツは、自分を瀕死の状態に慣れさせた。口の中に血をにじませ、足を引きずりながら。それほど強靭でないといけなかったのは、ライバルたちのほうが足が速く、ラストスパートでクーツをしのいでいたからだ。クーツは最も過酷な練習メニューをこなしたあと、休日を一日設け、肉体を修復するために熱い風呂に長々と浸かり、マッサージを受けた。苛烈なトレーニング方式のもと、抜け殻になってしまわないよう、週に二日休みを取った。海軍での生活は、完璧な練習環境を与えてくれた。

クーツは一九五四年のヨーロッパ陸上競技選手権大会に、いかにもソビエト人らしい、いかつい風貌で登場し、五〇〇〇メートルでザトペックとイギリスのクリス・チャタウェイを負かすと同時に、世界新記録を樹立した。

クーツは、西側のいだくソビエト人像を体現していた。澄んだ碧い瞳と角張った顔に、闘志と力強さがみなぎり、もじゃもじゃの金髪のせいでフィンランド人に見えたが、フィンランド人よりも険しい表情をしていた。クーツの肉体は、こう物語っていた。「ソビエト連邦、ここにあり。われわれは世界大戦で甚大な被害を受けながらも、一歩も引こうとはしなかった。われわれ共産主義者は一丸となって、資本主義者に対抗する。われわれは労働者にして社会主義革命の担い手であり、アメリカ人の愛玩犬でもなければ追従者でもない」。クーツは西側の観客に、このような思想を広めた。共産主義のプロパガンダが、期待どおりの効果を上げていた。

クーツは、殺人的なペースでスタートを切り、レース前半は、後続よりはるかに速いペースで走ることが多く、ゴールに近づくにつれて明らかにへばりながらも、トップを守りきった。この戦法は、競走相手を引き離して動揺させ、なおもみずからを奮い立てて先頭に立ち続けることで、敵の戦意を失わせる効果があった。ドイツ軍による強制労働や拷問に比べれば、競走など屁でもなかった。

一九五六年のメルボルン・オリンピックを前に、クーツの世界ランキングは一万メートルでは一位、五〇〇〇メートルではイギリスのゴードン・ピリーに僅差で二位だった。国際大会での敗北はわずかに二回。その際、敵はクーツに勝つために世界記録を破らねばならなかった。クーツから見ると、二回ともきわどい差での敗北であり、敗因は相手方の幸運に尽きた。一九五六年、ノルウェーのベルゲンでの大会でゴードン・ピリーに負けたときは、ピリーがぴったりとクーツについて走り、最後の一周のラストスパートで引き離すという展開だったので、クーツはオリンピックで自殺行為とも言える戦略をとることにした。すなわち、競走相手を完膚なきまでに叩きのめすため、通常のペース配分ではなく、一周ごとに二、三度、全速力で走るというものだった。

一九五六年秋、クーツがオリンピックの開催地オーストラリアに体を順応させ、激しい練習のあとで、休みを一日とったときのこと。ある新聞から、スポーツカーに乗った姿を撮りたいという申し出があった。スポーツカーが大好きだったクーツは、アクセルを限界まで踏み込んで、車を制御できなくなり電信柱に激突、膝と胸を強打した。肝を冷やしたものの、幸い一万メートル競技まで三日あったので、なんとか体調を戻せた。

一万メートルは、ゴードン・ピリーとウラジミール・クーツの一騎打ちとなった。ふたりは早々に集団を抜け出し、クーツのすぐ後ろに影のごとく貼りついたピリーは、なんとしても置いていかれまいとしていた。二〇〇メートルを全力で走っても食らいついてくるピリーに、クーツはいらだった。しかし、ゴールまで約四周というところで、クーツはピリーを引き離し、金メダルを手にした。一方、ピリーは順位を落とし、八位に終わった。クーツは五〇〇〇メートルでもふたたびピリーを負かした。

ゴードン・ピリーは、自著『ランニング・ワイルド』(一九六一年)の中で、これらのレースについて記している。表彰台のクーツの両目が、どんよりと異常なようすだったことから、おそらくアンフェタミンなどの興奮剤を服用していたのだろうとピリーは確信している。アンフェタミンは、特にヨーロッパのプロの自転車競技選手に広く使われており、彼らの目はおおむね、たぶん薬の影響で、あるいは極度の疲労のせいで、どんよりとして見えた。仮にクーツが薬物を使用しておらず、単に疲弊し、優勝に感激していたのだとしたら、その目は早々に歓喜の涙に濡れていたはずだ。

クーツのような生い立ちの人間にとって、西側の不倶戴天の敵を負かすことは、輝かしい戦果だった。もちろん、数々の勝利に個人的な高揚感も覚えていたが、故国に勝利をもたらすのは、国が記録や戦果に対して生涯報いてくれるからでもあった。ソビエトの上層部にとってウラジミール・クーツは、ソビエトの不屈の精神と身体的優位性の、傑出した実例なのだった。

クーツは、一九五九年に現役を引退した。年齢による衰えが確実に忍び寄り、その肉体はもはやきびしい扱いに耐えられそうもなかった。引退後のクーツに会った人たちは彼のことを、走ることを放棄した、小柄で温厚な人物と記憶している。金メダルと国家からの年金を手にした今となっては、クーツにとって走る意味などないに等しかった。

東欧のランナーたち

ザトペックはハンガリー人選手にも多大な影響を与え、みずからインターバル・トレーニングについての知識を伝授した。仇敵どうしだったチェコ人とハンガリー人は、トレーニングについての知識の交換に前向きではなかったにもかかわらず。ハンガリー人コーチのミハイ・イグロイは、ポーランドの陸上選手ヤヌス・クソチンスキーや、スウェーデンやフィンランドのコーチからも、インターバル・トレーニングについての情報を仕入れた。イグロイの弟子たちのおかげで、ハンガリーは一九五〇年代の数年間、中・長距離界の最強国となった。これはシャーンドル・イハロス、イシュトバーン・ロージャヴェルギ、ラースロー・ターボリなどのランナーの登場によるもので、イハロスらは数々の国内・世界最高記録を樹立した。のちにイグロイはアメリカ合衆国に亡命し、かの地でもたいへんな成功を収めた。記録向上のための苛烈な手法である、インターバル・トレーニングを指導の柱として。

一九五〇年代のハンガリーの優秀な選手たちはみな、ブダペストの競技用トラックを走った。ブダ、オーブダ、ペストの三地区から成る首都ブダペストは国外への足がかりであり、地方出身の、大望をいだくランナーたちは、首都へ拠点を移さざるをえなかった。工場や大学の陸上クラブは国じゅうにあったものの、地方のクラブは国からの支援をほとんど受けておらず、不利な状況に置かれていたからだ。一方、ブダペストのクラブにはコーチやマッサージ師がおり、整備されたコースもあり、組織がきちんとして、支援の行き届いた、活気のある環境だった。

ランナーの集団が市営公園に繰り出すのは、冬のごく限られた期間だけだった。三月に雪が消えて地面が乾くと、ランナーたちは競技用トラックといういつもの練習環境に戻った。ハンガリー人にとっての競技用トラックは、スカンジナビア人にとっての森林と同じ役割を果たした。つまり街の喧騒から逃れて、のびのびと動ける場だった。二〇〇万人もの住民のいるブダペストの街なかを走っても練習にならないし、近くに森や林はほとんどなく、公園の芝生はランナーに踏みしだかれるためのものではない。ランニングに秀でた国々の中でも、ハンガリーの選手たちはいちばんの都会派であり、陸上クラブの競技用トラックや設備にひたすら執着した。国内大会の九割がブダペストで開催されたので、地方に旅する必要もまったくなかった。

一九五〇年代のハンガリーには、健康のために走るという発想は存在しなかった。つまり、インターバル・トレーニングの世界に身を置き、毎年毎年、来る日も来る日も、同じ競技用トラックでトレーニングに明け暮れ、ときにはペースを変えながらトラック七五周もの距離を走るか、あるいはランニングと一切関わりを持たないかの、いずれかしかなかった。インターバル・トレーニングの唯一の目的は、競技用トラックでよりよい走りをするために必要な技術を向上させることだった。少数の女子短距離選手を含め、毎日の生活がインターバル・トレーニングを中心に回っているランナーたちのあいだには、心の絆があった。準備運動や整理運動を兼ねたジョギングは、インターバル・トレーニングの有効な練習法でもあるが、ランナーにとっての息抜きの時間であり、これがなかったらハンガリー人ランナーたちは、きびしいトレーニングを耐え抜くことはできなかっただろう。

ゲルゲイ・センティヴァニ（一九四〇〜）は、わずか六歳の少年のころから走りたいと思っていた。祖父はハンガリー中央党の創設者で、一九四八年に共産党が政権を奪取してからは、国家の敵と断じられた。一九五〇年代中期に、孫のゲルゲイがブダペストの大学陸上クラブに入った際、言動に気をつけねばならなかったのは、たとえ単なる親族でも、国家の敵につながる者は追い出されるおそれがあったからだ。

ゲルゲイはスポーツ選手の特典を利用し、コーチの配給するロールパンやヨーグルトなどのぜいたく品を、トレーニング後に口にした。多くの人たちが、食料だけを目当てにスポーツクラブに加入した。ハンガリーは、第二次世界大戦でソビエト連邦の敵側に回って敗北していたので、金銭だけでなく物資の面でも、ソビエトへの賠償責任があった。穀物、肉類、バターを積んだ貨物列車が、毎日ハンガリーからソビエト連邦へと走っていった。それゆえ、一九五五年までは肉類は貴重品であり、穀物とバターも不足していた。ヨーロッパ諸国も似たような状況にあり、一九五〇年代に入ってもなお、日常生活に配給カードが欠かせなかった。

スポーツに参加する人たちは、どうしても食べる量が増えてしまうので、〝熱量費〟という名目で月額三〇〇フォリント以上を支給された。乏しい生活費にはありがたい補助であり、支給額は競技での達成度によって決まった。最も優秀な選手が最高額を支給され、競技成績に従って額が調整された。

一九五八年、ゲルゲイは一五〇〇メートルで、一八歳の世界最高記録（三分四九秒）を出した。所属クラブが、ゲルゲイの職を求めてケーブル工場の重役に手紙を書くと、重役はトップアスリートを迎えれば社の評判が上がるからと、ゲルゲイを雇うことに喜んで同意した。ゲルゲイは朝のトレーニング後、自分の都合に合わせて、たいがい同僚から一時間半は遅れて出勤した。また夕方も、さらなる練習メニューをこなすべく、少し早めに仕事から上がった。それでも一日八時間労働ぶんの賃金を満額受け取り、同僚よりも稼ぎが多かった。ゲルゲイらハンガリー人スポーツ選手は余裕のある暮らしをし、西側のライバルたちとは対照的に、職場にいないことを理由に賃金をカットされる心配もなかった。

とはいえ、このようなレベルに達するまでの過程は、これ以上ないほど過酷であり、優遇される身分を失わないためには、好成績を出し続けなければならなかった。賃金や物資や社会的便益という形での報酬のせいで、スポーツ選手は記録の更新に夢中になった。国の代表チームのメンバーは、競技成績が急落すれば代表落ちの危険にさらされ、もはや安定した身分を期待することはできなかった。

一方、共産圏の軍隊に所属するスポーツ選手は、世界記録を破るたびに必ず昇進した。

密輸入と亡命

東欧のスポーツ選手やマネージャーは長年にわたり、国外遠征の際に物資を密輸入していた。つまり、小規模な密輸入行為で利益を得るという機会もまた、スポーツ界に関わる動機のひとつだった。ハンガリーのスポーツ選手は、密輸入品をトレーニングウェアやズボンのポケットやバッグに忍ばせて、警察が目を光らせる自国の国境を通過した。有名人である彼らは、税関の検査をやすやすと通過することができた。一九五〇年代には西側製のボールペンの人気が高く、五〇〇本ほどこっそり売りさばけば、いささかのスリルとともに臨時収入がもたらされた。ナイロン・ストッキングも、闇市での人気商品だった。西側の消費財への需要は、とどまるところを知らないように思われた。多くの物資が供給不足だったことも理由のひとつだが、西側の品にブランド的価値があったことも大きい。たとえ役に立ちそうになくても、珍しいものならなんでも、簡単に儲けの種になった。

ゲルゲイも売れそうなものを荷物に隠したまま、東側と西側の国境を越えていた。一九五八年にルーマニアの大会に出場したときには、自分のトレーニングウェアを二〇〇フォリントで売った。当時、ハンガリーでは黒胡椒が不足していたので、ゲルゲイはトラックスーツの儲けで胡椒を買いつけ、それをハンガリーで四倍ほどの値段で売った。翌年、ゲルゲイのチームは、煙草が不足している東ドイツでの大会に参加することになっていた。チームのメンバーは出発前に煙草をカートンごと仕入れ、おのおのドイツ民主共和国の路上で、ばか高い値段で売った。ゲルゲイは、ポーランドの道ばたでは蒸留酒を売り、その儲けで自分用のレコード・プレーヤーを買った。

ゲルゲイたちは、常に監視下に置かれていた。亡命の危険性のある外国に滞在するときは、特にそうだ。ゲルゲイには国外遠征の際、見張りがふたりついた。例えばスイスでは、ハンガリー警察のクラブに所属する屈強なハンマー投げ選手ふたりが、ゲルゲイから目を離そうとしなかった。

ゲルゲイが「散歩に行ってくる」と言うと、片方の見張りが「では、ごいっしょします」と応じて、もうひとりを連れてくるのが常だった。ふたりはハンガリーの上層部から、ゲルゲイの亡命を防ぐ任務を命じられていた。何千人ものハンガリー人が監視を受け、それを何倍も上回る数の者が監視にあたっていた。誰も他人を信用せず、日々の生活は疑念に彩られていた。

一九六〇年代、ハンガリー人ランナーたちが長距離トレーニングやファルトレク走（スウェーデン発祥のトレーニング法）を行なおうと、森や公園へと活動区域を広げ始めたころのこと。突然「止まれ！」という怒声が聞こえたかと思うと、立ち入り禁止区域を警護する、武装したロシア兵やハンガリー兵と鉢合わせすることがあった。ハンガリー全土に置かれた基地それぞれに、ロシア軍とハンガリー軍が一部隊ずつ配備されており、ソビエト連邦があらゆる拠点に見張りを置いていたのだった。

ゲルゲイは頻繁に亡命を考えたが、恋人のイルマ以外にはそのことを口にしなかった。あるとき国境近くで、亡命する誘惑に駆られたが、分別を取り戻して踏みとどまった。とはいえ、亡命する準備はじゅうぶんに整っていた。というのも、ゲルゲイはスポーツ選手用のパスポートを所持し、勤務時間中にスポーツ選手向けのドイツ語の授業を受けていたからだ。そのうえ、ドイツ語圏の国々に知り合いがいて、現地の情勢にも明るかった。イルマもまた、夏にウィーンの市場の露店で働いたことがあり、共産主義の手枷足枷から逃れて、自分らしい未来を築くチャンスを求めていた。

ゲルゲイとイルマは、亡命の可能性ありという疑いをかけられていた。ウィーンで働いていたイルマが、ビザの延長を申請して却下されたのは、同じころゲルゲイが西ドイツのハノーバーの大会に出ていたからだった。ふたりは、もしゲルゲイが一九六八年のオリンピックの代表選手に選ばれなかったら、亡命しようと計画していた。仮に選ばれたら、ハンガリーにとどまるつもりだった。結局、ゲルゲイは代表選手に選ばれなかったが、何者かによってふたりの計画が通報されていたので、すぐに逃亡する危険は冒せなかった。

ほどなく、ふたりはチャンスをつかんだ。ゲルゲイ一家にとって、列車での亡命は現実的な選択肢ではなかった。娘のノーラはまだ赤ん坊なので、出入国管理官がすぐに亡命者一家だと気づいて、強制送還するだろう。しかし、独特の色のスポーツ選手用パスポートが可能性を与えてくれた。ゲルゲイとイルマは、パスポート上は別姓のままで、他人だったのだ。ゲルゲイは、自分たちの計画を誰にも明かさなかった。

生後一一カ月の赤ん坊を抱えたふたりは、ドナウ川でボートに乗り込み、ウィーンの方角をめざした。ボートにはアメリカ人ジャーナリストたちが乗っていたが、ハンガリー人の一般乗客はひとりもいなかった。十数名のジャーナリストたちは、いかにもアメリカ人の団体らしく、東欧に魅せられながらも、共産圏の住民でないことを心底喜んでおり、川をさかのぼりながら、過ぎゆく田舎の風景に見入っていた。ゲルゲイはジャーナリストたちに英語で話しかけ、緊迫の五時間をなんとかしのいだ。出入国管理官も警察も乗ってこず、ウィーンは、何千人ものハンガリー人亡命者にしてきたように、ゲルゲイ一家を温かく迎えてくれた。

第二次大戦後、東欧圏と西側の政府や生活様式、生活水準の違いは、二世代にわたって非常に大きなものであり続けた。スポーツ選手の日々の暮らしは政治状況に左右され、国家間の競争意識には、競技レベルを向上させる効果があった。それでも、純粋で崇高なアマチュア精神からトップランナーをめざす選手は、二〇世紀半ばにも確かに存在していた。東側で、国家がスポーツ選手に報酬を与える制度がまだ始まったばかりのころ、西側の（特に斜陽の大国、イギリス出身の）若者たちは、母国の変わらざる国力を身をもって証明したいと意気込んでいた。

第16章　一マイル四分の壁を破る!

意識が遠のいて、わたしは腕を両脇に垂らし、倒れこんだ。このとき初めて、真の痛みが全身を襲う。焼き切れて中から砕けた懐中電灯のようだった。朦朧として、みずから動く意志も力も奮い起こせず、ただその場に存在していた。

——ロジャー・バニスター

医師にしてランナー

「誰も一マイルを四分〇一秒六六以内では走れない」というのが、カリフォルニア大学のコーチ、ブルータス・ハミルトンが一九三五年に達した結論だった。野心的な選手たちは、理論的な限界など気にも留めなかったが、一マイル四分の壁を破るというもくろみを最初に胸に抱いたのが誰だったのか、確かなことはわからない。実際にその壁を破ったのも、公式には、一九五四年五月六日、三分五九秒四の記録を出したイギリス人ランナーのロジャー・バニスターだとされているが、異論がないわけではない。

二〇世紀初頭の時点では知られていなかったが、一八七六年に、アメリカ先住民ポーニー族、クー・ター・ウィ・クーツ・オウ・レル・フー（偉大なる鷹の首長）が一マイルを三分五八秒で走ったという話がある。複数の米国陸軍将校が二度にわたって彼の走りをストップウォッチで計時し、二度とも針は三分五〇秒台で止まったという。しかし、距離が正確だったかどうか、トラックの勾配が二〇世紀の規定を満たしていたかどうかの証拠がなく、公認記録としては残っていない。

ふたつの世界大戦の中間期には、練習中に、つまり観客も報道陣もおらず、立ち会ったのはコーチと同僚だけという条件下で、何度か一マイル四分以内が記録されたという風説がある。アメリカの世界記録保持者グレン・カニンガムが、一九三〇年代にそれを成し遂げ、ニュージーランドのジャック・ラブロックも、同じ時期に、まったく誰にも知られることなく二度達成したと言われている。

ラブロックの話は、さながらスパイの暴露話のような形で世に広まった。ラブロックの評伝の参考文献を読んだイギリス人医師ジョン・エサリッジが、《英医学会会報》に一通の手紙を書いたのだ。一九三〇年代に、自分と同じ医学生だったラブロックが、ロンドンのパディントンとサリー州モッツパーパークで走ったときに、エサリッジはタイムキーパーを務め、天候条件、距離やストップウォッチの信頼性など、事の詳細を日記帳に記した。その日記帳が手もとになく、五〇年前のことなので正確なタイムは思い出せないが、記憶では、ペースメーカーなしで、パディントンでは三分五六秒、モッツパーパークでは三分五二秒だったという。エサリッジは、日記帳の内容が確認される前に亡くなった。

第二次世界大戦が終わると、戦争で中断されていた国際競技会の復活を切望する声が高まった。一九四五年、一六歳だったロジャー・バニスターは、父親とともに、ホワイトシティ・スタジアムの観客席を埋めた五万七〇〇〇人に混じって、世界の一流マイルランナーたちのレースぶりに見入った。この経験はバニスターに大きな感動を与え、心にひと粒の種を蒔いた。あまり恵まれた体軀ではなかったが、それでも、大舞台で行なわれる劇的なレースに自分も参加したいという強い思いが胸に育っていった。

ロジャー・ギルバート・バニスターは、一九二九年三月二三日、ロンドン北部郊外のハローで生まれた。公務員の父と、仕事には就いていなかったものの教員資格のある母は、子どもふたりに本に親しめる環境を与え、使える限りの時間を生産的に使うよう教育した。バニスターはもともと勤勉で、物事を体系的に考えるタイプだった。医者になるのが夢で、一九四六年には奨学金を得てオックスフォード大学に進学した。そこで五年間の貴重な時間を過ごし、医学課程を修了するために、ロンドンのセントメアリー病院に移る。四分の壁を破ったとき、オックスフォードはすでに卒業していたが、大学との交流はいい形で続いていた。

学生時代を過ごしたオックスフォードは、伝統が豊かで、中距離走では幾多の五輪チャンピオンを輩出しており、ジャック・ラブロックもそのひとりだった。オックスフォードの学生競技者の生活は恵まれたもので、歩いて行ける範囲に複数のトラックがあり、競技活動が重視されていて、優秀な選手を育てるための環境が整っていた。おまけに、学生の大半が富裕階級の子弟で、生まれながらのエリートだった。一九五〇年代のイギリスでは、労働者階級の若者は、スポーツで名をなすのに圧倒的に不利な状況に置かれていた。たいていは一五歳で働き始めて、近くに都合よくトラックがあったりコーチがいたりするとは限らず、学生に比べると自由時間などないに等しかったはずだからだ。

ロジャー・バニスターの競技歴を研究してきたジョン・ベール教授は、アマチュア競技者としてのバニスターの名声に疑義を呈する。もちろん、競技でお金を稼いだわけではないという点で、バニスターは純然たるアマチュアであり、ベールもそのことは認めている。しかし、オックスフォードの奨学生という身分が、バニスターにとっては大きな恩典となり、その豊かな学生生活で築いた社会的、文化的な資本が、のちに彼の職業人生や私生活に利益をもたらしたことも、また事実だろう。

一九四六年に、生涯初の一マイル競走で四分五三秒を出した日から、バニスターは少しずつトレーニング内容に改善を加え、体を鍛え上げていく。一八七センチと背が高く、痩せ型だったが、バニスターほど体系的かつ科学的にトレーニングを積む中距離ランナーはまれだった。そのことを、本人は人前で積極的にしゃべろうとしなかったが、それは、真のイギリスのアマチュア競技者はそこまでスポーツに入れ込むものではないという美意識があったからだ。彼にとって、レースはすべて実験の対象であり、最終目標は一マイル四分の壁を破ることだった。やがて、ドイツへの遠征中に、ドイツの名コーチ、ヴァルデマール・ゲルシュラーと出会う栄誉に恵まれた。

学生として、医者の卵として、バニスターは研究室で多くの時間を過ごした。電動トレッドミルの速度と勾配を調整しては、最大の運動効率を発揮できるときの体の反応を観察した。「そのうちに、トレッドミルで全力疾走をくり返して、体温、血液酸性度、吸気組成物などの変化が運動効率に及ぼす影響を調べることができるようになりました」と、本人が語っている。自分の体を実験台にして、酸素濃度六六パーセントの空気と一〇〇パーセントの空気を吸って走ることもした。六六パーセントの空気だと、走るのがあまりにも楽で、トレッドミルを降りるときは、走り疲れてではなく、走り飽きていたほどだった。通常の空気の場合は、走り始めて七、八分後に苦しくなるが、あらかじめ酸素を吸入していると、二二、三分は持ちこたえられた。

これは、アマチュアの〝常識的な〟トレーニングの域をはるかに超えていた。当時としてはかなり先進的で、きわめてまれな例だった。なにしろ、世界記録を狙う研究者と競技者が、ひとりの人物の中に同居していたのだ。

一九五一年刊行の《アスレティックス・ウィークリー》で、バニスターは週に三回、四五分のトレーニングをこなすと述べている。一九五五年の著書『四分の壁を破る！』では、週四回トレーニングしていたことを認めているが、実際はそれよりさらに多かった。バニスターは自分の調整法を明かしたがらず、オックスフォードのよき伝統に従って、頑張りすぎる姿を表に出すまいと努めた。学業でもスポーツでも、過度に打ち込むことは禁物であり、そんな学生は強欲で、野心過剰で、こちこちの石頭と見られ、みんなにきらわれた。

一九五三年に、一マイル競走のイギリス記録を樹立したバニスターは、すべてを来季に賭けた。同じように来季に照準を合わせている選手はほかにもたくさんいて、アメリカのウェス・サンティー、オーストラリアのジョン・ランディをはじめ、スカンジナビア、イギリス、ハンガリーなどの強豪たちが、四分の壁が崩れるのも時間の問題だと感じていた。最有力候補はランディで、一九五三年一二月にペースメーカーなしに打ち立てた四分二秒の記録は、バニスターの自己最高記録と並ぶタイムだった。バニスターはその一カ月前から、着々と作戦を練っていた。

オックスフォードの同窓生で、のちに『ギネスブック』を創刊するふたごのマクワーター兄弟や数人の友人らとともに、バニスターは勝負の舞台を、一九五四年五月六日、オックスフォードのイフリー・ロードに決めた。ロンドンに来て間もないオーストリア人コーチ、フランツ・スタンプフルや、学生時代からの友人であるクリス・ブラッシャーとクリス・チャタウェイも、準備段階からメンバーに加わった。ブラッシャーとチャタウェイのどちらか速いほうがペースメーカーを務めることになっており、その力は試走で確認済みだった。

そういう準備が一九五四年の春に行なわれていたのには、理由がある。サンティーもランディも絶好調であることを報じるニュースが、アメリカとオーストラリアから入っていたのだ。バニスターのシューズは手作りで、余分な重量はことごとく排除されていた。みずから、研究室の回転砥石でスパイクを研ぎ、土が付着して重くならないよう靴底に黒鉛を塗った。

世紀の瞬間

一九五四年五月六日、ロジャー・バニスターとフランツ・スタンプフルは、ロンドンからオックスフォード行きの列車に乗った。六カ月の準備が終わり、いよいよそのときがやってきたのだ。バニスターの緊張が伝わってくる。ほんとうに四分を切れるだろうか？　スタンプフルは彼を落ち着かせる。大丈夫。ちゃんと準備を整えてきたのだから、本番では三分五六秒を出せる。フォーム、ペース配分、風、気象条件のすべてがぴたりと揃いさえすれば。

オックスフォードに着いたとき、状況はかんばしくなかった。風がイフリー・ロード・トラックに容赦なく吹きつけている。バニスターはスパイクを試し履きすると、軽い食事をとって、体を休めた。スタート一時間前に、クリス・チャタウェイ、ジャーナリストのジョー・ビンクスとともに、競技用トラックに向かう。そこでは、一〇〇〇人から二〇〇〇人ほどの観客が待ち構え、カメラマンが夕方のスポーツニュースの写真を撮るために機材を組み立てていた。ノリス・マクワーターがBBCに連絡を入れ、記録が出る可能性があることを知らせておいたのだ。マクワーター兄弟は自分たちが発行するスポーツ雑誌の記者として来場していたが、ノリスは短距離リレーの選手でもあり、場内アナウンサーでもあった。ロス・マクワーターは非公式のタイムキーパーとして、一五〇〇メートルの世界新が出た場合に備えて、その地点に陣取っていた。

天候が不安定なので、スタンプフルはバニスターに、全力を出しきるかどうかの決断を下す前に、コンディションをよく考えるよう助言した。場合によっては、のちのちのために体力を温存しておいたほうがいいかもしれない。スタート一五分前、バニスターの判断は、勝負を見送る方向に傾いていた。風があまりに強く、記録達成は望み薄だった。このコンディションの中では勝負したくなかった。

突然、風がやんだ。ランナーが位置につく。バニスター、クリス・チャタウェイ、クリス・ブラッシャー、アメリカ人のジョージ・ドール、アラン・ゴードン、トム・フラットの六人だった。トムは労働者階級の青年で、六人のうちただひとり大学生活に縁がなかった。世界クラスのマイルランナーはバニスターだけだったが、チャタウェイはのちに五〇〇〇メートルで世界記録を出し、ブラッシャーも二年後のオリンピックで三〇〇〇メートル障害の金メダルを獲得することになる。

このレースはいわば科学実験で、チャタウェイとブラッシャーがバニスターのアシスタントを務め、フラットは自分のペースで走るようにと言われていた。ブラッシャーが二周目まで先頭で引っ張り、チャタウェイがその役を引き継いで、最後にバニスターがそれを抜き、スパートをかけるという段取りだ。参加する全員が自分の役割を心得、目的はあくまで記録であることを承知していた。

一回のフライングのあと、各ランナーが所定の位置取りに落ち着き、前半の半マイルを一分五八秒で通過した。予定より速い。最後の一周に入ったところで、バニスターが先頭に躍り出て、長くむだのないストライドで走り、一五〇〇メートル地点を三分四三秒で通過。古代の剣闘士のごとく、顔を痛みにゆがめながら、渾身のラストスパートでゴールに到達した。空気を求めてあえぎ、両手で頭をかかえたその姿が、「タイムは？　四分を切ったのか？」と問うている。三人のタイムキーパーのストップウォッチは、三分と五九・四秒で止まっていた。
やった！　多くの観客がトラックに飛び出したので、最後のふたりの選手はゴールまで走りきることができなかった。結果が記録され、ノリス・マクワーターに渡される。情感たっぷりのアナウンスが競技場内に響き渡った。

さあ、お待たせいたしました。第九レース、一マイル競走の結果をお知らせしましょう。一着は、四一番。アマチュア陸上競技協会所属、エクセターカレッジ、マートンカレッジ出身のロジャー・ギルバート・バニスター選手です。大会新記録並びに当トラック新記録が計時されました。そして、公認されれば、イングランドの、イギリスの、ヨーロッパの、大英帝国の、そして、世界の新記録となります。そのタイムは、三分五九秒四。

歓声が沸き起こり、観客は時代の大きなうねりを肌で感じ取った。

記録続出

バニスターは、疲労の極にあった。心拍数がいつもの一分間四〇ないし五〇の範囲に戻るまで三時間かかり、周りの景色の色がぼやけて見えた。テレビの画面には、控え目に成功の喜びを語るその姿が映し出される。四分の壁を破ったことはうれしいが、国際大会で優勝する名誉には及ばない。走ることは趣味であり、自分は真のアマチュアとして走っている、と彼は世界に向けて公言した。確かに、バニスターは医師としての本業をちゃんとこなしていたし、スポーツでの功績に対して報酬を得ていたわけではないが、内実を知る者たちだけは、この一九五四年の時点で、バニスターのように先進的なトレーニングを実践できる選手などほとんどいないという事実をわきまえていた。

バニスターの名前は世界を駆け巡り、四分の壁が破られたニュースは世界各地の新聞の一面を飾った。新記録を樹立しようと、最後の力を振り絞ってゴールに倒れ込むその写真は、前年のエベレスト初登頂と同様に、超人的偉業として象徴的に扱われた。大英帝国の屋台骨が揺るぎ、多くの植民地の住民が声高に独立を求める時代にあって、イギリス人がいまだ、みずからが生み出した競技の覇者の地位にあることを、ひとりの若武者が証明してくれたのだ。マイルはイギリスの真の尺度であり、大英帝国の広大さのシンボルであり、売り出し中の新参者であるメートル法より優れた距離単位だ。マイルは世界に秩序をもたらす度量衡であり、イギリス人こそは、その夢の距離の壁を破るのにふさわしい。

ただし、広く認められているとはとても言えないペースメーカーを使用したことに、批判の声もあがった。アメリカとオーストラリアの評論家は、バニスターの試みはひとつの方法ではあるが、文句なしの正当な方法ではない、と述べている。人為的なペース設定の結果であって、適正な競走による記録ではないということだ。

パーヴォ・ヌルミなど多くの専門家は、記録がどんどん更新されていくことを予言した。人間の限界は明らかに、まだまだ先にある。

一九五四年の夏は、中距離走の記録がふたつ生まれた季節となった。バニスターの快挙の一カ月後、アメリカのウェス・サンティーが一五〇〇メートルで三分四二秒八の世界新記録を出し、グンデル・ヘッグの古い記録を塗り替えた。ただし、その後まもなく、サンティーはアマチュアとしての資格を問われ、レースへの出場の見返りに過分な経費を受け取っていたかどで、競技界から追放されることになる。

世界トップクラスのマイルランナーのひとり、オーストラリアのジョン・ランディは、一九五四年の春にスカンジナビアに遠征した。いくつかの大会に出場したあと、六月二一日、フィンランドのトゥルクでのレースに臨んだ。ランディは七〇〇メートル地点で先頭に立つと、その座を守り切り、一五〇〇メートル三分四二秒八、一マイル三分五七秒九の世界新記録を樹立する。しかも笑顔のままで。これが、アシスタントを配して慎重に行なわれた実験とは異なり、独力で達成された記録であることは、誰の目にも明らかだった。

ロジャー・バニスターの記録は、四六日という短命に終わった。

バニスターとランディの直接対決を望む声が、当然のように高まっていった。一九五四年八月、バンクーバーで開かれた英連邦競技大会で、〝奇跡のマイル〟の触れ込みのもと、それが実現した。バニスターが三分五八秒八でこのレースを制し、中盤までリードしていたランディは三分五九秒六に終わった。一九五四年のマイル王者は、間違いなくバニスターだった。

一マイル四分を切る選手が続出したことについて、一九五七年、アメリカのハーバート・バーガー博士は、アンフェタミンが使用されたせいだと主張した。その時点までに、一八の競技大会で一二人の選手が魔法の壁を破っており、バーガー博士はそれを不自然と見たのだ。この主張は医師やその他の専門家のあいだで国際的な議論を呼んだが、汚名を着せられた形の選手側は、中距離界にアンフェタミンなどの刺激剤を使用する者はいないと申し立てた。これらの薬物は、多くの国で錠剤やスプレーの形で市販されており、一九五七年には、アメリカだけでも六〇億個のアンフェタミン錠剤が製造

されていた。この論争は、専門家たちの主張とマイルランナーたちの否認という水掛け論に終始したまま、ほどなく下火になった、

しかし、バーガー博士の発言により、記録が短い期間に塗り替えられていったことへの疑念が浮き彫りになった。西欧社会には、進歩という概念に対する、また、すべての想像可能な、そして想像不可能な問題を解決する科学の力に対する強い信仰がある。スポーツの発展が不正行為のうえに成り立っているのではないかと問うことそれ自体が、当時の主潮だった未来への楽観主義——すべての限界は超えることができるし、超えられなくてはならないという信念——と相容れない姿勢だった。その信念に異を唱えるのは、物事の自然な流れに逆らうことだった。

第17章　アフリカ勢の台頭

牛泥棒は、それぞれの部族の若者が昔から慣れ親しんできたスポーツだ。
――ケニアのカレンジン族について

エチオピアの新星

一九六〇年代に入ると、西欧のほとんどの国の人たちはテレビを見るようになり、夏季オリンピック大会のテレビ放映が始まった。人々は、テレビのある場所ならどこにでも集まって、あるいは、ショーウィンドー越しにテレビ画面が見える店の外に人垣を作って、この新しいメディアに魅了された。やがて、世界じゅうの人が自宅の居間で、この世界最高峰のスポーツの祭典を直接楽しむことができるようになる。テレビのおかげで、スポーツに対する関心が高まり、スポーツの新たな魅力が引き出された。テレビは、視聴者の世界と世界観をも変える魔法のメディアだった。

一九六〇年のローマ五輪で、ふたりのランナーが特に大きな話題を呼んだ。ひとりは、長い脚で一〇〇メートル、二〇〇メートル、四〇〇メートルリレーの三種目で金メダルを獲得したアメリカのウィルマ・ルドルフだ。彼女は、史上初の黒人短距離女王の座に輝く。さらに、子どものころ小児麻痺を患っていたこと、二〇歳にして幼い女の子の母親であることに、世間は関心を寄せた。また、ルドルフは陸上競技界におけるセックスシンボルの先駆けでもあった。優雅で女性らしいその姿は、写真家やカメラマンにとって絶好の被写体となった。たいていの場合、男性は、彼女をランナーとしてではなく女性として評価した。ウィルマ・ルドルフは、ランナーとして世界的に注目された初の黒人女性ではなかったかもしれないが、変化を求める世界のランナーたち、とりわけ人種差別に苦しめられてきた黒人女性ランナーたちのために道を開いたことは確かだろう。

もうひとりの新たな天才ランナーは、マラソン競技で生まれた。スポーツの世界ではそれまで無名だった国、エチオピア出身のアベベ・ビキラだ。

オリンピックで初の試みとして、この年のマラソン競技では、スタジアム外にスタート地点とゴール地点が置かれ、競技開始時刻も通常の早朝ではなく午後五時半に設定された。コースは、ミケランジェロが設計したカンピドリオ広場を出発し、ローマの数々の名所を巡って、暗くなるころゴールに戻ってくる。まさに歴史への旅。兵士たちが松明でコースを照らす。その炎が、古代オリンピックを想起させた。

本命は、ソ連代表の世界記録保持者、セルゲイ・ポポフだった。

中間地点で、アベベ・ビキラとモロッコのラジ・ベン・アブデセラムが先頭に立つ。このエチオピアのアベベというのが何者なのか、知る人はほとんどいなかった。アベベは裸足で走っていた。それは、陰でささやかれたようにランニングシューズを持っていなかったからではなく、祖国から持ってきた靴が擦り切れて、ローマで新しい靴を買ったものの、足に合わず水ぶくれができてしまったからだった。レースの数日前に何度も新しいシューズを試してみて、スタート直前に、フィンランド生まれのスウェーデン人コーチ、オンニ・ニスカネンの助言により、シューズを履かないことを決めたのだ。

ふたりのアフリカ人は、互いの影のようにつかず離れず走り続け、カンピドリオ広場に戻ってくる。そこで、アクスムのオベリスク像がアベベの目に飛び込んだ。一九三六年の侵攻時にイタリアが略奪したエチオピアの有名な像だ。金メダルを手にしたのはアベベだった。アブデセラムに二五秒の差をつけ、二時間一五分一六秒二の世界新記録だった。

同年、アベベはエチオピアに戻ると、皇帝のペットのライオン一頭とともに四輪馬車の後部座席に乗り込み、アジスアベバの通りをパレード走行して、国民から大きな喝采を浴びた。伍長に昇進したアベベは、皇帝の寵愛を一身に受けることになる。

アベベの活躍は、新たな時代の幕開けを予感させた。欧米人からすれば、彼は、オリンピックの金メダリストとなった初の黒人アフリカ人だった。一九〇〇年代初頭には南アフリカの白人選手ふたりがワンツーフィニッシュを飾り、一九二八年にはフランス代表ではあるもののアルジェリア出身のブエラ・エル・ワフィが金メダルを取っていたし、一九五六年に優勝したフランス人アラン・ミムンも、じつはアルジェリア出身だったのだが。黒人は長距離が苦手という欧米人の固定観念を覆したのはアベベだった。

ローマ大会は、エチオピアにとってきわめて特別な意味があった。一八九六年以来、エチオピアは、植民地支配を狙うイタリアの脅威にさらされてきた。一九三六年には、武力で押し入ってきたイタリア軍に占領され、一九四一年までの五年間、ハイレ・セラシエ一世皇帝は祖国を追われて、国民や皇帝のイタリアに対する憎しみは膨れ上がっていた。そういう背景の中で、アベベの優勝はきわめて特別な意味のある偉業であり、アフリカ全土に次々と伝わって、欧州の植民地主義という足かせから自由になりつつあるアフリカ大陸を興奮の渦に巻き込んだ。欧米では、アベベは、長距離の天賦の才能を持ったアフリカ人の象徴だったが、アフリカでは、希望を与え、スポーツの舞台で白人優越主義を打ち負かす可能性を示してくれる存在だった。

エチオピアは、当時、一八〇〇万人の人口に対して、学舎がわずか二八万人ぶんしかない、貧しい発展途上国だった。九〇パーセント以上の国民は読み書きができず、国営の病院はアジスアベバにわずか一カ所あるだけで、ハイエナとジャッカルがごみをあさる町では、ハンセン病、天然痘、寄生虫が蔓延していた。

欧米の人々は、エチオピアのことをほとんど何も知らなかった。エチオピアは自国の情報を公にせず、しかも、ソ連から支援を受けていたからだ。アベベはなんのトレーニングも受けることなく、生まれ持った素質だけで金メダルを獲得したと多くの人から思われていたが、無名の選手の場合によくあるように、彼の成功の裏には長期的、計画的トレーニングがあった。一九四七年、エチオピア当局は、コーチとしてオンニ・ニスカネンを招き、国を挙げてスポーツ強化に取り組んでいたのだ。

ニスカネン（一九一〇～八四）は、フィンランドのピフティプダスで生まれ、一九二九年から一九三六年のあいだにスウェーデンに移り、スウェーデンの国籍を取得する。労働者階級のスポーツ活動に参加し、一九三六年のバルセロナ人民オリンピックの代表選手に選ばれるが、スペイン内乱が勃発したため、オリンピックは開催日前日に中止となる。第二次世界大戦中は、ソビエト連邦に対抗するフィンランド軍に参加し、負傷したのち、中尉に昇進する。エチオピアが、自国のスポーツ強化の仕事をニスカネンに依頼したのは大正解だった。彼は祖国でスポーツ選手としての経験を持ち、軍隊式訓練も受けていた。それ以上に、走ることを大切にする社会で育っていた。

裸足のアベベ

アベベ・ビキラは、一九三二年八月七日、エチオピアの山岳地帯あるデブレブラハンにあるジョル村で生まれた。父親は牧夫で、四人の男の子とひとりの女の子を抱える家族は、一九三〇年代のイタリア侵攻の際に離れ離れになる。イタリア軍が撤退したあと、一九四一年に家族が自宅に戻ったときから、幼いアベベ・ビキラも家畜の世話を手伝うようになった。一九五〇年ごろ、アジスアベバを訪問したとき、皇帝の親衛隊の訓練を見て、強い関心を抱き、すでに親衛隊の一員だった兄の助力を得て入隊する。親衛隊は入隊するのがむずかしい集団で、隊員は一日に二回、二時間の勤務に就き、スポーツに参加する多くの機会を与えられた。

一九五七年初頭、アベベは、ことさら人目を引く制服姿の兵士たちを見かける。メルボルン五輪に出場し、その報奨として与えられた制服を身にまとっていた面々だった。その格好にあこがれたアベベの胸に、オリンピックへの夢が芽生える。彼は、以前にも増して熱心にトレーニングに取り組むようになり、勤務時間外にも走り始めた。健康を損ねるのではないか、と母親が心配するほどだった。母親は、きびしいトレーニングを止めさせようと、わざと息子に出す食事の量を減らし、エネルギー不足になるよう仕向けた。アベベはそれには文句を言わなかったが、結局、外食でむだなお金を使って叱られることになる。エチオピアは自転車競技にも力を入れていて、この競技に参加するよう招待されたアベベは、きびしいトレーニングを積む。相変わらず息子を心配する母親は、今度は結婚相手を探して、トレーニングの時間がなくなるよう願った。アベベはこの自転車競技で優勝し、人生で初めてのトロフィーを手にした。

エチオピアは一九五六年のオリンピックでメダルなしに終わったので、一九六〇年に向けての選手育成計画を打ち切るのではないか、という噂が流れた。当時、赤十字社で働いていたオンニ・ニスカネンは、この噂を聞きつけ、ハイレ・セラシエ一世に直接、スポーツ選手を育てることがどれだけ重要であるかを訴えた。自分の祖国であるフィンランドの例を引き合いに出して、エチオピアも同じようにやれば、世界にその存在を認めさせ、敬意ある扱いを受けることができるようになるはずだと説いた。皇帝から、引き続きオリンピックの強化コーチを命じられたフィンランド人のニスカネンは、サウナを導入する。気温の高い国でサウナが必要になる理由がわからないエチオピア人は驚いた。

代表選手の選考過程では、国内各地の軍事基地で働く何百人ものエチオピア人が名乗りを上げた。アベベ・ビキラもそのひとりだった。五〇〇〇メートルでは六位、一万メートルでは九位の結果を出す。一九五九年のエチオピア軍主催の大会が、事実上、一九六〇年ローマ・オリンピックの代表選手選考レースだった。アジスアベバで軍事パレードが開催されたその日、アベベは初マラソンで優勝を飾った。

西欧スポーツの考えかたは、エチオピア人の中にまったく浸透していなかった。彼らは自分の直感や直覚に従って行動する。物事がうまくいかなければ、その責めを負うべきは〝悪霊〟や〝見えない力〟だった。どんなときでも精霊の力が絶大なので、自分の限界をきわめようという発想がなかった。ニスカネンは、そういう姿勢を一掃しようと努めた。このままでは、たとえまだ頑張れるエネルギーが残っていても、ランナーは明確な理由もなく、走ることをやめたり速度を落としたりしかねない。

ニスカネンの合理的な考えかたは、少しずつランナーたちに浸透していった。

一九六〇年夏、徹底したトレーニングが行なわれた。ニスカネンはジープを駆り、ランナーはその前か後ろを集団になって走った。ランナーは全員が、自分の裁量でトレーニングに時間を割くことを許された兵士で、身体的にも精神的にも、着実に力をつけていった。ニスカネンがホイッスルを使って合図を送ると、エチオピア人アシスタントがストップウォッチでタイムを計測して記録をとり、それぞれの結果をニスカネンとともにランナーに伝える。ふだんは、高地で一日に二回のトレーニングを行なった。トレーニングが終わると、サウナに入ったときよりさらにたくさんの汗をかいたものだ。

軍の野営地に戻る五マイル（約八キロ）走の前、アベベはシューズを履くのに手間取り、ほかのランナーがみんなスタートしてしまったことがあった。彼はシューズをポケットに入れると、裸足のまま走りだした。シューズを履いたときと裸足のときのアベベのタイムを、ニスカネンは比較した。六月二八日、二〇マイル（約三二キロ）を裸足で走ったときのタイムは一時間四五分、二日後、同じ距離を、シューズを履いて走ったときは一時間四六分三〇秒だった。

ローマ・オリンピックのちょうど一カ月前、アベベは、海抜八〇〇〇フィート（約二四〇〇メートル）のアジスアベバで行なわれたマラソンで、二時間二一分の記録を出した。多くの欧米人の思い込みとは裏腹に、オリンピックでマラソンのスタートラインに立ったときのアベベは、山奥でスカウトされて無理やり試合に出された素人ランナーなどではなかったのだ。

一九六〇年一二月、エチオピア皇帝の親衛隊が反乱を起こした。皇帝がブラジルを公式訪問中の出来事だった。反乱軍は皇帝一家を残らず捕らえ、数人の大臣を人質に取った。在アメリカ大使が反乱軍と軍部の仲介役を買って出たが、軍部が強硬な態度を崩さなかったため、反乱軍は人質を全員機関銃で殺害したうえで逃亡した。その一方で、皇帝は知らせを受けて、逃げるようにブラジルをあとにした。

暴動は鎮圧されたが、自分の親衛隊が陰謀を企てたことに深く衝撃を受けた皇帝は、謀反人の多くを絞首刑にする。アベベは親衛隊に属していたので反乱に無関係ではなかったが、自分を後押ししてくれる皇帝にたてつく気持ちなど毛頭なかった。彼は、短期間投獄され、その後絞首台にのぼる可能性があったものの、積極的な関与の証拠が発見されなかったので、皇帝は寛容な判断を下した。皇帝であっても、国家の偉大なヒーローを絞首台に送ることなどできるはずがなかった。

英雄の死

アベベのマラソンランナーとしての生活は続いた。通算一五回のマラソンを走り、一二回の優勝。そのひとつが、一九六四年の東京オリンピックでの優勝だ。走り終えたあと、まったく疲れたそぶりもなく、芝生の上で整理運動をやってのける姿に、テレビ画面を見つめる世界の人々は釘づけになった。アベベとて疲れていないわけではなかったが、整理運動まできちんとやらないと気がすまなかったのだ。その姿が、テレビ画面を通じて世界何百万人という視聴者の目に触れ、アフリカの逸材としてのアベベの地位を決定づけた。皇帝は彼を中尉に昇進させ、一軒の家と一台のフォルクスワーゲンを与える。おおよそエチオピア人が享受できる最高の贅沢だった。

一九六九年三月のある雨の日、アベベはトレーニングのあと、所有する農場へとフォルクスワーゲンを運転していた。道は滑りやすく、視界も悪かった。一台のバスが橋の向こうから全速力でやってくる。そして、二台の車は衝突した。バスの乗客は、負傷した運転席の人物が誰かを知ると、まるで神に体当たりしてしまったかのように縮みあがった。

妻、母親、医師や看護師が見守る中、意識を取り戻したアベベは、体を動かすことができなかった。当初、体の麻痺は、意識不明の状態が長く続いたせいだと考えられた。意識が回復したらすぐにでも、この世界一のマラソンランナーはまた走りたくなるだろう、と。しかし、状態は改善せず、胸から下が麻痺したままだった。国内の複数の名医が可能なかぎりの治療を施し、その後、イギリスに渡ってさらなる治療を受けたが、奇跡は起こらなかった。同じような怪我を負っても、一般のエチオピア人なら家族の介護のもと家にこもることになっただろうが、アベベは車や飛行機で世界じゅうを移動する生活を送った。どこに行っても、かつて機敏に動いた両脚がもはや動かないという悲劇的な事実に好奇のまなざしを注がれながら、車椅子からトレーニングの助言を与え、ノルウェーではそり競技に参加し、アーチェリーにも挑戦した。

一九七三年の秋、アベベは激しい腹痛に襲われる。病院で容体がさらに悪化し、皇帝は彼をイギリスに搬送して、専門家の治療を受けさせるよう医師たちに命じた。しかし、イギリスに渡る前に、アベベは息を引き取る。享年四一。一九七三年一〇月二二日、死が公表され、エチオピアは国を挙げて喪に服した。通りには、涙を流して嘆く人たちが集まり、葬儀への列席者は数万人に及んだ。

アフリカ統一機構の事務局長は、アジスアベバで、追悼の意を表してこう語った。


アベベがエチオピアにもたらした名誉は、エチオピアだけでなく、アフリカ全域で、のちの世まで語り継がれることでしょう。アベベの死によって、エチオピアはもちろん、他のアフリカの国々も、アフリカの名を国際競技の舞台に知らしめたひとりの人間を失ったことになります。オリンピックのマラソン二連覇という偉業で、彼は、アフリカ人が世界を相手に戦い勝利する力を持っていることを証明してくれたのです。それにも増して大事なのは、アベベが歴史を作り、人種差別主義者たちにみずからの視野の狭さを自覚せしめたことです。

欧米の視点から、アベベのアフリカでの立場を理解することはむずかしい。欧米人から見ると、アベベは彗星のごとくマラソン界に現われ、金メダルを取り、二連覇を達成し、やがて身体障害者となって、悲劇の死を遂げたひとりの天才ランナーにすぎないが、エチオピアやアフリカの人々にとっては、その域をはるかに超えて、半ば神のような伝説的存在であり、死後は、殉教者にまでなった。古代ギリシア人なら知っていたことだが、スポーツとその英雄崇拝によって、国がひとつにまとまり、ひとりの輝かしい成功が多くの国民を鼓舞するということを、立証してみせたのだ。アベベにとって幸運だったのは、テレビと写真が普及し、アフリカ諸国が次々に植民地支配から独立を遂げ、アメリカ合衆国の黒人がかつての奴隷制という足枷からようやく解かれつつあった時代に、国際競技に参入できたことだった。

ケニア怒濤の勢い

アフリカ人ランナーと言えば、高地で生まれ育ち、トレーニングをほとんど受けなくても速く走れる天賦の才能の持ち主のように見られがちだ。特にケニア人はそういうイメージが強い。しかし、ケニア人ランナーが、競技に参加するようになったのはいつからだろうか?

第二次世界大戦以前、ケニアにおけるトラック競技の標準タイムは、西欧の一流国と比べるとお粗末なものだった。国際水準で走った最初のケニア人ランナー、ニャンディカ・マイヨロは、名の知れた猟師の息子として一九三一年に生まれた。その恵まれた体軀は、高地のキシイ地区で家畜を追う暮らしの中で作られる。学校で勉強する必要のない生活だったが、カトリック系の学校で開催されたスポーツ競技大会を見て、父親に内緒で大会に参加し、優勝してしまう。これをきっかけに、マイヨロは父の許可を得て、学校代表選手として競技に参加するようになった。

ケニアの宗主国であるイギリスは、マイヨロの中に眠る大きな力を見抜き、トレーニングに専念させるため、学校を辞めさせた。一九四九年のことだ。塀で囲まれた監視付きのコンクリートの建物が、彼の生活の場となった。イギリスの目的は、世界に通用するランナーを育て、ケニア国民にお手本となる人物像を示すことだった。とはいうものの、毎日二八マイル（約四五キロ）もの距離を走り込み、妻もガールフレンドもいない牢獄のような場所で暮らす境遇にあこがれる同胞はいなかった。マイヨロが羨望のまなざしを集めるようになったのは、東アフリカ大会で好成績を収めたときからだった。

イギリスのもうひとつの狙いは、カレンジン族によって頻繁に繰り返される牛泥棒をやめさせることだった。カレンジンの中でもとりわけナンディ族に、競走の場を提供し、ランニングを奨励することで、牛泥棒以外のことにエネルギーを向けさせようとしたのだ。一九五九年、リフトバレー州の地区理事長は「牛泥棒は、それぞれの部族の若者が昔から慣れ親しんできたスポーツだ」と述べている。また、「きみたちの勇気を、戦争ではなく、スポーツや競技で示そう」という標語は、まさに宗主国の思惑そのものだった。

一九四九年、イギリス人のアーチー・エヴァンズが植民地スポーツ担当役員兼ケニア陸上競技チーム監督に就任する。彼の指導のもと、人種に関係なく出場できる全国選手権大会の開催など、組織の強化が図られる。国際大会への参加も目標となった。そのひとつが、一九五四年にカナダのバンクーバーで開かれた英連邦競技大会だ。チームはカナダへ行く途中、ロンドンに立ち寄って、ラザラ・チェプクォニがホワイトシティ・スタジアムの大会で六マイル（約九・六キロ）を走り、ケニア人選手として初めて欧州の競技大会に出場した。

イギリスのカリスマ的ランナー、ゴードン・ピリーも出走したこのレースで、裸足のアフリカ人は観客の話題をさらった。先頭集団につけたチェプクォニは、突然、二〇〇ヤード（約一八〇メートル）ほどをスパートし、緩急をつけた走りを披露して、場内を沸かせる。しかし、一五周目で肉離れを起こしてしまい、棄権を余儀なくされた。報道では、アフリカ勢の扱いは軽く、チェプクォニの走りは変則的で荒削りだと見なされた。欧米には、黒人は長距離に不向きだという神話があった。長い距離を走り抜く筋組織も意志の強さも才能もないというのだ。一九五四年のロンドンでのチェプクォニの乱ペース、肉離れ、棄権は、この神話を裏づけるものとなった。

翌日、チェプクォニの同胞ニャンディカ・マイヨロが、三万人の観衆が見守る三マイル（約四・八キロ）走に登場した。スタートの号砲とともに、ニャンディカはすさまじい勢いで飛び出した。観客が驚き、ほかの選手たちが啞然とするなか、四五ヤード（四〇メートル）ほどの大きなリードを奪う。その後、脚に軽い痙攣を起こし、首位の座は守れなかったものの、完走して、一三分五四秒八の三位でゴールした。先着したフレッド・グリーンとクリス・チャタウェイは、ともに世界記録を更新した。

一九五四年は、陸上王国ケニアの開花の年になったが、そういうケニア勢の活躍に目を留め、次代を担う英才たち――三マイルを一五分三〇秒以内で走る一五歳の選手がふたりいた――の評判を耳にしたのは、陸上競技に特別な関心を持つ一部の専門家だけだった。生来の走力に恵まれた国民として、ケニア人が注目を浴びるのはまだ先の話であった。

一九五〇年代、ケニアでは独立を求める声が高まった。白人入植者たちが土着農民の土地を略奪していることに不満が爆発し、ヨーロッパで教育を受けたアフリカ人エリートたちが独立をめざして懸命の活動を行なっていた。ジョモ・ケニヤッタをはじめとする一八三人の国家主義者が逮捕され、ケニヤッタは、一九五二年から五九年まで続いたマウマウ団の乱を企てたかどで、七年の刑を受ける。独立闘争が繰り広げられたあいだに死亡した一万三〇〇〇人のうち、イギリス人は一〇〇人足らずで、一九五六年に反乱軍指導者のデダン・キマジが逮捕され処刑されたときに、事実上、イギリス側の勝利が決定した。

反乱鎮圧に向けた措置の一環として、アフリカ人は強制的に、有刺鉄線が張り巡らされ、竹槍杭を埋め込んだ溝にぐるりを囲まれた〝保護集落〟に移された。そこから出ることは禁じられ、禁を犯す者はその場で射殺されることもあった。暴動が収まるまでのあいだずっと、植民地政府は、ケニア国民の思考を政治や反乱からそらすためにスポーツを奨励した。

ほかの国々にはほとんど気づかれないまま、一九五〇年代に着々と国内の態勢が整い、陸上王国ケニアの礎が築かれていった。アメリカやイギリスから国際的に有名なコーチや選手たちがケニアを訪れ、トレーニングに関する助言を与えた。一九六三年、ケニアは独立を果たし、翌年、ジョモ・ケニヤッタが大統領に就任する。

これで、ケニア人は初めて、自分たちの国のために技を競うことができるようになり、ケニヤッタ大統領という後ろ盾を得た。ケニヤッタは、政治手段としてのスポーツの価値、すなわち、スポーツが国をひとつにまとめ、対外的にも、ケニアの国民性や長所を証明するものになることを理解していた。アフリカの国々は、一八八四年から八五年のベルリン会議で、言語と文化の境界をまたいだ複数の植民地に分割され、その結果として、異なる複数の民族が同じ国に属することを余儀なくされた経緯がある。そういう複合国家の絆を強めてくれたのがスポーツ、ケニアの場合は陸上競技だったのだ。一九六四年、ケニアのある大臣は、オリンピックで好成績を残した自国チームを出迎えて、こう述べている。「ケニアという名前の国が存在することを、そして、その国には、世界に一歩も引けを取らない才能と力と可能性を持った人々が生活していることを、きみたちは諸外国に示してくれたのです」

このケニアの例は、一九二〇年代のフィンランド――その存在を世界に声高らかに主張した新興独立国――の場合とよく似ている。フィンランドとまったく同様に、ケニア人ランナーの名前は、政治家や芸術家よりも、はるかに広く世界に知れ渡った。組織力の強さと指導者に恵まれた点も共通している。ケニアでは、イギリス人コーチがおもに活躍したが、ジョン・ベルツィンもそのひとりだった。

ランナーの輸出

ジョン・ベルツィンは、キプチョゲ・ケイノを〝発掘〟した。一九六二年に、ケイノが一マイルを四分二一秒八で走ったときの話だ。ケイノはベルツィンに師事した。一九六八年と七二年には、二大会連続でオリンピック金メダルに輝き、ケイノの社会的立場は、ケニアにおいてもアフリカにおいてもアベベ・ビキラと同じものとなった。アベベとは、育った環境もよく似ている。ケイノも貧しい家庭に生まれ、家畜の世話をしながら大きくなり、学校に通い始めたのも遅かった。一九六〇年代、ケイノは一五〇〇メートル界に黒い旋風を巻き起こし、イーブンペースを理想とする従来の走法を覆し

1968年のメキシコシティ五輪で、チュニジアのモハメド・ガムーディに抜かれ、２位と３位になったケニアのキプチョゲ・ケイノ（中央）とナフタリ・テム（左）。

た。トラック一周もしくは二〇〇メートルでケイノほど猛烈なスパートをかけられる選手はほかにおらず、世界トップクラスのランナーが大きな差をつけられ、大スターたちが次々とケイノに打ち負かされた。ケイノは、そのスパート技術にさらに磨きをかける。それは、アフリカのランナーたちがはるか昔から試行してきたが、指導者に恵まれなかったせいで失敗してきた手法だった。しかし、彼はそれをやってのけた。

アフリカでケイノがどれほど伝説的な存在になったかを示す逸話がいくつか残っている。例えば、たまたまヒョウと出くわしてしまった一〇歳のケイノ少年は、あわてて逃げ出したが、それが走力を目覚めさせるきっかけになったと言われる。この話は、ケイノ自身が否定している。ヒョウより速く走れる人間などいるはずがなく、年端もいかない少年ならなおさらだ、と。ただし、家で飼っている山羊の番をしていたとき、ヒョウが山羊の一頭を殺して持ち去ろうとしたことがあった。奪われまいとケイノが必死に死骸を引っ張ると、ヒョウはやがてあきらめ、去っていったという。

しかし、一九六八年のメキシコシティ五輪のとき、大会前にケイノが胆石を患い、ひどく衰弱して、大会中の八日間、固形物を食べることができなかったという話は事実だ。そのうえ、一五〇〇メートル走のスタートラインに立つまでにはこんなドラマがあった。「オリンピック村から競技場までは五マイル。バスで行けば、絶対に間に合わないだろうと思った。ひどい渋滞だったからね。だから、走っていくことにしたんだ。ほかの選手を乗せたバスのほとんどを追い越して、ぼくはスタート時刻前に競技場に着いた」

ケイノは、海抜七四〇〇フィート（約二二四〇メートル）の希薄な空気の中、金メダルを獲得する。その日はたまたまケニアの祝日であり、彼の妻が第一子を出産した日でもあった。この年のオリンピックでケニアが獲得した三個の金メダル、四個の銀メダル、一個の銅メダルは、ケニアが陸上王国の座を確立したことを世界に知らしめるものとなった。

一九七二年、ケイノは五人の孤児を引き取った。食べるものにも不自由して、ごみ箱をあさりながら路上生活をしていた子どもたちだ。三年後、ケイノは妻とともにケニアのエルドレットに移り住み、子どもたちの家を開設する。この家で、二〇〇〇年までに八二人の子どもたちが育っている。後年のこの人道的な活動に比べると、陸上競技での偉大な功績さえも色あせる。こうしてケイノは、走ることを貧困からの脱出策と見る数世代のケニアの人々に、ひとつの手本を示したのだ。

成功によって、ケニアの長距離ランナーたちは世界じゅうで引っ張りだこになった。一九六〇年代末に、第一陣数名が陸上競技の特待生としてアメリカの大学に留学し、一九七四年には、ケニアのナショナルチームのコーチ、ジム・ワンブアが、アメリカ人はケニアから走る才能を流出させて、外国人ランナーで自国の大学のレベルアップを図っていると泣き言を言うまでになった。ケニア選手の流入についてには、皮肉なことに、アメリカでも議論を呼び、輸入選手の存在が国内の才能の芽を摘んでいるという批判の声が上がった。一九七一年から七八年のあいだ、一六八人ものケニア人がアメリカの学生の競技大会に出走した。参加種目のほとんどが四〇〇メートル以上の中長距離だった。一九八〇年前後の数年で、二〇〇人以上のケニア人男子ランナーがアメリカで奨学金をもらって生活していた。ケニアは国を挙げて、教育を受けて大家族を養いたいと希望するランナーをアメリカに輸出していたのだ。

第18章　ジョギング革命

突然涙があふれ出し、宇宙から途方もなく大きな力をもらうとともに、人生に対してとても楽観的になりました。わたしは宇宙の子なのです。
――クレイグ・D・ワンドケ

スピードと持久力

オセアニア出身の陸上コーチで後世に残る貴重な貢献をしたのがアーサー・リディアードだ。リディアードは一九一七年七月六日、ニュージーランドのオークランドで生まれた。子どものころは小柄ながらがっしりした体格で、誰に教わらなくとも学校のかけっこでは一番だったが、走ることよりラグビーのほうが好きで、地元のリンデール陸上競技クラブに入ってからもそれは変わらなかった。ランニングはラグビーの試合やトレーニングの合間の気分転換で、鍛えていない体にはつらいものだった。

一九四〇年代半ば、リンデール陸上競技クラブの会長ジャック・ドーランが、リディアードを五マイル走に誘った。ドーランは年配だったがよく体を鍛えており、リディアードはついていくのがやっとだった。二七歳でこんなに疲労困憊していては、もっと歳を取ったときどうなってしまうのだろう？　アーサー・リディアードは、自分の体力のなさを痛感し、初めて真剣にトレーニングをする気になった。

まずは試しに、週七日走るとともに、ランニングの本を読みあさった。週に一度の八〇〇メートル走は苦しかったが、いずれランニングが楽しいと思えるようになるまで鍛えようと心に決めていた。ほとんどの専門家がウォーキングを勧めるなか、リディアードはそれをせず、むしろ毎日の走行距離を二〇キロまで延ばした。多いときには、週に四〇〇キロ走ることもあった。だが、靴工場の仕事に出かける前、午前二時に起きて、牛乳配達をするようになると（妻と、子ども四人を養わなくてはならなかったのだ）、トレーニングは週末にしかできなくなった。

レースでは、なかなか飛び抜けた成績を残せなかった。それでも四〇キロほどのきついトレーニング走の翌日には必ず軽めのトレーニングを入れ、八日から一〇日もすると、筋力がついたことが実感できた。いったん壊された筋肉が、回復して一段上のレベルに上がるのだ。こうなると、トレーニングにおけるバランスを見つけ出すことが最も重要になる。

リディアードはたいていひとりで走っていたが、靴工場の同僚であるローリー・キングという若者が、いっしょにトレーニングを始めてから目覚ましい進歩を遂げ、一九四五年には、オークランドで二マイル走のジュニア・チャンピオンになった。その年、やはりいっしょにトレーニングしていたブライアン・ホワイト、トム・ハッチンソンの二名が、クロスカントリーの全国大会で優勝を果たした。

当初、リディアードにはコーチになるつもりなどなかったが、普段以上のトレーニングをこなすようアドバイスした若いランナーが好結果を残したことに力を得て、指導者の道を歩み始めた。リンデール陸上競技クラブと衝突して退会したのち、近隣の町オワイラカで新しいランニングクラブを立ち上げ、リンデールとほぼ同じ地域からランナーを集めた。「四年後には、オワイラカがリンデールを抜く」と、リディアードは予言した。当時リンデールはニュージーランド最高の陸上競技クラブだったが、リディアードの予言どおり、ほぼ四年後にオワイラカに抜かれた。

リディアードは、九年かけてトレーニング法を完成させた。マラソンのコーチをしていたときには、基礎トレーニング期に週一六〇キロのランニング（毎週日曜日には三五キロの持久走）をさせた。これによって選手の基礎体力が飛躍的に伸びたし、会話ができる程度の、しかし遅すぎないペースでのトレーニングなので、疲労困憊することもなかった。シーズンへの準備期間には、距離を落としてのヒル・トレーニングやスピード・トレーニングを取り入れた。これはピークの状態を作り出すためのもので、基礎体力が向上しているからピークも長く続いた。

リディアードがこの方式を編み出した一九五〇年代初頭、中長距離走の世界はインターバル・トレーニングに席巻されていた。それに対してリディアードは、長い距離を一定のペースで走ることを勧めた。リディアード方式で新しいのは、トレーニングをいくつかの時期に分ける〝期分け〟と、走行距離の長さで、中距離ランナーにも三〇キロ走をさせた点だ。リディアードの弟子たちはマラソンを走るようなトレーニングを積みながら、八〇〇メートル以上のあらゆる競技に出場した。とりわけ優秀だったのがピーター・スネルで、一九六〇年のローマ五輪、一九六四年の東京五輪での金メダルをはじめ、六〇年代初頭の中距離界で大活躍した。

スピードも粘りも兼ね備えたランナーは、トレーニングのピークをうまく合わせることができれば、じゅうぶんに余力を持ってラストスパートをかけることができる。「鍛えろ、だがやりすぎるな（トレイン、ノット・ストレイン)」がリディアードのモットーで、体力を使い果たすのではなく増強することを教えた。その根本にあるのは、しっかりと体力をつけさえすれば、ランニングは楽しいものだという考えだった。

若者が週一六〇キロなどという通常の二倍、三倍もの距離を走るのは危険だと考える人も多かった。医師にも一般の人々にも、走りすぎると内臓を痛めるという考えがあり、実際のランナーの中にも過度のトレーニングに対する恐怖心が強かった。心臓が肥大し、体が疲弊するというのだ。しかし遅めのスピードで長期にわたってトレーニングを続けたところ、体力は増強され、徐々に持久力が増していった。

二〇世紀の陸上競技コーチで、リディアードほど後世に多大な影響を及ぼした人物はいない。長く活動的な人生の中で、リディアードは世界各地を飛び回って、何百というジャーナリストと話をし、講演を行ない、数カ国でコーチを務めた。その結果、リディアードのトレーニング法は各地で取り入れられ、また数限りないバリエーションを生んだ。リディアード方式の中で最も大切なのが、長期間、一定のトレーニングを続けて、有酸素運動で基礎体力を築くという点だろう。この方式は、陸上競技のみならずさまざまな分野のスポーツで用いられたし、個々人の人生そのもの——幼児期、青年期の成長が、成人してからの体力の基盤をなす——においても大いに役立った。

広まるリディアード流

一九六〇年のローマ五輪で、ニュージーランドのピーター・スネルとマレー・ハルバーグがそれぞれ八〇〇メートル、五〇〇〇メートルで金メダルを獲得し、旋風を巻き起こしてからというもの、ふたりのコーチであるアーサー・リディアードは、しばしば成功の秘訣を尋ねられるようになった。ニュージーランドのオークランド市に拠点を置くタマキ・ライオンズクラブからも、ニュージーランドから突如として好選手が輩出するようになった理由をきかれた。リディアードは、門下の選手たちが、長距離を走ってもなおレース終盤のスピード勝負に競り勝てるからだと答えた。とりわけリディアードの頭にあったのはピーター・スネルで、そのラストスパートはすでに伝説と化していた。秘密の鍵を握るのは、心臓と体力強化の合理的・系統的トレーニングだ。リディアードは、まず一定のペースでのランニングをたっぷり行なわせ、次の期間で選手をピークの状態に持っていくよう心がけていた。

ライオンズクラブでの講演のあと、引退した元ビジネスマン三人がリディアードのもとへ来て、自分たちが心臓病を抱えていることを話した。そのうちのひとりは、心臓病患者は走ることで健康を取り戻せるのではないかと考えていた。しかし一九六〇年代のニュージーランドでは、他国と同様、心臓病患者は医師から運動を禁じられるのが普通だった。心臓発作を起こした者は、何週間ものあいだベッドで安静にすることを強いられる。これでは運動不足で死にはしないまでも、心筋を強化できないのは明らかだった。

リディアードは医療の専門家ではなかったが、体のどの部分であろうと、使わなければ衰えることを知っていた。そこで、ある医師の許可のもと、これらの人々とオークランドの港まで走ることにした。電柱と電柱のあいだを、初めは歩き、次は小走りに駆けという具合にして、一マイルほどを進むのだ。こうしてささやかに始まったランニングだが、徐々に一マイルを走り通せるようになると、今度はスピードを上げて、ついには一時間で八マイル走れるようになった。わずか数カ月前の体の状態を考えると、驚異的な進歩だった。

この草創期のメンバーが、仕事でニュージーランド南島のクライストチャーチを訪れた際、「痩せましたね」と言われたので、ランニングのおかげですっかり元気になり以前より体調がいいくらいだと答えた。さっそくリディアードが呼ばれて講演を行ない、南島の人たちも走り始めた。

二年後、リディアードは飛行機の中でコリン・ケイに出会った。ケイはかつてのスポーツマンで今はスポーツ行政に携わっており、のちにオークランド市長にもなった人物だ。幅広い人脈を持ち、すぐれたまとめ役でもあった。このケイも少し太り気味で、健康問題を抱えていた。リディアードは喜んで自分の考えを話し、ケイに体力作りを勧めた。

ケイの知り合いのビジネスマンにも心臓に問題を抱えた人が大勢いたので、ある日曜日の朝、ケイは知人たちと心臓専門医のノエル・ロイドハウス博士を自宅に招いた。リディアードがゆるやかなランニングと徐々にスピードを上げることの効用を説き、ロイドハウス博士が医学的な側面を補足した。その日、一同はさっそくランニングに繰り出した。けっして競わないように、無理のきかない体なのだから自分を追い込まないように、とリディアードが注意を促す。

こうして、小太りの、気のいいビジネスマンたちは、走ったり歩いたりしてオークランド港までたどり着き、何人かは海でひと泳ぎしてから、またみんなで同じ道を歩いて戻った。距離はせいぜい一マイルだが、誰ひとり大人になってからそんなに走ったことがなかった。別の心臓専門医——一マイル走でニュージーランドの国内チャンピオンになったことのあるジャック・シンクレア——が、医学的な側面からさらなる支援を行なった。一同は毎週日曜日に例会を行なうようになり、やがて「オークランド・ジョガーズ・クラブ」を発足させて多くの会員を集めた。

迫害されるジョガー

　会員たちは、この心楽しいランニングを「ジョギング」と呼んだ。言葉自体は新しいものではない。一七世紀のイングランドでは人間や動物のゆったりした走りかたを呼ぶのに用いられ、また馬を速歩で進める意味でも用いられた。オーストラリアの作家ロルフ・ボルダーウッドは、一八八四年に著した小説『走って帰る』で〝朝のジョグ〟という表現を用いている。とはいえ、英語圏以外ではほとんど知られていない言葉だった。

　ジョギング愛好家は数を増やしながら、オークランドのコーンウォール公園に集まるようになった。この公園は便利な場所に位置し、中にはさまざまな小道や、適度に起伏に富んだ箇所がある。会員たちは公園の中にクラブハウスを建てて集まり、ジョギングという個人的活動にいそしんだが、じつはこの活動には社交的な側面もあった。基礎トレーニング段階でのスピードを抑えるために、リディアードが「会話のできる速度」で走るよう勧めたからだ。しかし、すべてがつつがなく運んだわけではなかった。ジョギングの創始者たちは、道路を走っている最中に、車の運転手から暴言や、揶揄、嘲笑を浴びせられたり、助手席の乗客から要らないビール缶を投げつけられたりしたし、クラクションを鳴らされたり、行く手を横切られたりもした。ニュージーランドでも人が車道を走るのは珍しかったのだ。ある夜、リディアードの友人が、オークランドの北にある海軍基地から走り始めたところ、パトカーがスピードをゆるめて並走し、いったい何をしているのかと警官が問いただした。

「健康のために走っているんです」

「なるほどな。だろうと思ったよ」警官はリディアードの友人を逮捕し、暗い中で健康のために走る者などいないという理由で、ひと晩留置した。

また別の友人で、作家兼ジャーナリストのガース・ギルモアは、日中仕事をして、夜に初マラソンのためのトレーニングを積んでいた。ある晩走っていると、パトカーが並走して警官がギルモアの顔を懐中電灯で照らし、とげとげしい口調で話しかけてきた。

ギルモアは午前中に締め切りがあるから今走っているのだと説明したが、警官はなかなか信じようとせず、皮肉めかしてこうたずねた。

「じゃあ、ただ走ってるだけだっていうんだな?」

ギルモアはランニングシューズにポケットのない短パンという犯罪者からはほど遠い服装をしていたし、金品も持ち歩いていなかった。そこで、先の説明を繰り返したうえで、ランニングの本を書いているから日中トレーニングする暇がないのだと話した。それでも警察は、半マイルほど並走した末にようやく納得して立ち去った。

たいていの国と同様、一九六〇年代のニュージーランドでは、夜にひとりで走ったりすると相当怪しまれてもしかたがなかった。健全な精神を持ち法を遵守する市民が、なぜわざわざ暗い中で道路を走ったりするのか?

それでもジョギングは、ニュージーランド全土に広まっていった。ハミルトンでは、みずからも心臓発作の経験がある心臓専門医が音頭を取った。ダニーディンではノリー・ジェファソン博士が先頭に立って八〇人のランナーに三カ月間のトレーニング・プログラムを体験させ、検査を行なった。リディアードに対する医師の支援が増すにつれて、ジョギングはいっそう多くの人を惹きつけるようになった。ただし、医学界にはいまだ懐疑的な人もおおぜいいた。その多くは喫煙者で、研究でも常識でも喫煙が体に悪いと知りながら、やめられずにいる人たちだった。

一九六二年一二月、アメリカ、オレゴン大学の陸上コーチ、ビル・バワーマンが、選手を率いてニュージーランド遠征にやってきた。バワーマンはリディアードと知り合いで、到着した翌日の日曜日、さっそくリディアードに連れられてコーンウォール公園を訪れた。そこでは老若男女とりまぜた「オークランド・ジョガーズ・クラブ」の会員たちが活動していた。バワーマンは当時五〇歳を越えていたが、得意のスポーツ——ウォーキングと、四、五〇〇メートルのランニング——ならじゅうぶんにこなせる体力があると自負していた。だから、なんのためらいもなく会員たちとともに走り始めた。

初めのうちはスピードにも起伏にもついていけたが、八〇〇メートルを超えて急なのぼり坂に差しかかるあたりから、息切れしてどうしようもなくなった。一方、リディアードはリスのごとく身軽に飛び出し、たちまち姿が見えなくなった。老齢のメンバーがひとりバワーマンの窮状に気づいて、いっしょにしんがりを務めてくれた。近道へと導きながら盛んに話しかけてくるのだが、バワーマンのほうは返事をする余裕もなく、全精力を傾けないと短縮したコースすら走れそうになかった。アンドルー・スティードマンというこの親切な相棒は、足取りをゆるめて伴走してくれた。三度の心臓発作を乗り越えた七三歳の老人だったが、バワーマンよりも体力があったのだ。

この体験がバワーマンの人生を変えた。

ニュージーランドに滞在した六週間のあいだ、バワーマンはほぼ毎日トレーニングをこなし、リディアードにジョギングのことをくわしく尋ねた。誰が何のために行なうのか、どのようにしてジョギングを始めたのか、どんな利点があるのか。滞在中にバワーマンは五キロ近く減量し、アメリカ人に伝えるべきメッセージを携えてオレゴンに帰った。

帰国後、オレゴン州ユージーンの地元紙記者ジェリー・ウルハマーにニュージーランド遠征の印象を尋ねられたバワーマンは、ジョギングこそがニュージーランドで学んだ最も大切なことだと答えた。ウルハマーはバワーマンの話をまとめて《ユージーン・レジスターガード》紙に発表し、併せて、地元のヘイウォード競技場でジョギングの講習会を行なうことも告知した。

すばらしい効果

一九六三年二月三日、二五人の人たちが講習会にやってきた。受講者は歩いたり走ったりし、新たな知識を身につけて帰宅した。次の日曜日には倍の五〇人、三度めの日曜日には二〇〇人が集まり、しかも四分の一は女性だった。ウルハマーは続けてこのようすも取材し、《ライフ》誌も、ユージーンで起こっている珍しい現象を記事にする企画を立てた。四度めの日曜日には二〇〇〇人から五〇〇〇人に及ぶ人々が集まり、バワーマンは、体力のない人がこれだけ大勢いたら、ひとりぐらい心臓発作で倒れても不思議ではないと恐れて、講習会を中止した。そして参加者に、もっと準備を整えるからしばらくは各自で走っていてほしい、と呼びかけた。そのあと医師のラルフ・クリステンセンに電話すると、ユージーン在住の心臓専門医ウォルド・ハリスを紹介された。

バワーマンとハリスは互いに専門知識を出し合いながらトレーニング・プログラムを組んだ。まずは、歩くより少し速い程度の一マイル一二分で走るところから始める。オレゴン大学陸上競技チームのメンバーも四人、この研究用プログラムに参加し、三カ月にわたって徐々に強度を増すトレーニング法の開発に取り組んだ。

さらに大学の体育学部長チャールズ・エスリンガーの支援で、より大規模な研究も行なわれることになった。中年の人たち（ほとんどが男性）を一〇〇人募って一〇のグループに分け、週に三回トレーニングを行なうのだ。結果は良好で、過半数の人たちが体力を向上させて体重を落とし、肉体的にも精神的にもよみがえったと感じた。

この成功に力を得、またニュージーランドで学んだこと（リディアードともまだやり取りを続けていた）を広めたいという熱意にも駆られて、バワーマンとハリスは一九六六年に小冊子を出した。その一年後には『ジョギング──年齢を問わない体力向上プログラム』という薄手の本を出版し、一〇〇万部以上を売り上げた。アメリカでジョギングを広めようとしているのはバワーマンだけではなかったが、最も著名なのはまちがいなくバワーマンだった。

「ちょっとした小遣い稼ぎをしないか？　一回二、三ドル程度だが」。バワーマンはオレゴン大学大学陸上競技チームのメンバーに声をかけた。その当時、すなわち一九六〇年代後半には、ノルウェーのアルネ・クヴァルハイムが陸上競技の奨学生として学んでおり、出勤前に集まるランナーの講師役を務めることになった。

ランナーは朝六時半に車で集まってくる。太った者、やせた者、不健康な者、ほかより少しだけ体力のある者……誰もが世間に認められたスター選手たちから指導を受けることを楽しんだ。ランナーたちはバワーマンの指導プランにそって、一〇〇メートル歩いては一〇〇メートル走るという具合に、きわめて慎重にトレーニングを始めた。体力のない者にとって、たとえ一マイル程度でもずっと走り続けるのはきついし、退屈に感じる場合が多いからだ。

ユージーンのグループは、ランニングとウォーキングを交互に繰り返しながら二マイル、すなわちトラック八周をこなすことから始め、三カ月にわたって徐々に負荷を増やしていった。週三回のトレーニングを続けるうちに、メンバーは急速な進歩を遂げた。体力のない者は進歩の度合が大きい。六週間経つころには、体重一二〇キロという巨漢の歯科医が、休憩を取らずに二マイル走れるようになった。体重を考えるとすばらしい成果だ。

こうしてジョギング熱はニュージーランドからアメリカへ広がり、さらにヨーロッパへと伝播した。アメリカ人が大挙して走り始めたら、ほかの先進国の人々もあとに続いたのだ。

肥満体の医師

ランニングを全米に広めた最も著名な医師と言えばケネス・クーパーだろう。数々の著書も人気を博した。一九六八年に出版された『エアロビクス』（広田公一・石川旦訳、ベースボール・マガジン社、一九七二年）は、四〇年以上経った今読むと、やや凡庸に感じられなくもない。トレーニングと体力増進法をまるで子どもに教えるような口調で説いているからだ。しかし、自動車が支配するこの国、生活苦に満ちた一九三〇年代からわずかひと世代で人々が体の動かしかたを忘れてしまったこの国では、ていねいに言葉を選ばざるを得なかったのだろう。当時、不健康な食物と運動不足が心臓病の増加を招き、それ以外の文明病――糖尿病や肥満――も蔓延していた。

ビル・バワーマンとケネス・クーパーがめざしたのは、座りっぱなしのライフスタイルに変化をもたらすことだ。当時の大統領ジョン・F・ケネディは、体育を奨励した（もっとも大統領自身はアジソン病による副腎機能不全に苦しみ、人目に触れないところでたびたび松葉杖の世話になっていた）。体育教師や理学療法士、軍隊における基礎訓練の責任者など、体育の専門家は、そろってアメリカ国民の体力低下を指摘していた。

ケネス・クーパーは、中学、高校時代から大学時代まで走っていた。しかしその後、目立って体力が落ち、体重も一気に増加した。一九六〇年、学業を終え、軍隊での初年度を終了したクーパーが、大好きな水上スキーを試みたところ、ロープにつかまってものの数秒と経たないうちに息が苦しくなった。それ以外にも高血圧症や、ちょっとした病気にたびたび見舞われたが、それらはすべて体力低下の表われだった。まだ二九歳で、体力の盛りにあるはずだったにもかかわらずだ。

西洋医学の医師は、自分が同じような症状に見舞われればたいてい薬で治そうとする。しかし、空軍医だったクーパーは体力トレーニングに活路を求めた。やがて血圧は正常に戻り、体のあちこちの痛みも解消した。そこでクーパーは、患者にもランニングを勧めるようになった。

若い飛行士に心臓発作の症例が多いことも、考えるきっかけになった。若者たちはきびしい試験に合格して初めて飛行士としての訓練を受けることができ、視力をはじめとする感覚機能もすべて最高水準に達していなくてはならない。それなのに、空中や、あるいは緊張を強いられる場面で心臓に異常をきたしては元も子もない。こうして軍隊で最新式戦闘機に乗る者にとってさえも、いや、最新技術が人間の持久力を蝕む傾向があればこそ、ランニングが重視されるようになった。クーパーは、多くの人が見逃しがちな点に注目していた。心臓も筋肉でできており、きちんと運動すればより強く、むだのない動きをするようになるが、運動しないと弱くなるということだ。

小、中、高校時代には多くのアメリカ人がスポーツに携わり、大学でも数は多少減るものの学生たちがスポーツに取り組む。しかし二二、三歳で大学を卒業し、就職したり家庭に入ったりして大人の生活が始まると、ほとんどの人が一切スポーツをしなくなるのが普通だった。ランニングは子どもや若者のすることで、大人になっても走り続ける人はごくわずかだし、表立っては行なわなかった。アメリカではスポーツの場が教育機関と密接に結びついており、またヨーロッパなどにあるようなクラブチームもなかった。そこで、ジョギングをする人たちは自前のクラブを立ち上げた。「持久力を測るにはどうすればいいだろう」とクーパーは考えた。そして、自分や兵士を実験台にして数秒から二〇分に及ぶランニングのテストを行ない、脈拍、距離、タイム、さらにはトラックかトレッドミルかの別などを記録した。数多くの実験を重ねたのち、クーパーは、一二分間の走行距離を測るのが、体力テストとして最適だと結論づけた。これでおおよその酸素摂取量を測定することができる。一九六〇年代に何千人にも及ぶ陸海空軍の兵士が行なったこのテスト――クーパーテストと呼ばれる――は、海外にも広まり、体育の授業の体力テストの中でも最もきつい種目になった。一九七〇年代以降のヨーロッパでクーパーその人のことを、あるいは持久力のテストにその名がついた理由を知っている人はほとんどいなかっただろうが、それでも〝クーパーテスト〟のことはみな知っていて、その言葉を聞いただけで血のにじむような思いを味わうという人も多かった。

やがてクーパーは二年間の休暇を願い出て、ハーバード大学で公衆衛生を学ぶことにした。選んだ科目は予防医学、トレーニング生理学、そして宇宙医学だ。ジョン・F・ケネディが一九七〇年までに人類を月に着陸させると宣言したせいで、この時期、宇宙飛行士になるための必要条件とトレーニングに大きな注目が集まっていた。また、国の保健関連予算も大幅に増やされた。体力の向上が国民的関心事になったのだ。

ハーバード卒業後の一九六四年、クーパーはＮＡＳＡで宇宙飛行士の体力増進プログラムの責任者になった。宇宙空間における身体の反応についてはほとんど何もわかっていなかったが、それでももちろん、宇宙飛行士は徹底的に準備を進めなくてはならない。プログラムの目的は宇宙飛行士の体力増進と持久力の向上だが、飛行中に体力が落ちるのを防止するトレーニング・プログラムも開発する必要があった。

一九六五年、雑誌記者ケヴィン・ブラウンが、無重力状態のシミュレーションの取材で研究センターを訪れた。クーパーは、このトレーニング・プログラムはさまざまな体力レベル、さまざまな年齢層の人たちに向いている点が斬新ですばらしいと話した。ブラウンは感銘を受け、雑誌《ファミリーウィークリー》一九六六年一月号に「宇宙飛行士流トレーニング」という記事を書いて何百万もの読者に届けた。

記事は大反響を巻き起こした。ほんとうに宇宙飛行士流のトレーニングができるのか？ 最先端の宇宙旅行に備えるため選びぬかれた超人だけでなく、一般の人々にも効果を生む魔法の方式があるのか？ 「宇宙飛行士」という言葉は、宇宙の謎についてもっと知りたいと願う人々の想像力を刺激した。アメリカ人は米ソの宇宙開発競争に魅せられ、多くの人たちが宇宙飛行士になりたいと夢見ていたのだ。

《ファミリーウィークリー》の版元の勧めで、クーパーはトレーニングについての本を書くことになり、ちょうど二年後、しかもバワーマンの本の一年後という絶妙なタイミングで『エアロビクス』が出版された。二冊の本は相乗効果を発揮してジョギング・ブームをさらに盛り上げ、クーパーとバワーマンは声をそろえて初心者の持久力を高める方法を説いた。距離とスピードを少しずつゆるやかに増やしていくというものだ。

とはいえ、クーパーはランニングのみを奨励したわけではない。水泳、サイクリング、クロスカントリー・スキー、その他心臓の機能と持久力を高める運動は、ウォーキングも含めてすべて奨励した。体力のない、肥満のアメリカ人は、まずはウォーキングから始めて徐々にスピードを上げ、ランニングに移行していけばいい。この一九六八年の本では、まだ「ジョギング」という言葉は用いられていなかったが、その後パワーマンから拝借して次の著書に初登場している。

ケネス・クーパーは長年にわたり週四〇キロのランニングを続けた。これはクーパー自身の見解でも、しっかりした体力を保つのに必要な距離よりかなり長い。クーパーは、けっして走ることが好きなわけではないと、アメリカの雑誌《ランナーズワールド》の一九七〇年九月号のインタビューで話し、さらにその六年後のインタビューでは次のように述べている。「わたしは楽しみのために走っているわけではありません。すばらしい利点がたくさんあるから走っているのです。二日も走らずにいると、心も体も弱っていく感じがします」

クーパーは、新鮮な空気を吸うため、神経をすり減らす仕事のストレスを和らげるため、そして心と体全体をリラックスさせるために走った。親しい友人を心臓発作で亡くしたときには、なおさら一所懸命ランニングをした。クーパーにとってランニングは、さまざまな副産物のついた予防薬のようなものだった。ジョギングの草創期に携わった人たちは、なぜ走るのかと問われてみな似たような答えをしている。「走るととても気分がよくなるからです」

クーパーもパワーマンもランニング法を編み出すにあたってみずからを実験台にし、そのおかげで成功したとも言える。単にセールスマンとして健康法を唱えるだけでなく、自分の理論をみずから実践して、よき模範となったのだ。そしてふたりとも、ランニングによって、きわめて健全な金銭的利益も得ることができた。

宗教かスポーツか

かつてランナーという種族にはやや閉鎖的なところがあって、走ることには真剣に取り組むものの、他人に働きかけて仲間にしようとしたりはしなかった。一方、学校の体育の時間のせいで走ることがすっかりきらいになり、走ることを一種の罰のように見なす人々もいた。一九六〇年代にニュージーランドとアメリカでジョギング人口が増えていったとき、人々は「走るのって楽しい！」という喜ばしい新発見について盛んに語った。それこそが、ジョギング・ブームの背景にある状況だった。

ジョギングをする人たちは、スカンジナビアのクロスカントリー・スキーヤーがはるか昔から知っていたことにあらためて気がついた。トレーニングには宗教的な意味合いがあり、取り組むうちに精神的な洞察が得られるということだ。野山でランニングをするうちに手つかずの自然に巡り会うこともあり、とりわけ自動車王国アメリカではそのような体験自体がもの珍しくて、精神的な成長につながる。ランナーは宗教の言葉を借りて、まるで魂の救済を語るように、「救われた」「生まれ変わった」と口にするようになった。日々のランニングが、そのまま日々の瞑想になったのだ。

ランナーのしきたりの中には、宗教儀式を思わせるものもある。日曜日には教会ではなく、ランナー同士で集まって長距離を走る。牧師の説教に耳を傾けるかわりに、精神と肉体の浄化について互いに語り合い、その後シャワーを浴びて食物を口にする。ランナーは特定の食べかたや特定のトレーニング法を信じ、各自の教祖の教えに従って、それぞれの偶像を崇拝する。そして、ランニングをするうちに仲間を見つけて理解と安らぎを得、大きな大会の前日には、まるで安息日のように、休息に専念する。〝フォーム〟こそが偉大な神であり、よきフォームを見出す過程では、罪深い行ないをする余地などない。決まった日課からの逸脱は、フォームの改善につながれば許されるが、逆にフォームを崩してしまうことにもつながりかねない。
大人になってからクリスチャンになる人たちがいる。生まれ変わって霊的なものを見出し、新たな洞察を得て救われ、人生の道筋を切り拓くのだ。ランナーの中にも同じような体験をする人たちがいる。多くは中年のランナーで、突然ランニングにのめり込み、一気に体重をそぎ落として、外見も性格も一変してしまう。
アメリカのランニング雑誌には、ジョギング中に恍惚体験をした読者の投書が掲載されることがある。カリフォルニアのクレイグ・D・ワンドケは一九七〇年にこんな投書を寄せている。

突然涙があふれ出し、宇宙から途方もなく大きな力をもらうとともに、人生に対してとても楽観的になりました。わたしは宇宙の子なのです。地面を叩く自分の足を見つめるうちに、新鮮な夏の空気が肺を満たすのを感じました。恍惚感は三〇秒ほどで終わり、すぐに涙も乾いてそのまま走り続けましたが、この短い体験を経て、わたしの魂はとてつもなく豊かになりました。

ランナーが疲労しているところに、エンドルフィンが作用して恍惚感を生んだとも考えられる。あるいは周囲の環境、つまり太陽や夏の空気など自然の力も関与していたのかもしれない。年齢層や文化の違う人たちが、ランニング中にそのような体験をするのどうかも、考える余地がある。ワンドケが味わったのは真にランニングによる魂の解放で、一八世紀のカリフォルニアに生まれ育ったネイティブ・アメリカンでも、やはり同じような体験をしただろうか？　それとも文明社会に住み、自然から離れた生活をしているワンドケのようなアメリカ人は、昔の人があたりまえのように得ていた洞察を手にするために、ランニングで自然の一部になる必要があるのだろうか。走ることによって原初的な自己に触れ、日常生活の決まり事や制約から逃れて自由になったり、永遠なるものをかいま見るひとときを味わえるのだろうか。

誰しもがワンドケの綴ったような体験をするわけではない。普通の人より感覚や認識が研ぎ澄まされた人はいるものだ。ワンドケの時代には、若者たちが音楽やドラッグで〝ハイ〟になることを求めていた。とりわけ一九六〇年代、七〇年代のカリフォルニアの若者はドラッグ文化で知られ、また東洋文化に興味を抱く者や瞑想を行なう者も多かった。時代の精神は、とにもかくにも地平を広げ、古い世代の生きかたと距離を置くことだった。ワンドケが、蓮華座を組んだり、サーフボードに乗ったり、ＬＳＤでトリップしたりしながら、同じような恍惚感を体験していたとしても不思議ではない。

人々はジョギング・ブームの主導者の話に熱心に耳を傾けた。ケネス・クーパーは、ブラジルのスタジアムで二四万人の聴衆を前に、体力と心の健康との関わりを説いた。クーパーは深い宗教心を持った人物で、世界的に有名な伝道師ビリー・グレアムとともにステージに立ったこともある。宗教的な理由から日曜日のランニングについては語ろうとしなかったが、演壇に立てば教会の牧師と同様、聴衆の気持ちをかきたて、メッセージを広める力を持っていた。

新しくジョギングに改宗した人たちほど、周囲の人を熱心に勧誘する傾向があった。昔からのランナーは変わり者扱いされることに慣れすぎていて、なかなか伝道師になれなかったのだ。改宗者は「わたしの体にいいのだから、誰にとってもいいはずだ」と唱え続け、その同僚や家族は当人の体や心の変化を目の当たりにする。突如ランニングの奥深さに魅了されて、以前よりエネルギッシュな生活を送り、足取りも軽やかになる姿を……。中には禁煙して、新しい仲間を作ったうえ、肥満で愛煙家の配偶者と暮らせなくなって離婚してしまう者までいた。

ジョギング・ブームのさなかには、「時は金なり」というピューリタン的標語も「時は健康なり」に変化した。時間を費やせばより健康によりスリムになれるのだから、余暇を持つことも容認されるようになった。ジョギングは短期的にも長期的にも配当を生む投資になった。

走らない者の目から見ると、ジョギングをする人たちはトレーニング中心の偏狭な生活を送るエゴイストに見えるかもしれない。一日のハイライトはランニングと食事で、ほかのことはすべてそれに合わせて調整する。週末はレースで埋め尽くされる。走らない者にとって、ジョギング教の改宗者は、おそろしく極端な生きかたをする狂信家だ。もともとランナーは風変わりな修行僧のような人間だと思われていたが、かつては若い現役のスポーツマンしか走らなかった。ところが、ジョギングのおかげでランナーの年齢層がぐっと上がり、裾野も一気に広がった。ジョギングは若さの源となり、余暇を満たすひとつの手段となったのだ。

一九七〇年代終盤に、ある女性ランナーが、当時の一般的見解とも言える意見を述べた。「走ることで得られる満足感、高揚感、考えにひたって問題を解決する時間、エネルギー——どれをとっても、ランニングには効果があることがわかります。だからわたしはランニングに打ち込むことで幸せになり、充実した生活が送れるのです。これは宗教が多くの人にもたらす感覚と同じです。ランニングは人生に意味を与えてくれます。理由はわかりませんが、わたしの人生にかつてなかった新しい意味を与えてくれるのです」

ランニングは神を信じることとは一切関係がなく、むしろ自分を信じること、自分の力を信じること、訓練によって自分の人生を掌握できる可能性を信じることに通じるのだ、とこの女性は強調する。

自分の肉体を掌握できず接点も失われたと感じがちな時代に、多くの人はランニングのおかげで肉体を取り戻すことができた。そして、心身の活性化とともに重要なのが、魂の活性化だった。

アメリカのみならず世界じゅうのランナーにとっての有力誌《ランナーズワールド》の発行人ボブ・アンダーソンは、一九七〇年にあなたの宗教はと問われて、いたってまじめに「わたしはランナーです」と答えている。ほどよいジョギングは、肉体の衰えや全米に蔓延する肥満病に対する健全かつ賢明な解決策であり、治療法だ。ただ、アメリカ全土を席巻したジョギング・ブームは短命に終わり、始めてすぐにやめてしまった人も大勢いた。

エンドルフィン

〝ランナーズハイ〟とは、走っている最中や走ったあとにランナーが感じる高揚した精神状態のことだ。一九七〇年代に使われるようになった言葉だが、現象自体はずっと以前から知られており、ただ科学的に筋の通る理屈が見つかっていなかった。

一九七五年、別々に研究を進めていたふたつのグループが生化学的な説明を見出した。スコットランドではジョン・ヒューズとハンス・コスタリッツのふたりが豚の脳からある物質を抽出してエンケファリンと名づけた。同じころ、アメリカのラビ・シマントフとソロモン・H・スナイダーは、仔牛の脳から同じ物質を発見した。さらにこのふたつのグループとは別に、アメリカのエリック・サイモンもエンドルフィン、すなわち〝体内で自然に生成されるモルヒネ〟を発見した。

エンドルフィンは痛みを和らげ、食べたり飲んだり眠ったりする意志に作用する生化学物質だ。ランニングやトレーニングの最中、恋に落ちたとき、あるいは怪我を負ったとき、体内に放出される。

エンドルフィンは生成されると何時間も血中にとどまり、大量に生成されれば恍惚感を引き起こすこともある。

ランナーが高揚するのは、エンドルフィンの作用を感じているせいかもしれない。一五分から二〇分走り続けると、体は間違いなくエンドルフィンを作り始めるが、のちの研究には、ランナーの高揚感を生み出すのがエンドルフィンなのか、ほかの化学物質なのか、疑問を投げかけるものもある。あるいは新鮮な空気を吸い、筋肉を使う（ランニングではひとりの人間の持つ六六〇の筋肉のうち約六割を使用する）せいかもしれないし、体を動かして自分なりのささやかな達成感を得るせいかもしれない。美しい自然や柔らかな走路、よい仲間と日の光という環境のなせる業だという可能性もある。

一九八〇年代に行なわれたいくつかの研究は、エンドルフィンとランナーズハイの関係について調査を行ない、ランナーにエンドルフィンの生成を抑える薬品を投与しても、まだランナーズハイが起こることを突き止めた。ただ、やっかいなことに実験室で確実にランナーズハイの状態を作り出すことはできないため、エンドルフィンの研究をしてそれが原因か否かを確かめるのは困難だ。ランナーズハイの研究を試みる科学者は、明確な、それでいて説明しがたい、人によってまちまちな現象に取り組むことになる。体力のある人はエンドルフィンの値も高い。

トレッドミルを用いて屋内で実験を行なったなら、次はそれを屋外に持ち出したほうがいい。新鮮な空気とエンドルフィンの組み合わせが強力に作用するからだ。

女性ランナーには、ランナーズハイをオーガズムにたとえる人が多い。ボディビルダーだったころのアーノルド・シュワルツェネッガーも、ウエイトルームでのきびしいトレーニングをセックスになぞらえた。セックスとランニングには、強い存在感、激しい運動、体の一部への盛んな血流という共通点がある。きついランニングをこなすとランナーの幸福感が高まり、その強さはランニングの強度に比例すると考える人もいる。ストレスと苦痛が引き金になって、走っているあいだにエンドルフィンが生成され、苦痛を和らげる。これはおそらく太古の昔、人間が狩猟のため走り回っていたころの、生存メカニズムなのだろう。太古の人間は、奮闘努力によって体内に生成された化学物質のおかげで、さらなる奮闘努力ができたのかもしれない。だとしたらこれは、たいそう気のきいた進化だと言えるだろう。

ランニングの教祖たち

ジョギングをする人たちのバイブルと言えば、ジェイムズ・F・フィックスの『奇蹟のランニング』（片岡義男・茂木正子訳、クイックフォックス社、一九七八年）だろう。

フィックスは一九六七年、三五歳のときにランニングを始めたが、当時は一日二パック煙草を吸い、体重が一〇九キロもあった。しかし一〇年後の一九七七年には、体重が三〇キロ近く減って、ジョギングに打ち込む日々を送るようになり、その筋肉隆々たる脚が表紙を飾る著書『奇蹟のランニング』も、思いがけずベストセラーのトップに躍り出た。この本のおかげでフィックスは有名人になり、アメリカ国内のみならず海外でもテレビに出演し、大きな競技会にも招かれるようになった。

フィックスはアメリカでジョギングの顔になったが、この国ではすでに以前からジョギング・ブームが盛り上がっていた。むしろこの本は、ヨーロッパにジョギングをもたらすうえで重要だった。ヨーロッパでは、映画や音楽以外の分野でもアメリカの流行に飛びつく傾向があったからだ。こうして、ジョギング・ブームは一九七〇年代終盤にヨーロッパに広まり、八〇年代いっぱい盛り上がりを見せることになる。アメリカはようやく、煙草やチューインガムではなく健全な輸出品を送り出すようになったのだ。

一九七〇年代のアメリカに登場するもうひとりのランニングの教祖、ジョージ・シーハンは心臓専門医で、父親もアイルランド系の心臓専門医だった。シーハンは一四人兄弟の長男としてニューヨークのブルックリンで育ち、学生時代は陸上競技に精を出したが、結婚して家庭を持つと走るのをやめてしまった。ふたたび走り始めたのは一九六三年、四五歳になってからで、中年男が走るところを見られるのが恥ずかしいばかりに、初めはニュージャージーにある自宅の裏庭の短い周回路をぐるぐると走り回った。しかし、まもなく毎日昼時に走りに行くようになり、典型的な〝再生派〟のランナーになった。

シーハンは生まれ変わって、昔の自分を——日々、練習と競走に明け暮れるスリムな運動選手だった自分を——取り戻した。ひょっとすると〝中年の危機〟のひとつの表われだったのかもしれないが、いずれにせよ走り始めたおかげで、人生がぐっと上向きになった。「わたしはランニングで解放された。他人がどう思うか気にするのをやめたし、自分が縛られていた決まり事や規制からも自由になった。ランニングのおかげで新しく出直すことができたんだ」

彼は講演でもおおぜいの聴衆をわしづかみにしたが、その語り口はけっして耳に心地よい言葉でランニングを美化するものではなかった。シーハンは都会育ちで、アスファルトの上を走るほうが好きな男だ。数多くのレースに出場して、タイムにこだわりを持ち、懸命に自己ベストを更新して、年齢から来る衰えをランニングで食い止められることを証明しようとしていた。また、走ることで体形を維持しようとしたが、徐々にスピードが落ちていくさまも冷徹に記録した。

シーハンら指導者たちは、昔ながらのランナーの気がかりもちゃんと認識していた。ランニング、とりわけ固い路面を走ることは、ランナー膝、足底筋膜炎、アキレス腱炎などの障害につながりやすく、マラソンのあとは特に危険性が高い。怪我の危険や走れないつらさは、以前なら少数の限られたランナーのあいだで語られる話題だっただろうが、今では何百万人もの人たちがそういう話をするようになった。多くの人は怪我をすると簡単に走るのをやめてしまうが、もしかすると靴が合わなかったり、路面が固すぎたり、走りかたが悪かったりするのが原因かもしれない。

ジョージ・シーハンは、自分や患者が負傷したとき、当初から休養、投薬、注射、手術以外の治療法を試みた。彼自身、同僚の名医でも治せないような怪我を何度も経験したが、走るのをやめることなど考えもしなかった。結局はひとりひとりのランナーが、専門家の助けを借りながら解決策を見出していくしかないのだが、一九七〇年代にはそういう専門家の数も少なかったし、専門家ですら経験不足だった。

例えばシーハンは、才能がありながらもひどい膝痛に苦しんでいた学生ランナー、デイヴィッド・メリックのことを語っている。メリックは医師から一四カ月間の休養を勧められ、その後、故障を改善するための運動、投薬、コルチゾン注射、最終的には手術を勧められた。手術は最後の手段だったが、それでもよくはならなかった。ふたたび一年半にわたって同じ経過が繰り返されたのち、医師はまたしても手術を勧めた。しかし、メリックはすっかり嫌気が差して、シーハンに相談してきたのだった。

メリックの両足を診たシーハンは、きちんと調整する必要があることに気がついた。そこで靴に特別な中敷きを入れてやると、メリックはその一週間後からトレーニングを再開し、六週間後には室内選手権で優勝、さらに三カ月後には大学クロスカントリー選手権で優勝した。靴に安価な中敷きを入れただけで、数年間の先進的治療がなし得なかったことを達成したのだ。

シーハンと同僚の医師たちは、故障を引き起こしている原因、例えば個人個人の体の動きの特性などに着目し、より全体的《ホリスティック》な視点からとらえるようになった。一見説明のつかない故障が、しばしば簡単な手段でよくなった。ただし故障がひどい場合はべつで、ときには手術が必要になることもあった。南アフリカのスポーツ科学の教授で『ランニング事典』（日本ランニング学会訳、大修館書店、一九九四年）の著者でもあるティム・ノックスは、どうしても必要なとき以外は手術を避けるべきだと述べている。

一九七〇年代以降、医師や足の専門家によるランニング障害の研究も進んだ。それでも、いちばんいいのは自分で治すことであり、ランナーのあいだで大量の情報がやり取りされた。怪我を語るランナーの口調は、自分の病気について語る患者の口調と似ている。怪我とは、どうしてもおさらばできない持ちもの、腐れ縁で結ばれ、常に気にかけて、受け入れなければならないお荷物のようなものなのだ。

ジョージ・シーハンは一九八六年に前立腺癌と診断されたが、走れるかぎり走り続けた。そして、八冊の著書とランニングに関する何百もの記事を遺して一九九三年に死去した。

ランニング依存症の効用

部外者から見るとおかしな話ではあるが、ランニングは、ランナー自身が趣味だと思っていても、強迫観念になることがあるのだろうか？

アメリカの精神科医ウィリアム・グラッサーは、著書『有益な依存症』（一九七六年）の中でランニング依存症について考察した。その二年前に雑誌《ランナーズワールド》で募集したアンケートにもとづく論考だ。カリフォルニアの自宅でグラッサーはランニングというものが、広まりつつあるがあまり論じられることのない、新種の依存症だということに思い至った。

グラッサーによれば、人間の依存的傾向には、肥満になるまで食べ続ける食物依存症やチェーンスモーキングなど、有害な側面もあるが、光明もある。心身を破壊するアルコール依存症や薬物依存症とは違って、人生を活性化し、豊かにしてくれる依存症もあるのだ。有益な依存症は、人間の精神を強靭にする、とグラッサーは考えた。ヘロイン中毒者が常に薬による快感を追い求め、薬に人生を捧げてしまうのに対して、有益な依存症の主は、人生をおびやかされることなくその習慣を楽しむことができる。

予想されたとおり、アンケートに答えた人のうち、少なくとも週六回、一年以上走り続けている人の七五パーセントが、精神医学上の定義に照らして依存症と判定された。「走りに行けないとつらい気持ちになりますか?」「走るのはいつでも楽しいですか?」などの問いに対する答えが、とりわけ特徴的だった。ランニング依存症の人たちは、おのれの耽溺ぶりを笑い、大いに満足している。健康のため始めたランニングにすっかりはまってしまい、今ややめられないどころか、やめたいなどとは夢にも思わないのだ。

心ならずも走りに行けないときランナーが示す症状は、無気力、集中力低下、食欲不振、不眠、頭痛、胃痛などで、有害な依存症の患者が示す症状と似通っていた。ふだんは元気で明るい人がすっかりふさぎこみ、ジョギングに出かけなければ気持ちを晴らすことができなくなってしまう。

走るのが好きなだけでなく、記録を維持するために、三、四〇年ものあいだ、怪我や病気に負けず毎日走った人もおおぜいいる。中でも有名なのがロン・ヒルだ。一九六九年の欧州選手権の王者であり、マラソンで二時間一〇分の壁を破った世界でふたりめのランナーで、そのときの記録が二時間九分二八秒だった。一九六四年の一二月から二〇〇八年まで、ヒルは一日も欠かさないどころか、しばしば一日に二回走った。ときには怪我や手術、飛行機による長距離移動のため、廊下や空港の待合室で走らねばならないこともあった。それでも日に最低一マイルは走り、手術のすぐあとに松葉杖をつきながら、二七分かけて一マイルをこなしたこともあった。

ランニング依存症は、誰でもすぐに陥るわけではない。可能性があるのは、一時間走り続けることができて、体力がある程度のレベルにまで達し、少なくとも六カ月以上は走り続けている人だ。年配の人のほうがなりやすく、年老いても走れるかぎりは依存症であり続ける。たとえ刑務所に入っていてもだ。アメリカには刑務所の運動場で毎日懸命に走り続ける終身刑の囚人たちがいる。できるだけ長い距離をこなすために、塀ぎわの踏み固められた走路を選び、来る日も来る日も、来る年も来る年も、単調なコースを走り続ける。多くの囚人にとってジョギングは大切なセラピーであり、また喜んで溺れたいものでもある。

ランニングは有益な依存症のすべての基準を満たしている、とグラッサーは考える。自発的な運動で、簡単に取り組むことができ、精神力もさほど必要でない。ひとりでできるし、個人個人にとって価値がある。有益な依存症とは、人に達成感を与えて、続ける意欲を生み出すものだ。さらに、走りながら自分を受け入れることも大切だ。走っている最中に自己批判していたら、ランニング依存症になりようがない。そういう人は走るのをやめてしまうだろう。

グラッサーの調査は興味深い事例をいろいろと掘り起こしたが、その中には良心の呵責を感じるという声もあった。二四歳のティモシー・チャールズ・マスターズは、「ランニングをサボると、自分自身に背いているような気持ちになります」と述べている。次に走りに行くまで罪悪感が消えないという。ほかにも、ランニングをサボると太って、だらけて、無気力になったように感じるという人たちもいる。サボったという罪に対して、気分が沈み、体が重くなるという罰が与えられたと感じる。つまり神や教義ではなく、自分自身に対して、あるいは自分の理想像に対して罪を犯しているのだ。ジョギングをする人たちは、タイムや個人記録に関してはあまりむきにならないが、一定の体重やスタイルに到達することを心ひそかに励みにしている。トレーニングを怠ると、この夢の、あるいは幻想の実現が遅れてしまう。さらに、食べすぎたり酒を飲んだりすれば、逆に太ってしまうかもしれない。このように、有益な依存症すらも、人を肉体的、精神的に追いつめる場合があり、摂食障害——拒食または過食嘔吐——によって病的に痩せるという事例も見られる。

とはいえ、ジョギングをするランナーの大多数は、単に走って気分がよくなればそれで満足であり、心理学者や精神科医のように、行き過ぎや異常の可能性を調べる必要など感じていない。「走るとすごく幸せになる」「とても気分がよくなる」「すごく楽しい」というのが、ランニングを続ける人たちの一般的な回答だ。問題にすべきはむしろ、〝異常〟と呼べそうなものをかたっぱしから調べずにいられない精神科医の性癖のほうではないのか。

先に登場したティモシー・チャールズ・マスターズは、良心の呵責を感じるのがうれしいと言う。おかげで否応なく走り、健康的でスリムになって、自信が身についたからだ。自信が身につくのがトレーニングの大きな効用だとマスターズは考える。ランニングは内なる旅であり、仕事では行なわない類いの運動だ。そのうえ、ランニングのおかげで人生に対する見かたが変わり、より哲学的で、あまり物質的なものを求めない人間になったという。

多くのランナーは、自分は人よりいい人生を送っているという若干の優越感を覚えている。自己中心的な気持ちというよりは、むしろランニングのおかげで人生が豊かになったという信念に近い。思考が明晰ですばやくなり、エネルギーが増して、酔いつぶれるほど飲みたいという欲求がなくなった人もいる。ジョギングをする人の目から見ると、人間は二種類に分けられる。走る者と走らない者。かくも人生を充実させてくれる活動をみずから放棄する人がいるとは信じられない、というわけだ。

ジョギング・ブームのおかげで、レースに出ることなど一度も考えたことのない何百万もの人たちが、ランニングを始めた。一定のペースで楽しくジョギングをする〝LSD〟すなわち〝ロング・スロー・ディスタンス（長距離をゆっくり走るランニング）〟は、ランニングに新しい方向性をもたらした。大切なのは運動することそのものであって、ペースを限界まで上げたり、タイムを縮めたりすることではない。これはまさにアーサー・リディアードの精神だし、この精神にもとづいて、リディアードは長距離走の秘密を解明しようと実験を繰り返したのだ。そして一般大衆は、トレーニングの日課が楽しいものになったとき、ようやく走り始めた。

雑誌《ランナーズワールド》の編集長も務めたことのある、評論家でランニング指導者のジョージ・ヘンダーソンは、同誌に寄せた記事の中で、ゆるやかなランニングを人生の中に位置づけるよう、よき人生の一部ととらえるよう提唱している。一方で、ランニングが万人に向いているわけではないことも鋭く指摘している。実際に走ったことがあろうがなかろうが、ランニングがどれだけ体にいいときかされようが、走ることがどうしても好きになれない人はいるものだ。人によっては団体競技やゴルフ、テニス、あるいは犬の散歩のほうが好きだったりする。またヘンダーソンは、何カ月も、あるいは何年も走ったのちに走ることをやめたり、怪我の状態によって走ったり走らなかったりする人たちがいることも知っていた。しかし走らない人たちでも、ランニングという苦い経験を糧にすることはできる。ランニングがいやなら、ほかの方法で健康を維持することを考えればいいのだから。

ジョギング中毒

一九七八年、スポーツ心理学者のウィリアム・P・モーガンは、ランニングが有益な依存症であるとするウィリアム・グラッサーの説に対し、専門的見地から反論した。モーガンの考えでは、長距離走にもアルコール依存や麻薬中毒と同様、有害な副作用がある。トレーニングとレースを続けるために、怪我や痛みを度外視するというようなことだ。ランナーの払う社会的犠牲、すなわち偏狭な生活習慣や、過剰なまでの禁欲主義などに対してもモーガンは批判的だった。

ジョギングの初期の段階は煙草の吸い始めに似ている、とモーガンは言う。初回は息が切れ、痛みが走り、人によってはぐったり疲れて、つらく不快な気分を味わう。しかし、続ければ気分が高揚して体調がよくなり、それを保つにはトレーニングの量を増やすしかない。モーガンは、ランナーが、走ることを許されさえすれば心の平和を保てることはよしとするものの、それで周囲の世界に無関心になってしまうのは望ましくないと考える。ランナーの中には、ジョギングこそが人生の再重要事項で、ジョギングから時間や集中を削ぐようなことはすべて悪いことだと見なす人もいるからだ。

事実、一九七〇年代には、何千何万という人々がジョギングに夢中になるあまり、滑稽で奇妙な姿をさらしていた。ジョギング・ブームは、当時西欧世界を席巻した自己中心主義の一環だった。みずからの努力によって自己実現と永遠の若さを手に入れたい、そんな欲求を満たしてくれるものがランニングだったのだ。八〇年代、九〇年代になると、健康と富の名のもとに数知れぬ流行が生まれたが、新しもの好きの人たちが最初に試すのは、ジョギングである場合が多かった。つまるところ、ランニングはあらゆるスポーツの母なのだ。第二次大戦後、テクノロジーの進歩と生活水準の急激な向上のおかげで、ベビーブーム世代には家族や仕事を差し置いてまで人生の意味を探求する余裕が生まれた。モーガンは、そのエネルギーと豊かさをランニングで息を切らしながら費やしてしまうのではなく、もっと意味のあることに使ったほうがいいと主張する。

ただ、アメリカのように健康問題と肥満が拡大し、日常生活で体を動かさないのがあたりまえになっている国では、そのような生活への反動が生じるものだということを、モーガンは見落としていた。人類の歴史上、日々の暮らしの中でこれほど動く必要のない時代はこれまでになかった。アメリカのあとを追う国々も多い。ジョギングをはじめとするトレーニング・ブームは、健康的であるか否かは別として、人間が完全に無力な状態に堕してしまうのを避けるためには必要なものなのだ。

走ると、たいてい人は元気になり、会社勤めのストレスにも対処できるようになる。一九七〇年代後半には、時の大統領ジミー・カーターもランニングに精を出した。ところが一九七九年、一〇キロのロードレースで精根尽き果てて昏倒し、大統領としての資質が欠如していると言われるようになってしまった。体力不足が指導力不足と同列に扱われたのだ。途中棄権に終わったレースは、エネルギーと意志力の欠如を象徴していると見なされ、のちにカーターに替わって政権を取るロナルド・レーガンの格好の標的となった。もっともレーガン自身は、走るより自分の牧場で馬にまたがってポーズを取るほうが好きだったようだが。

ジョギング人口が増えるにつれて、ランナーの平均年齢も上がった。熟年に達してから走り始めて、年金生活者になっても続けるという人が増えたのだ。老化を遅らせようと、長時間真剣にジョギングに取り組み、タイムを計る。新たに走り始めた人の場合、六〇代になっても自己ベストを更新することはあるものの、それで老化に打ち勝てるわけではなく、熱心に走る人ほど、歳とともに故障しやすくなる。

高齢者スポーツ、高齢者ランニングは、従来の慣習に対する挑戦だ。なぜ歳を取ったからといって、大好きなことをやめなくてはいけないのか？　たしかに、西欧には若さと体力を重んじる風潮がある。しかし今、人々は、前の世代のように早く年老いてしまいたくない、肉体的にも精神的にも潑剌としていたいし、年寄りらしいふるまいや態度にとらわれたくはないと考えているのだ。

第19章　大都市マラソン

まさかニューヨークシティ・マラソンで感涙にむせぶ者が出るとは思わなかった。世も末と思わせる光景だ。

――ジャン・ボードリヤール

市街を駆け抜ける

一九七〇年九月一三日、一二六人のランナーが第一回ニューヨークシティ・マラソンに参加した。完走した五五人は、テレビにも新聞にも注目されずにセントラルパークを四周したのち、家族や友人や熱心な関係者に拍手で迎えられた。その日、セントラルパークには、一般のスケート客や犬の散歩に来た人、デート中の恋人たちがいたが、ほとんどはマラソンのことなど何も知らず、なんだかオリンピック風の催しが行なわれて、変わり者が大勢集まっているなと感じた程度だった。

四五番めに、あごひげをたくわえたフレッド・レボウという男がゴールした。ニューヨークシティ・マラソンの創始者のひとりで、この催しに必要な一〇〇〇ドルばかりのつましい資金――主に飲み物や、賞品用の安い時計を買うお金――の大半を提供していた。レボウはこの前年にひとりでランニングを始めたのだが、まもなくニューヨーク・ロードランナーズクラブに加わり、二年後の一九七二年には会長に就任している。

レボウは老若男女あらゆる人々にランニングを、それも長距離ランニングを推奨した。ルーマニア移民で訛りの強い英語を話すレボウは、着想に優れ、こののち世界屈指の粘り強さで大規模マラソンを推進していく。

ニューヨークで好機をつかんだレボウだが、ルーマニアのアラドで少年時代を過ごしていたころ、そのようなことは夢のまた夢だった。レボウは一九三二年、七人兄弟の六人めとして生まれた。レボウィッツ一家は正統派ユダヤ教徒で、父親は商人。のちにレボウを成功に導く社交的で明るい性格は、父から受け継いだものだ。一家は第二次大戦時の収容所送りを逃れて、戦後イスラエルに移住。しかしフレッドは欧州に居残り、ダイアモンドや砂糖の闇取引をしながらしばらく根無し草の生活をしたのち、一九五一年に奨学金を得てアメリカに移住した。アメリカでは下積みから徐々に身を立て、一九七〇年代初頭には、既製服ビジネスに携わるようになった。

フレッド・レボウは走ることが何よりも好きだった。スーツとネクタイに身を固めた昔ながらのお偉いさんでもなければ、家庭を持つお堅い大黒柱でもなく、溌剌とした企業家、情熱家だったレボウは、自分のやる気を受け止めてくれるニューヨーク気質が気に入り、さらにこの街で情熱を捧げる対象と出会った。数々の大物企業家の例に漏れず、仕事と趣味を一致させて、ニューヨークシティ・マラソンの顔になったのだ。もちろん数多くの人々が裏で支えてはいたが、世間一般にとってはレボウが顔だった。

ニューヨークシティ・マラソンに対する注目が一気に高まったのは、一九七六年、コースをニューヨーク市の五つの行政区を通るように変更してからだ。コース変更を提案したのは、地元ニューヨーク在住の、マラソン及びウルトラ・マラソンの伝説的存在テッド・コービットで、世間の関心を高めるのが狙いだった。レボウは当初、この計画に反対した。参加者が増え続けており、セントラルパークで開催するだけでも容易ではないのに、世界一交通量の多い都市の通りでどうやってマラソン大会を開催するというのか？　事実、警察はなかなか首を縦に振らず、市当局も変更案に難色を示した。そのうえ、五〇〇〇人の完走者を出した一九七五年の大会は赤字になってしまった。

しかし、翌一九七六年になると風向きが変わった。アメリカ建国二〇〇年の祝祭気分に後押しされ、また市当局がようやく乗り気になったことも手伝って、ついに警察の許可がおりたのだ。さらに、同年死去した実業家サミュエル・ルディンの遺族から二万五〇〇〇ドルの寄付が寄せられた（ルディン自身も、五〇年前はランナーだった）。レボウは優秀な助手五人と土地勘のあるテッド・コービットの協力を得て、前年の一二月から迷路のようなニューヨーク市街をめぐり、コースの選定を始めていた。なるべく交通面での問題の少ないコース、つまりできるかぎり道路や信号の横断が少なく、橋もあまり渡らずにすむコースがいい。徒歩や車で距離を計測し、候補となる道筋の検討と却下を繰り返した末、ようやくひねり出したのは、四つの橋を渡り二二〇の交差点を通過するコースだった。「論外だ！」というのが、警察の最初の反応だった。そんなコースを設定すれば、いたるところで混乱や事故が巻き起こり、ニューヨークの街は警笛の渦巻く渋滞の巷と化すだろう。それでも、市の高官の粘り強い後押しと建国二〇〇年という区切りのおかげで、疑問や反論はやがて、ニューヨーカーがなんでもできることを全米および全世界に知らしめようという熱意と決意に変わっていった。

一九七六年の初夏、レボウはこのすばらしい催しを発表すべく記者会見を開いた。ところが、記者がひとりも来ない。人々の興味を惹くには国内外のスターが必要なのだ。当時、アメリカ・マラソン界のスター選手といえば、フランク・ショーターとビル・ロジャーズで、このふたりは参加を約束してくれた。ほかにイギリスのロン・ヒルとイアン・トンプソン、イタリアのフランコ・ファーヴァも参加を表明した。こうしてレボウは、マラソン界の超一流選手たちと連絡を取るようになった。

レースが近づくとレボウは悪夢に悩まされ、大都市初の催しで起こりそうな恐ろしい出来事を夢に見ては、走り終えたばかりのように汗だくになって目を覚ました。当日の朝、レボウは配達用トラックに乗り、アスファルトに記された青い目印の線に沿って走った。コースはほぼきちんと設営されていたが、舞台初日を控えた演出家のように気が張り詰めたレボウは、いたるところで隠れた落とし穴を見つけ出した。コースの中ほどには、警察が誤って柵を置いたために選手がコースをはずれてブルックリンとクイーンズの境にある道路に出ていきそうな箇所があった。レボウはトラックを飛び降り、猛然と柵を移動し始めた。悪態をつきながら警官を押しのけたので、あやうく逮捕されるところだったが、幸い運転手が駆けつけてトラックに連れ戻してくれ、事なきを得た。

レースは大成功だった。《ニューヨーク・タイムズ》紙の推定によれば五〇万人の観客が沿道に詰めかけて選手を見守り、女性六三人を含む一五四九人のランナーが完走した。選手の出身地は、アメリカ三五州とアメリカ以外の一二カ国にまたがっていた。締め切りに間に合わず、受理されなかった申し込みも五〇〇件あった。

レボウをはじめとする運営者たちは、感激に浸りながらこの努力を続けていくことを心に誓った。新たな伝統が誕生したのだ。ニューヨークシティ・マラソンには魅惑と困惑、両方の要素がある。異色の開催地ニューヨークは、現代経済の推進地であると同時に、アメリカ随一の犯罪都市でもある。

ニューヨークシティ・マラソン。ヴェラザノ・ナロウズ橋を渡るランナーたち。

それでも、この地にあらゆるレベルのランナーが集い、摩天楼にはさまれた大通りの真ん中で、おのおの力試しに打って出るのだ。まさに驚くべき光景だった。一年に一日だけ、この街で、人が車の王国を疾走する。名もなき人々が大都会のジャングルを支配し、そのうえ見守る大観衆から拍手喝采を浴びるのだ。

フレッド・レボウは精力的に世界各地をめぐって、大都市マラソンなど街路でのランニングについて説いて回った。ニューヨークシティ・マラソンにまつわる数字が年々増大していることは大きな喜びだった。参加者数は、一九七八年に一万一四〇〇人、一九八三年には一万七〇〇〇人で、参加権を得られなかった者も四万四〇〇〇人いた。また一九八三年にはマスコミへの取材許可証を二〇〇〇枚発行した。合衆国のジョギング人口も、一九六八年の推定一〇万人から、一一年後には二七〇〇万人にふくれあがった。

ニューヨークシティ・マラソンは、順位やタイムを競う競技というより、通過すべき儀式、活力と精神力の象徴になった。一九七〇年代のマラソンブーム以前、多くのマラソンレースはたいてい四時間で打ち切られた。しかし一九八一年には、ニューヨークシティ・マラソン出場選手の三分の一を越える四〇〇〇人以上のランナーが四時間を切れず、以後も年々スピードの遅いランナーが増えていった。そこで計時係が持ち場に居残り、観客も最後まで声援を送るようになっていった。

レースはテレビ中継され、その放映権料によって運営資金の大半がまかなわれた。大都市マラソンなど市街でのレースは、テレビで見るスポーツとして人気を博するようになったのだ。運営資金は一九八三年に一三〇〇万ドルにまでふくれあがり、その後さらに増え続けたが、その理由のひとつは、アメリカのジョギング人口が当時すでに三〇〇〇万人に達していたことだった。ニューヨーク・ロードランナーズクラブの会員数も一九八四年には二万四〇〇〇人に到達し、この手の団体としては世界最大になった。クラブの事務局には有給の職員三五人が常駐し、ほかに三〇〇〇人のボランティアがクラブの運営に携わって、年間何百件にも及ぶイベントを主催した。そしてそれらすべてを統括したのが、トレーニングパンツとサイクリングキャップ姿でにっこりほほえむ小柄な情熱家、ジョギング・ブームの象徴、フレッド・レボウだった。

ニューヨーク・ロードランナーズクラブは、テクノロジーの分野でも世界を率いていた。ランナーで、コンピューターの専門家でもあるアラン・スタインフェルトが担当者となって、コンピューターを使用する世のマラソン大会運営者のために手本を示したのだ。一九七八年ごろには、バーコード票つきのゼッケンを開発し、ゴールしたらこの票を切り取って、スキャナーで読みとるようにした。

運営スタッフは年ごとに、前年度以上の大会をめざした。進歩することが肝要だった。ビジネスと同じで、過去の成功にあぐらをかいてはならない。成功を踏み台にしてよりよいもの、よりすばらしいものをめざすのだ。ほかの大都市マラソンを上回るのも目標のひとつだった。一九七〇年代終盤からアメリカ国内、いや世界の大都市マラソン同士の競争が始まった。スター選手の招聘、その参加報酬や全体の参加人数、優勝者への賞金額で競い合ったのだ。ほかの成長産業と同様、大都市マラソンにもいくつかの段階があった。当初は赤字でボランティアの力と理想主義を糧に運営されるが、やがて大きなスポンサーがついてテレビの放映権料や広告料が入り、独自の財務専門家が必要になる。ニューヨークでは第一回大会からわずか数年のうちにこの変化が起きた。大衆マラソンは、ただの汗くさい趣味ではなく、ひとつのビジネスになった。

哲学者の批判

まさかニューヨークシティ・マラソンで感涙にむせぶ者が出るとは思わなかった。世も末と思わせる光景だ。この自発的苦悶は、自発的隷従と同様のものとして語れるのではないか？　彼らが求めているのは死──疲労困憊による死だ。それはまさに二〇〇〇年以上前、フィリピデスがマラトンでの勝利の知らせをアテネにもたらした際、見舞われた運命だということを忘れてはならない。

もちろんニューヨークのマラソンランナーたちも、勝利の知らせをもたらすことを夢見ているのだろうが、なにしろランナーの数が多すぎて、その知らせにはもはや何の意味もない。単に自分が刻苦の終点に到達したという、超人的で不毛な努力に関するつまらないお知らせでしかないのだ。

『アメリカ──砂漠よ永遠に』（田中正人訳、法政大学出版局、一九八八年）

フランスの哲学者ジャン・ボードリヤールは、一九八〇年代半ばにニューヨークシティ・マラソンを観た。

スポーツの美、それもトップレベルのスポーツの美は認識していたボードリヤールだが、誰もが参加できるようになったせいで、かつては特別なものだった競技の美が損なわれてしまったことに愕然とした。マラソンが、何千、何万もの人が駆け回る見せ物と化していた。優美さを駆逐したのは観客の胸を打つ力もない無名の人々で、自己満足を旨とし、地道な努力に価値があるというもっともらしい幻想に支えられて走っていた。ニューヨークシティ・マラソンは、その幻想の象徴だ。マラソンはまったく無意味な偉業になってしまったのだ。登山や月面着陸と同様、あらかじめ仕組まれた試みで、しかも目標を達成しても何も生み出さずに、ただ夢を消し去るばかり。一種の公開自殺のようなもので、単に走りきれることを示すだけなのだが、ではいったい何のために？　そしてどんな代償があるのか？

ボードリヤールは、大河のように滔々と進む楽しげな市民ランナーたちの背後にあるものを見つめていた。職場で肉体を酷使することなどまずない今の社会で、ほどほどに健康なこの群衆は、手ごろな苦役を求めていた。ニューヨークシティ・マラソンは市民ランナーのオリンピックであり、参加者はそのきびしい儀式に参加するためだけに、遠方から巡礼してきたのだ。

一方、フレッド・レボウにとっては、この一般参加者たちの存在そのものが運動の欠如に対する勝利だったし、その勝利は精鋭たちの挙げた成果になんら劣ることのない功績だった。参加することに意義があるというスポーツの理想を体現していたからだ。

ボードリヤールはマラソンに食ってかかった。曰く、マラソンは体に悪い。参加者は走っている最中に苦しい思いをするし、終わったあとも体がこわばったり筋肉を傷めたりして、何日も痛みが続く。しかしボードリヤールがかくも批判的だったのは、マラソンに魅了されたからにほかならない。暗澹たる思いに駆られたとはいえ、魅了されていたことに変わりはないのだ。

ブームは続くか

ジョギング熱が伝播するにつれて、大都市マラソンは一九八〇年代以降ブームになり、まずは欧米各地に、続いてほかの国々にも広まった。各地の市当局が、この現代版カーニバルの価値に気づいたのだ。利益が出て、宣伝にもなるし、車に支配された大都市の日常とはまったく対照的な光景を作り出してくれる。

都市の観光事業は成長分野であり、市街とマラソンの組み合わせは街の魅力を効果的に伝える最高のガイドとなった。そのすべてがテレビ中継によって生き生きと伝えられ、市当局と資金提供者の手で宣伝される。大都市マラソンは、商業的利益と愛好家の祭典のみごとな融合で、主催者、スポンサー、参加者の誰にとっても望ましいものだった。だから、運営費や体力の消耗についてもあまり心配する必要はなかった。

ニューヨークシティ・マラソンは、一分一秒まで計算し尽くされたエンターテインメントだ。きちんと計時された、現代的な持久レースの場であるし、そのための準備とトレーニングには、宗教的献身や工業社会の労働倫理を思わせる側面がある。よほどひたむきで緻密な人でなくては、車のために設計された道路をそれほど長い距離にわたって淡々と走り続けることはできないだろう。なにしろ走っているあいだじゅう、筋肉や骨に対して自分の体重の三倍の負担がかかるのだから。

市民ランナーにとって、いずれ大都市マラソンの完走をめざしたいと思うのは、ごく自然な感情だ。たくましさの試金石であるばかりでなく、仲間とともに肉体的試練を受けたいという誇り高き欲求の象徴でもあるのだから。ほとんどの市民ランナーは、日常生活で農業や工業のようなきびしい肉体的チームワークに携わる機会がないので、群衆の中で走ることによって仲間意識や一体感を味わい、同時に競争心も満たすことができるのだ。ランナーたちはさまざまなレベルで内なる喜びや激しい苦痛を味わい、同時に、世界の一流選手たちとスタートラインを共有することにより、誇らしさや特別さを感じることもできる。大都市マラソンは魅惑的な都会のジャングルへの踏査であり、魂の未開地への旅であり、おのれの肉体的限界への挑戦でもある。観光名所と摩天楼のあいだを縫って走るこのようなレースは、距離の短いものも含めて、おそらく一生記憶に残るだろう。フレッド・レボウほかの提唱者たちはそのことをよく理解し、伝道師のような熱意をもって、このマラソンの意義を人々に伝えた。

ニューヨークシティ・マラソン発案当初の狙いは、より多くの人にランニングを広めることだった。その後の発展は、最初の狙いの拡大とビジネス上の成功がうまく絡み合って成し遂げられたものだった。発想とビジネス、この組み合わせこそがニューヨークシティ・マラソンを成功に導いたのだ。

第20章　女子マラソン

なすすべもなく泣きじゃくる者もあれば、醜く顔をゆがめて、ひどいチフスにでもかかったようにがたがたと震える者もいた。
――一九二八年アムステルダム五輪女子八〇〇メートル走のようす

パイオニア

二〇世紀半ばまで、少なくとも西欧文明社会では、女性は長距離を走ってはならないと考えられていた。これには、一九二八年アムステルダム・オリンピックでの女子八〇〇メートルのレースが、大きく影を落としている。ひどく暑い日に行なわれたため、ゴールで倒れる選手が続出したのだ。現地にいたノルウェー人記者は、当時の模様をこう伝えている。

〝女子〟と〝陸上競技〟というふたつの言葉を並べて使ってはならない。恐ろしい齟齬が生じるからだ。それが白日の下にさらされたのは、アムステルダム五輪でのことだった。八〇〇メートル走への女子の参加はきわめて悲惨な結果に終わった。選手たちはうめき声をあげ、むやみに腕を振り回しながら走りだした。ひとりが疲れたようすで途中棄権し、他はみなゴールしたものの、完全に憔悴しきったようすだった。なすすべもなく泣きじゃくる者もあれば、醜く顔をゆがめて、ひどいチフスにでもかかったようにがたがたと震える者もいた。

ドイツの陸上雑誌《デル・ライヒトアトレート》の記者は、もっと前向きな見かたを披露した。優勝者の体格と体力、そしてストライドの大きさを褒めたたえ、この競技を珍奇な余興としてではなく、運動競技として評価したのだ。ドイツでも女性が陸上競技で走ることに対してはかなりの批判があったが、この当時にはようやく抵抗感が薄れてきていた。マスコミも世論も長い時間をかけて女性の参加を受け入れるようになった。ドイツでは陸上競技が盛んで、体育大学では女子学生が一定時間内に三キロ走るという訓練が行なわれた。

ゴール後に倒れる選手が続出したため、女子八〇〇メートルは五輪競技からはずされ、ようやく復活したのは一九六〇年のローマ・オリンピックからだった。それでも一九三〇年代に入ると、欧州でも豪州でもアメリカでも、短距離走を中心に、女子の陸上競技が盛んになっていった。近代以降、イギリスで初めて正式に女子の一マイル走が行なわれたのは一九三六年だ。

女子の長距離走は、かつて西欧ではめったに行なわれず、記録もほとんど残っていない。特に最長距離であるマラソンに関しては、二〇世紀に入ってかなり経ってからも、断片的な記録がわずかに残されているだけだ。一九一八年にはフランスでマリー・ルイーズ・レドゥルーが、男子選手に混じり唯一の女子選手としてマラソンを完走した。イギリス人ヴァイオレット・ピアシーも慣習を打ち破り、一九二六年にチズウィックで行なわれた工科大マラソンで走って観客を驚愕させた。スタート後、ピアシーはひかえめに後方につけ、最後までその位置を保って三時間四〇分二二秒で走りきった。これが、非公式ながらマラソンにおける女性初の記録になった。

第二次世界大戦後、長距離走の世界に新たな開拓者が登場した。ドイツのエルンスト・ファン・アーケンだ。ヨーロッパにおける女子マラソンの父とも称されるファン・アーケンは、早くから男にも女にも子どもにも長距離走を推奨した。ファン・アーケンはアーサー・リディアードと同様、ジョギングの開祖であり、やはり一九四〇年代に長距離走の秘密を見出していた。女性には生来持久力があると、ファン・アーケンは考えた。しかし一九五三年、五四年に女子八〇〇メートル走の開催を提唱すると、新聞紙上で論争が巻き起こった。ひとかどの医師でありながら、女性に二分以上走り続けることを強要して、公衆の面前で責め苦を味わわせ、たおやかさ、女性らしさを失わせて、お下げ髪のザトペックを作り出そうとするとは、正気の沙汰ではないというわけだ。一九五四年に八〇〇メートルのドイツ国内選手権が開催された際には、倒れ込む選手を介抱するため、ゴールラインに医師と救急車と折りたたみベッドを用意したほうがいいと書く記者もいた。

しかし、初のレース後には、同じ記者が見かたを翻した。「マリアーネ・ワイスがゴールラインに飛びこんでくるさまは、優雅で美しく、すばらしいものだった」。とはいえ、ほかの西欧諸国にはるかにさきがけて女子長距離走を始めたこの西ドイツでも、一九五〇年代に提唱された女子一五〇〇メートルが正式に導入されるには、あと一五年待たねばならなかった。

一九六〇年代に入ると、女性とマラソンにとってわずかながら変化が訪れた。六〇年代といえば西欧諸国が豊かになり、政治運動が活発化し、若者の人口が増えた時代だ。多くの国で若者が権威に楯突き、女性は社会の新たな領域に進出し始めていた。そのような知的風土からさまざまな新しい試みが生まれ、当時、中距離走が盛んになり始めていたランニングにも波及した。

一九六四年、ニュージーランドのアイヴァン・キーツは、トレーニング仲間のミリー・サンプソンにマラソンに出ないかと誘いをかけた。キーツの主宰する陸上競技クラブでは、自分たちの大会を盛り上げるため目玉を必要としていたし、アメリカのメアリー・レッパーが持つ女子のマラソン世界記録、三時間三七分が手の届くところにあったからだ。

ミリー・サンプソンはふたつ返事で承諾し、同年八月の大会まで数週間のあいだ、ふだんより長い距離を走ってトレーニングした。ところが試合の前夜に懇親会が行なわれ、夜遅くまでダンスや娯楽イベントが催されたため、翌朝、サンプソンは目ざましが鳴っても起きられなかった。いったんは目をさましたものの、レースには間に合わないと思ってまたうとうとと眠ってしまったのだ。それでもキーツがなんとか叩き起こし、サンプソンは朝食も取らずに唯一の女子選手として出場した。三〇キロ地点で休憩してアイスクリームとチョコレートを食べたものの、サンプソンは三時間一九分三三秒で完走し、新たな世界記録を樹立した。

ただ《ニュージーランド・ヘラルド》紙が一面で「主婦がマラソンで新記録を樹立」と報じたほかは、新聞でも陸上界でもさしたる注目を集めなかった。記事を扱ったのは日刊紙一紙のみ。ミリー・サンプソンが女子マラソンの先駆者として有名になることはついぞなかった。

一方、アメリカのキャスリン・スイッツァーは、一躍時の人になった。一九六七年、スイッツァーはボストン・マラソンの経験者であるコーチのアーニー・ブリッグズに、自分もボストン・マラソンに参加したいと打ち明けた。しかし、毎晩一五キロ前後走っていたにもかかわらず、ブリッグズから女性にはマラソンは無理だとつっぱねられた。

それ以前にも、ボストン・マラソンに参加した女性は何人かいた。第一号は一九五一年だが、名前も記録も残っていない。一九六六年にはロベルタ・ギブという女性が参加申し込みをしたものの受理されず、ひそかにスタートラインに立って集団に紛れ込み、三時間二一分四〇秒でつつがなくゴールインした。

キャスリン・スイッツァーは練習でマラソンと同じ距離を試走し、好感触を得た。ブリッグズはスイッツァーの能力を確認し、またボストン・マラソンが女性の参加を認めていないことを知らずに、K・V・スイッツァーの名で同年のレースに申し込んだ。キャスリンの恋人でハンマー投げ選手のトーマス・ミラーも出場することになった。

レース当日、運営委員のジョック・センプルは、取材車から、女性の参加者がいるという連絡を受けた。そこで車から飛び降りてこの女性を追いかけ、取り押さえようとしたが、恋人の男性から激しい抵抗を受けた。それをカメラマンが絶好の位置から撮影して、翌日、スイッツァーにつかみかかるセンプルを三人の男性が必死で引きはがそうとする姿が新聞各紙を飾った。スイッツァーはそのまま走り続けて四時間二〇分でゴールしたが、男性しか参加を認められていない二キロ以上のレースに不当に参加したかどで、全米体育協会から以後の競技への参加を禁じられた。

写真は大反響を巻き起こした。美しいスイッツァーが邪悪なジョック・センプルに襲われ、好漢トーマス・ミラーがそれに立ち向かう。ほとんどすべての世論がスイッツァーに味方した。スイッツァーは、陸上競技に女性が締め出されている分野があるということに抗議を突きつけた。マラソンの場合は医師も世間一般の人々も、女性がそれだけの距離を走るのは無理で、体がもたないという意見だったのだ。

同じ一九六七年のボストン・マラソンでは、ロベルタ・ギブも前年に続いて完走しているが、ドラマチックな写真がなかったため、さほど注目されなかった。しかしギブもスイッツァーも、オリンピック以外では最も古い七〇年の伝統を誇るマラソン大会、それも男子限定の大会で、長い髪をなびかせながら女性らしい美しさを発揮したのだ。意図したわけではなかったにせよ、この事件が契機になって、一九七〇年代、女性のマラソン参加者が急増した。

六七年のレースのあと間もなく、モリーン・ウィルトンという一三歳の少女が、トロントで三時間一五分二二秒という女子マラソンの新記録を樹立した。ところが、世間もマスコミも、この記録の正確さに懐疑的だった。女子マラソンの父エルンスト・ファン・アーケンは記録について問われ、「これからタイムはもっと縮むだろう」と答えて物笑いの種になった。そこで、ファン・アーケンは自説を証明するため、ふたりのドイツ人女性ランナーを西ドイツ、ヴァルトニールのマラソン大会に出場させた。一九歳のモニカ・ボーズと、二児の母である二七歳のアニー・ペーデだ。ふたりは男子選手の三〇〇メートル後方からスタートし、ペーデは非公認ながら三時間七分二六秒という世界新記録を樹立した。

翌年には西ドイツのドナウエッシンゲンで、第一回シュヴァルツヴァルト・マラソンが開催された。男女ともに参加できる大会で、五つの国から五一人の女性が参加した。まもなくこの大会は、男女に開かれたものとしては世界最大級の大会になり、一九七〇年には総勢一一五一名が参加して、うち一〇〇名が女性だった。

それでもまだ女性のほうが男性より弱いという考えかたが大勢を占める中、ファン・アーケンは女性のほうがマラソンに向いていると主張し続けた。女性は男性より体脂肪が多くてそれをエネルギーに変換できるし、運動中のタンパク質の必要量も少なく、また男性とは違った方法で水分を蓄える。こうしてエルンスト・ファン・アーケンは女子の長距離走を支援し、ドイツ初の女子マラソン選手権も、一九七三年にファン・アーケンの故郷であるヴァルトニールで行なわれた。

編集者ノエル・タミーニがスイスで創刊したランニング専門誌《スピリドン》も女性の長距離走を支持し、ファン・アーケンによる記事（のちに英語にも翻訳された）を掲載した。ドイツやアメリカでは、女性は走ることでより美しく女性的になり、かつて批評家が述べたように男性的にはならないと主張する人々も出てきた。ランニングが、新たな女性らしさの開花につながると考えられるようになったのだ。

一九七〇年代初頭になると、ヨーロッパでもアメリカでも、女性の長距離走を後押しする潮流が生まれた。世界最大のジョギング・ブームが起きていたアメリカでは、女子長距離の大会に大観衆が詰めかけた。ジョギング・ブームが西欧を席巻した時代に女子長距離走が盛んになったのは偶然ではない。フェミニストが女性の人権や教育の機会均等、男女平等を唱える一方で、ジョギング界、マラソン界の女性パイオニアたちは、体育教育の重要性を人々に訴えた。そして何人もの名ランナーが、スポーツ界に限らず多くの女性たちにとっての象徴的存在になった。

女子マラソンが初めて正式種目になった一九八四年ロサンゼルス五輪の金メダリスト、アメリカのジョーン・ベノイトもそのひとりだ。ついに女子も男子同様、正式にマラソン参加が認められ、こっそり紛れ込む必要はなくなった。そしてもうひとり、たまたまマラソンに挑戦して、思いがけなく幅広い支持を集めた女性ランナーがいた。

ヒロインの登場

ノルウェーの陸上選手クヌート・クヴァルハイムは、一九七七年にニューヨークシティ・マラソンに出場した。クヌートは友人のジャック・ワイツと話していて、ジャックの妻で中長距離のトラック競技では世界トップクラスの選手であるグレーテも、ニューヨークシティ・マラソンに参加すればいいのにと勧めた。

グレーテは、一九七八年の欧州選手権が終わったら二五歳で引退しようと考えていたが、ニューヨークシティ・マラソンに出るのも悪くないと思った。ただ、アメリカの大会に出場したことがなく、旅費も自分では払えないので、七八年秋に大会事務局に電話して、旅費を出してもらえないかどうか打診してみた。電話に出たのは女性の事務局員だった。

「マラソンの自己ベストはどれくらいですか?」

「マラソンに出場したことはないんです」グレーテは答えた。

「申しわけありません。予算が限られているものですから、旅費をお支払いすることはできません」

事務局員は、グレーテがクロスカントリー世界選手権の金メダリストであることも、三〇〇〇メートル走で世界記録を塗り替えたことも、数々の世界大会で勝利を収めていることも知らずに答えた。それでもグレーテの名をメモし、翌日、組織委員長のフレッド・レボウが事務局に来たとき目に留まるようにしておいた。

「なぜ、ここにグレーテ・ワイツの名前があるんだ?」レボウは尋ねた。

「大会に参加したいと言ってきたんですが、マラソンの経験がないというものですから、招待選手としてお呼びするわけにはいかないとお伝えしたんです」

フレッド・レボウは事務局員よりも陸上界の事情に明るかったので、このレベルの選手が出場すれば、控えめに見積もっても大会に彩りを添えることにはなるだろうと考えた。

「完走はまず無理だろうが、いいペースメーカーになって集団を引っ張ってくれるかもしれないな」ドイツのクリスタ・ヴァレンシクとアメリカのミッキー・ゴーマンが世界記録を狙っていた。レボウはアメリカ人が見知らぬ挑戦者を好むことを心得ており、海外からの参加者が大切であることもよくわかっていた。大会の三週間前になって、レボウはワイツ夫妻をノルウェーから招待することに決めた。

ふたりは大会三日前の木曜日にニューヨークに到着した。試合前の緊張感はなく、トレーニングのことも気にせずに、ふたりは興味津々でブロードウェイを歩き回った。セントラルパークを走ったときには、「あら、ここがゴールのあるところなのね?」と気づいた。ふたりともコースを下見して、なじんでおいたほうが有利だという発想がなかったのだ。

グレーテは、長い陸上競技生活の締めくくりに最初で最後のニューヨーク遠征に来たのだから大いに楽しみたいと考えていた。レースの前夜、ふたりは海老サラダとビーフステーキとアイスクリームを食べて、赤ワインをグラス一杯飲んだ。過酷なレースに備えて炭水化物を多めに取ることなど考えもしなかった。

一九七八年一〇月二二日、朝目覚めたグレーテは、ゆったりとした気分で、最初で最後のマラソンに臨もうとしていた。報道陣が群がってこないのは気が楽だった。何年ものあいだ、ほとんどすべてのレースで優勝候補と目されてスタートラインに立っていたからだ。ノルウェーでは一九七二年以来負けたことがなく、どの大会でもマスコミから勝利と記録の両方を期待されていた。しかし、ニューヨークの街なかでは恐れるものなど何もない。トレーニングでも二〇キロ以上走ったことがないし、レースも五〇〇〇メートル以下の種目が中心だったのだから。

スタート地点に着き、一万三〇〇〇人のあらゆる体形のランナーがウォームアップしているのを見たとき、グレーテ・ワイツがまず最初に思ったのは「この人たちが四二キロ走れるならわたしだって走れる」ということだった。一流ランナーであるグレーテは、鉛筆のように細くて、しかも体力のあるランナーと競うのが常だったが、今、スタート地点で目の当たりにしているのは、太りすぎの市民ランナーから世界的ランナーにいたるまであらゆるレベルの人たちがひとつの大きなかたまりとなって、不安げに集う光景だった。グレーテにとっては、ジョギング・ブームとのまさに初めての出会いだ。

スタートの号砲が鳴ってまもなく、グレーテはあらかじめ夫から聞いていたとおりのことに気がついた。自分にとってはペースがゆるく、いやトラック競技と比べたら明らかに遅くて、トレーニングのペースと比べてもゆっくりだ。夫からは、女子の先頭の後ろについて、力を蓄えておくようアドバイスされていた。

その戦術が功を奏した。一番街の三〇キロ地点で、グレーテは、先に猛スピードで飛びだし先頭に立っていたマーティー・コクシーを追い抜いた。このあと、三五キロ地点まではすべてが順調だった。三五キロは、体内に蓄えられたグリコーゲン（炭水化物）を使い果たす地点なので、多くの人にとって難所となる。グレーテも、そこから先は必死に頑張るしかなかった。距離がマイルで表示されているのも、ノルウェー人であるグレーテにとっては混乱のもとだった。脇腹と太腿が痛んで、だんだん腹が立ってきた。そもそも夫がこんなレースに参加させるからいけないのだ。自分もマラソンができるくらいの体力があるくせに、参加することを考えもせず、のんびりゴール付近に立っている。

グレーテ・ワイツの耳には絶え間ない拍手と声援、さまざまな褒め言葉と、世界記録が達成されそうだという声が届いていた。けれどゴール付近で声を張り上げる場内アナウンサーを初め、誰ひとりとして、このゼッケン一一七三が誰なのかを知らなかった。グレーテは遅れて登録したのでプログラムに名前がなく、こともあろうにゼッケンも手書きだったのだ。それでもグレーテは、二時間三二分三〇秒と、従来の記録を二分も縮める新たな世界記録で優勝した。

目の前にマイクが突きつけられたが、テレビのリポーターとは話したくなかった。グレーテは夫のジャックのもとにつかつかと歩み寄ると、こんなレースに参加させるなんてひどい、終盤はほんとうにきつかった、とノルウェー語でまくしたてた。そしてもぎとるように靴をぬぐと、ジャックに投げつけた。「さあ、もう行きましょう！　こんなところに長居したくないわ！」両脚がぱんぱんに張り、足には靴ずれができて、グレーテは腹を立てていた。

腹の虫はほどなく収まったものの、すぐに帰国する予定だったので、ゆっくりしている暇はなかった。表彰式に出る時間すらない。ところがホテルに帰ったとたん、たいへんな電話がかかってきた。「あすの朝六時半に、リムジンをお迎えにうかがわせますので、グレーテさんに《グッドモーニング・アメリカ》にご出演いただけないでしょうか」

「ぼくらは、きょう帰国する予定なんです。グレーテはあした学校がありますので」グレーテは中学校の教師で、翌日は休みを取っていなかったのだ。

しかし、アメリカでは全国ネットの生放送出演を断る者などいないから、こんな言い分は通らない。グレーテが、勤務先の校長に休みを一日延ばしてくれるよう電話するのをいやがったので、航空券の手配をしたノルウェー人アルヴェ・モーンが、組織委員会の代理でビョルセン中学校に電話して話をつけた。翌朝、グレーテと夫のジャックは迎えのリムジンでテレビ局に向かった。一九七八年ニューヨークシティ・マラソンの優勝者、ビル・ロジャーズとグレーテ・ワイツがこの日の特別ゲストだ。ロジャーズは陽気なスーパースターで、テレビ慣れしていた。一方、グレーテは控えめで物静かな女性という印象を与えた。わたしはただレースで勝っただけで、今はできるだけ早く帰国して仕事に戻らなくてはなりません。マラソンで優勝するのはそんなに大騒ぎするようなことなのでしょうか。

アメリカ人の目にはそんなグレーテの物腰が、いかにも北欧人らしく映った。素朴で純粋な、魅力あふれる人柄。その価値観は、アメリカ文化の中で理想像としてもてはやされるものとは異なっていたが、この国の人々にもよく理解された。地に足の着いたふるまいで、グレーテはたちまち人気者になった。長身で金髪の北欧人グレーテが、森の奥から現われて都会の人々を圧倒した物語に、アメリカ人は胸をときめかせた。このニューヨークシティ・マラソンへのデビューには、どこかシンデレラ物語の要素があった。たったひとりで勝利し、思いがけず世界記録までたたき出したのだから。かくして清新な北欧人グレーテは、たちまちアメリカ女子マラソン界のスターに仲間入りした。

長距離への転向

テレビ出演のあと、グレーテと夫のジャック・ワイツはわずか二〇ドルのタクシー代をもらって家路についた。さらなる思い出を手に入れた今、陸上競技からは引退してもいいと考えていた。

その年のクリスマス休暇に、グレーテとジャックはスジェスジョエン地方の宿を予約し、グレーテの兄とその家族もいっしょに過ごす計画を立てていた。そこへ思いがけず《ランナーズワールド》誌の発行人で、カリフォルニア在住のボブ・アンダーソンから電話が来て、サンフランシスコ近郊のパロアルトに招待された。クリスマス休暇を利用して、マラソン大会やランニング講座、選手選考などを行なうというのだ。初心者が集まってランニングについてのあらゆる情報を熱心に吸収するという類いのイベントは、ジョギング・ブームの初期にひんぱんに行なわれた。ワイツ夫妻は断った。宿には予約金を支払ったし、休暇は家族で過ごしたいと考えていたからだ。

「それじゃあ、ご家族もいっしょにいかがです？」なんとアンダーソンは、家族全員の旅費を出してくれるという。

こうして、グレーテとジャックの夫妻に加えて、グレーテの兄ヤン・アンデルセンとその妻、およびふたりの子どもたちがそろって、パロアルトで一〇日間のクリスマス休暇を過ごすことになった。ノルウェーの客人たちは、ジョギング・ブームのただ中で大きな経済力が勃興しつつあることを悟った。グレーテはいつもランニング用品を自前で調達してきたし、なんであれ人からただでもらうことには慣れていなかった。

グレーテ・ワイツはその後もトレーニングを続けたが、本腰を入れていたわけではなかった。ニューヨークから電話が来て、一九七九年のシティマラソン参加の意思を尋ねられたときにもまだ本気ではなかったが、ジャックに勧められて、あらかじめ三〇キロほどの距離は何度か走っていた。すると、今回もまた二時間二七分三三秒という世界記録――前回から五分の短縮――で優勝したのだ。周囲の騒ぎもいっそう大きくなったが、それでもまだ本人はマラソンに全力を注ごうとはしなかった。

取り組みかたが変わったのは一九八〇年、冷戦下の政治的対立の中で、ノルウェーを含む多くの西側諸国がモスクワ五輪をボイコットしたときのことだ。ワイツは現役続行を決意し、トラック競技をやめてロードレースとマラソンに集中することにした。それまでの一〇年間トラックで競走し、きびしいトレーニングを積んできたことが幸いして、グレーテは長距離走への対応力——可能なかぎりのスピードで走る力——を身につけていた。トラック競技にあっては典型的な先行逃げ切り型で、先に飛び出して走りきる意志と能力を持っていた。ロードレースやマラソンでも、グレーテにはこの戦法が向いていた。トラック競技よりもスペースが広いので、押し合いへし合いせずに飛び出すことができるし、スタートのあと数分でラストスパートをかける必要もない。長距離レースのほうが落ち着いている。

長距離へ方向転換するには絶好のタイミングでもあった。ちょうど多くの国でマラソンとロードレースが盛んになってきたところで、グレーテは一躍女子長距離界のスターになった。アメリカでの暮らしになじんで、この国の雰囲気や人々、あけっぴろげな国民性が気に入ったし、この国でチャンスをもらったことを喜ばしく感じていた。内気で遠慮がちな自分の殻も脱ぎ捨てた。

ワイツは一九八〇年に教職を辞め、競技に専念することにした。アスリートが男女を問わず、競技で収入を得るようになってきた時代だ。最初に結んだアディダスとの契約で、ノルウェーでの教職と同じだけの収入が得られることになったので、グレーテはそれ以上のものは望まなかった。走る喜びと、自己ベストを出したいという望みだけが常にグレーテを駆り立てていた。

グレーテ・ワイツは、自分では意識していなくても、カリスマ的なランナーだった。ザトペックのように苦しげに顔をゆがめたり、体をゆすったりすることもない。ラストスパートでの激戦になることはまれで、勝利のあと大はしゃぎすることもない。多くの場合、他を圧倒して独走する。ランナーとして非常に目立つ存在だったのは、世の中に深く浸透していた男女観に立ち向かったからでもある。

グレーテがお下げ髪やポニーテールを揺らしながら、スポーツ刈りとあごひげの男たちに混じって走るさまに、人々は感銘を受けた。予期せぬ舞台で、グレーテの強靭かつ女性らしい魅力が輝いたのだ。

女性がマラソンのトップ集団につけ、大半の男子選手を打ち負かすさまを見て、誰もが胸を躍らせた。女たちは、自分も持久種目に参加してさっそうと走れるのだと気がつき、男たちもそのことに深い感動を覚えた。ルール上、男女が同じ競技に同時に臨むことは稀なので、グレーテが男子の集団をときには引っ張り、ときには中ほどや後方につけて淡々と走り続け、やがて勝利を手にする光景は、人々の心をとらえて離さなかった。グレーテは、夫にはあれこれ愚痴をこぼすこともあったが、絶好調のときには、どこかフィンランドの英雄パーヴォ・ヌルミを彷彿とさせる無敵の強さがあった。ほかの選手にはまったく付け入るすきがないように思えたし、たとえあったとしてもグレーテはたちまちスピードを上げて引き離した。

けれど、グレーテ自身はそんなふうに思ってはいなかった。レースはつらく、苦しいもので、勝つのが当たり前だなどと思ったことは一度もなかった。

毎試合、女王のように君臨する姿を見れば、楽々と勝っているように見えるかもしれない。しかし、人々は過酷なトレーニングのことは何ひとつ知らない。四〇〇メートルのインターバル・トレーニングの合間、グレーテは精神的にも肉体的にも疲労困憊し、涙をこらえてトラックに膝をつく。「また一五秒休憩だ」夫のジャックが穏やかに言うと、妻は息を切らしながら、不満を漏らす。「ここでやめてもいいよ」ジャックは競走馬のように荒い息をつく妻に向かって声をかける。しかし、グレーテは立ち上がってもう一周走り、ふたたび気分が悪くなって膝からくずおれる。「一五秒休憩。もう終わりにしてもいい」ジャックは言う。トレーニングは、やりすぎると体を壊してしまうこともあるからだ。しかし、グレーテは残る力を振り絞って、最後の最後まで頑張り抜く。かたくななまでにトレーニングに向かうこの姿勢があるからこそ、どんな地形でも一キロ三分四五秒というペースを崩さず、上り坂ではなおいっそうの力を込めて走ることができるのだ。

ワイツ夫妻は見知らぬ街に夜遅く到着することも多かった。それでもグレーテは、翌朝五時にホテルを出てひとつの方向に二五分走り、同じ道を二五分かけて引き返して、ノルマである五〇分間のトレーニングをこなした。このように、遠征中は必ず早起きして決められたトレーニングをするのが日課だった。シアトルで雪に見舞われたときには、バスターミナルを端から端まで三〇往復して一五キロをこなした。仮に五五分間トレーニングする予定で、決められた距離を五二分で走り終えたら、一周余分に走った。また、三〇〇メートルを四六〜四八秒で一五本という練習プログラムなら、必ず上限に挑み、四六秒で走った。

ホワイトハウスからの招待

一九八〇年代、ワイツ夫妻はランニングによって世界市民になった。ノルウェーの海運王アーリング・デッケ・ナエス（グレーテを気に入って、しばしば夫妻を招いた）の所有するバミューダの家では、しばしば一カ月におよぶトレーニング合宿を行なった。スイスでもトレーニングをしたし、冬には多くの選手とともにニュージーランドとオーストラリアに遠征した。どこへ行っても、グレーテは女子ランニングの大使として歓迎された。夫妻がフロリダにアパートを買ったのは、一九八八年になってからだ。

グレーテ・ワイツの選手生活は家族ぐるみのプロジェクトだった。女性ランナーで、ここまで夫や兄弟に支えられた選手はいないだろう。グレーテがひとりでトレーニングをすることはめったになかった。夫のジャックはまめに早朝練習に付き合った。夫妻は、地元のオスロでは早起き夫婦として有名で、毎朝決まった時間にスピード練習を行なった。新聞配達の少年や勤め人が眠い目をこすりながら家を出て、こんなに朝早くから季節にかかわらずトレーニングする人がいるとは、と驚嘆するほどだった。この早朝練習では、世界陸上マラソンの金メダリスト、ロバート・ド・キャステラが「速すぎるのではないか」とあきれるほどのスピードで走った。午後の練習には、しばらくのあいだ次兄のアリルドが付き添った。また長兄のヤン・アンデルセンは、いつも進んで練習相手を務め、グレーテのマラソン人生にとって大切な存在になった。「必要なときはいつでもぼくを使ってくれ。できるかぎり付き合うから」と、ヤンは言った。

グレーテにとって、ヤンは理想的な練習相手だった。八歳年上のヤンはクロスカントリー・スキーの選手だったが、若いころは陸上のトラック競技にも出場し、またハンドボールでジュニアのノルウェー代表に選ばれたこともある。自分ではただの運動好きと謙遜し、クロスカントリー・スキーの全国大会にも出場したことがないが、一九七八年には名高いビルケバイナー・スキーマラソン大会で二位という好成績を収めている。

一九七八、七九年ごろから、ヤンとグレーテは毎日午後に練習を行なうようになった。多様な練習相手がいるのもいいが、グレーテとまともに競り合えるのはヤンだけだった。

例えば、ニューヨークシティ・マラソンでは男女が別々の地点からスタートし、五キロ地点で合流するが、ふたりは必ず途中で顔を合わせた。ヤンは序盤で飛ばす傾向があるので、たいていグレーテがあとから追いつく。妹にすべてを捧げる覚悟のヤンは「調子はどう？　水は要るかい？」と尋ねる。

妹が勝つことはわかっているが、それが自分にとっての敗北だと思ったことはない。しばらく並走すると、妹は徐々に兄を引き離していく。グレーテは前半より後半を速く走ることが多いからだ。

ヤンとジャックはグレーテにとって大切な存在だった。ヤンが冗談を言ってなごませ、ジャックはグレーテを落ち着かせる。大きな国際大会で取材陣にマイクを突きつけられたり、無遠慮な人々に囲まれたりしたとき、グレーテの頼みの綱になるのがこのふたりだった。ストレスの多い状況で家族にすがれるのはありがたいことだ。特に海外ではそれが力になり、安心感にもつながる。

ヤンとグレーテが、朝、ニューヨークのセントラルパークで練習をしていると、通りがかりのパトロールカーが、拡声器で「おはようございます、ワイツさん」と言ってくれる。セントラルパークが会場となったレッグズ・ミニマラソン（女子一〇キロ）に参加した翌日には、通りがかりの人たちが拍手してくれた。控えめな人が多いノルウェーとは対照的に、人々が気さくに、自然に接してくれるアメリカを、グレーテは大いに気に入っていた。だからサインに応じたり、勝利後のインタビューに答えたりすることはいとわなかったが、頑として面会を受け入れないこともあった。グレーテがホテルで休息を取っているときには、ジャックが取り次ぎ役を務めた。

「会いたいっていう人が来ているよ……」

グレーテの答えは「今はだめ」という場合が多かった。気が進まないという理由ではなく、アスリートには体力を回復させる時間が必要で、会える人数にも限りがあったからだ。ジャックはロビーに降りていって状況を説明し、丁重に断る。相手のことを思いやって、もう一度グレーテに尋ねることもあった。

一九八二年のニューヨークシティ・マラソンで優勝した際には、レーガン大統領の側近からかかってきた招待の電話にも、いったんは「ノー」と答えた。三週間も故国を離れていて早く帰宅したかったし、ホワイトハウスに着ていけるような服も持っていなかったからだ。しかし、さすがにアメリカ大統領の招きをはねつけるわけにはいかず、結局ヤンとジャックがホワイトハウスの経費で礼服をあつらえ、三人は招きに応じることにした。

まず最初に、芝生の庭で記念撮影と記者会見が行なわれた。そのあと、オーバルオフィス、すなわち大統領執務室に通されて、レーガン大統領と握手を交わし、大統領が学生時代に四〇〇メートル走に出場した際の思い出話に耳を傾けた。と、まもなく側近が制限時間終了を告げ、一同は廊下に送り出された。そこには、同じように招かれた人たちが順番待ちをしていた。

翌年、三人はふたたびホワイトハウスに招かれた。ふたたび執務室に通されると、ふたたびレーガン大統領から前年と同じ学生時代の思い出を一言一句違わず聞かされた。

グレーテにも思いどおりにいかないときはあった。一九八二年のボストン・マラソンには兄とともに出場し、ふたりは最初の一〇キロを三二分で通過した。ヤンのパーソナルベストを上回る、世界記録ペースのタイムだ。

ヤンはまもなく遅れ、グレーテはひとり、世界記録を五分も縮めようかという猛ペースで走り続けた。しかし、疲労は徐々に限界に達し、少しずつ感じ始めていた筋肉の痙攣が、突如として耐えがたいほどの痛みに変わった。超人的な意志の力をもってしても脚を進めることができなくなり、シャワー室にかつぎこまれた。病院で検査したところ、筋肉からかつてないほど高濃度の環境汚染物質が検出された。数日後、ドイツのアディダス本社を訪れて走ろうとしたときも、まだグレーテは歩くのがやっとで、張りがひどく、後ろ向きでなければ坂も下れないほどだった。

グレーテ・ワイツは一九九〇年に三七歳で引退したが、その後もランニングの大使として活動を続けた。五輪での優勝は果たせず、記録もまもなく抜かれたものの、グレーテがランニングの女王であることは、どれほど強力なライバルでも認めざるを得ないだろう。グレーテは、八〇年代にランニングシューズを履いて活動的な生きかたを始めた何百万という女性たちの象徴的存在だった。グレーテのインタビューや取材記事は、新聞の文化欄に掲載されることも多かったが、それはランナーとしての彼女の生きかたが単にスポーツ界にとどまらぬ影響力を持っていたからだ。オスロのビスレット・スタジアムにはグレーテ・ワイツの銅像が立てられている。

鉄の意志を持つ少女

一九七八年のニューヨークシティ・マラソンには、ノルウェーの女子選手がふたり出場するはずだった。グレーテ・ワイツのほかにイングリッド・クリスチャンセンも招待されていたからだ。しかし、イングリッドは翌日ノルウェーのトロンハイムで試験を受けなくてはならなかったので出場を見合わせた。イングリッドはその前年、トロンハイムで行なわれた学生マラソンで二時間四五分という記録を出した。またクロスカントリー・スキーでも長距離レースを数多く経験している。長距離走に情熱を注ぐようになったのは、一九七一年、一五歳で一流選手の仲間入りを果たしたときからだ。その年、イングリッドはヘルシンキで行なわれた欧州選手権でグレーテ・アンデルセン（のちのワイツ）と初めて出会い、相部屋になった。ふたりは新米選手として肩を寄せ合いながら、国際大会の経験を味わったが、このときはまだ、自分たちの競技生活に将来どのような変化が訪れるかは想像もできなかった。

当時女子の最長種目だった一五〇〇メートル走で、イングリッドは自分の年齢層では世界一だったが、同時に驚異的な体力を誇るクロスカントリー・スキーヤーでもあった。早くから野山や森林でのスキーツアーを重ねて、培われた体力だ。ノルウェーでは当時から青少年の陸上競技が行なわれていたが、イングリッドはヨーロッパでは並ぶ者のないほどの神童だった。すらりとした長い脚と鉄の意志を持つこの少女は、まさに長距離走のために生まれてきたようなものだった。

「長距離をやるから、レルケンダールに来なさい」一五歳になったとき、イングリッドはコーチに言われて、素直にトロンハイムにあるレルケンダール・スタジアムに姿を見せた。

「なぜ、ここで走るんですか」

「歩幅を一定に保つことと、タイムを計測することが大切なんだ」コーチが言った。

「でもわたし、野山でトレーニングするほうが好きです」

「そのやりかたはきみには合わない」

オスロでの国内選手権の前、一五歳のイングリッドはソグンバン湖の周囲で走り込みをすることになった。この美しい湖を取り巻く、起伏の少ないゆるやかな走路では、ビスレット・スタジアムでの主要な大会の前にスター選手たちがトレーニングを行なう。五キロ足らずのこの道を一周し、二周目に入ろうとしたところで、ここまで、と男性のコーチに止められた。女子はそれ以上走ってはいけないという。イングリッドはだまされたような気持ちになった。本格的に楽しくなるのは数キロ走ってからなのに。体がしっかり温まって自分のリズムが定まり、木々のあいだを走り抜けながら、戸外できびしい練習をする喜びを感じる、そんなときこそが楽しいのに。一九七一年のノルウェーには、そんな考えかたをする女性はあまりいなかった。イングリッドは一五〇〇メートルのランナーとして実際に希有な存在だったし、同い年の少年たちに挑むことのできる、新しいタイプの女子選手だったのだ。

ノルウェーはけっして大きな国ではないが、一九八〇年代に超一流の女子長距離選手をふたり輩出した。ふたりとも競技生活の比較的後期にさしかかってから、進路を変更して真の得意分野を見出した選手だ。

イングリッドはクロスカントリー・スキーでも世界レベルの選手だった。雪のないグラウンド上で走れば女性スキーヤーの中でいちばん速いが、雪上ではトップ選手に及ばない。特に、一九七〇年以降ポーリング技術が重視されるようになったため、平坦な箇所で負けてしまう。一方、陸上トラックを走ると、速いことは速いのだが短距離専門の選手に比べて少し脚が重く見える。毎年のクロスカントリー・スキーの記憶が体に刻み込まれていて、いつの間にか走るときも膝から下より腿を中心に使うようになっていたのだ。トラックでの走りに体をなじませるには、しばらく時間がかかった。

子育てとランニング

一九八〇年ごろ、イングリッド・クリスチャンセンはクロスカントリー・スキーをやめて走ることに専念するようになった。上半身の筋肉をそぎ落とし、体重を少し減らして、ストライドに磨きをかけた。スキー界とランニング界の風土の違いにも気づかされた。クロスカントリー・スキーの強化合宿では、半年間にわたって最大のライバルと同じダブルベッドで寝泊まりしたことがあるが、陸上界ではライバル同士が交流することは少ない。とりわけ国際レベルの陸上選手は、スキーの選手に比べると秘密主義で、明朗なあけっぴろげの人が少ないようにクリスチャンセンは感じた。

一九八二年、欧州選手権の女子マラソンで銅メダルを獲得したあと、クリスチャンセンは新設された八三年の世界陸上と一九八四年のロサンゼルス五輪に照準を合わせた。

一九八三年初め、クリスチャンセンはバイオテクノロジーの技術者としてフルタイムの仕事をしながら、かつてないほどの勝利への渇望をかかえて朝晩トレーニングをしていた。一月中旬にヒューストン・マラソンで優勝したあと、ノルウェーに戻って仕事の遅れを挽回し、世界トップレベルの選手と戦うためふたたびアメリカに飛んで大きなロードレースの大会にふたつ出場した。疲れぎみで寒気を感じたが、フルタイムで仕事をしながらきびしいトレーニングをこなし、時差の大きな国々への移動を繰り返していたのだから無理もない。しかしその年の春、イギリスで行なわれたヨーロッパ・クロスカントリー選手権で状況はさらに悪化し、疲労困憊して三五位に終わってしまった。

その晩、コーチのヨハン・カジェスタットが、試合の模様をテレビで見ていた妻と電話で話したところ、「イングリッドはおめでたじゃないかしら」と指摘された。胸が大きくなったような気がするというのだ。

ノルウェーに戻る飛行機の中では、さすがに妊娠しているかどうか尋ねることはできなかったが、その後イングリッドが医師の検診を受けて、妊娠中であることが判明した。トップレベルの女子選手によくあるように月経が不順だったので、妊娠に気づかなかったのだ。

イングリッドは世界陸上のさなかである一九八三年八月一三日、長男ゴートを出産した。女子選手の場合、出産を機に一線から退く者も多いが、イングリッドは病院の産婦人科病棟で男子マラソンの中継を見ながら、少しも覇気を失わなかった。「もうやめなさい」と母は言った。「長いこと頑張り続けてきたのだから、そろそろ腰を落ち着けて、家族といっしょに過ごす時期よ」

しかし、イングリッドの頭の中に引退の文字はなかった。ノルウェー代表の男子選手が子どもをもうけたあとも選手生活を続けられるなら、自分にだってできるはずだ。ちょうど女子の長距離走に対する関心が高まりつつあり、大会数が増えて、ひとつの選手権大会が終わるとまたすぐ別の大会が開催されるという時期だった。あとから思えば、ちょうどいい時期に出産したとも言える。

当時イングリッドは、石油会社に勤務する夫が北海油田で働いていたので、油田近くの港町スタヴァンゲルで暮らしていた。トレーニングに適した場所を探すと、ベビーカーをその場に置いて前へ後ろへと、上り坂を利用しながらごく短い距離を何度も走った。ベビーカーから離れる時間はほんの一瞬ながら、それでも効果のあるトレーニングを工夫した。はた目にはずいぶん奇妙だったろうし、必死の形相にも見えただろう。実際、ノルウェーはおろか世界じゅうのどこでも、そんな光景はめったに見られなかったはずだが、ほかに方法がなかった。

一九八三年のノルウェーには、子どもに母乳を与えながらトップレベルで競技生活を続けている女子選手などほとんどいなかった。ただイングリッドの友人でクロスカントリー・スキー世界選手権の優勝者でもあるベリト・アウンリが、半年早く出産し、引退せずに競技を続けていたので、子育てと競技人生を両立させようとする自分と似たような境遇の選手が、少なくともひとりはいることがわかっていた。出産を経て、イングリッドは以前より体力が増したように感じたし、痛みに対しても以前より強くなった。赤ん坊というものは、自分本位な人間の人生を豊かなものにしてくれる。イングリッドにとってわが子は何ものにもまさる贈り物で、大きな視点で見ればスポーツよりもっと大切なものがあるということを教えてくれる存在だった。突然、とても声の大きな新しいボスがやってきて、人生に対する大きくて新たな見かたを教えてくれるようになったわけだ。周囲には、子どもができたのだから母親業に専念すべきだという声も多かったが、イングリッドは子育てを前向きにとらえ、これまで中途半端な成績しか残せなかったランニング人生に幕を下ろすどころか、子育てに力を得て第二幕へ乗り出すことにした。

じつは、イングリッドの心には常にグレーテ・ワイツの影が差していた。一九七一年に初めて対戦して以来、ともに完走した試合では一三年間で一度もワイツに勝ったことがなかったのだ。出産後、コーチのヨハン・カジェスタットにそのことを打ち明けると、「グレーテと同じくらいのトレーニングを同じくらい必死にこなせば負けないさ」と励まされた。熱血漢で、ランニングを愛するカジェスタットの気持ちは、いつもイングリッドにまっすぐ伝わってきた。

イングリッドはまた、かつての短距離選手でスポーツ心理学の権威であるウィリー・ライロにも助言を求めた。一〇分ほど会話を交わすとライロは言った。

「問題だね。きみにはグレーテ・ワイツ・コンプレックスがある」

「わかってます。だからこうして先生のところにうかがったんです」

ライロには、こういうコンプレックスを克服する方法があった。一種のメンタル・トレーニングで、けっして新しい発見ではないが、ノルウェーに紹介したのはライロだ。トレーニング中、あるいはトレーニングの直後に毎日五分から一〇分かけて行なうもので、自分が常に先頭を走っている場面、レースで誰の背中も見ずに走る場面をありありと思い描く訓練をするのだ。

「どのくらい続ければ、効果が出ますか?」

「まあ、ひと月だね」ライロは穏やかな声で言った。それから三週間とたたないうちにヘーネフォスで国内クロスカントリー選手権が開催された。イングリッドは短めの距離で優勝し、長距離種目にも参戦して、初めてグレーテ・ワイツを破った。練習試合のようなものだが、イングリッドにとってはすばらしいできごとだった。

それからまもなくオスロで開かれた一〇キロのロードレースでは、グレーテ・ワイツと南アフリカのゾーラ・バッドを破って優勝した。しかし、グレーテ・ワイツには依然として高い敬意を抱いていたので、一九八四年のロサンゼルス五輪ではグレーテの後ろにぴったりとつき、グレーテを基準にして自分の位置取りをしたところ、結局、アメリカのジョーン・ベノイトが抜け出して勝利を収めた。これ以後、イングリッドはレース運びに関しては人任せにせず、自分の直感に従うようになった。

ロサンゼルス五輪以降、グレーテとイングリッドはほとんど同じレースで相まみえることがなかった。トレーニングをともにすることもなく、それぞれが自分の道を進んでいった。

三つの世界記録と三度めの出産

コーチのヨハン・カジェスタットとその妻の助力を得ながら、イングリッドは年々、競技者として自立していった。カジェスタット夫妻から刺激を受けて、どんなことでも可能だと思えるようになったからだ。一方、カジェスタットは一流女子選手の思考過程について妻にアドバイスを求めた。生活の実際的な面もそうだが、やはり男性と女性ではある程度違いがある。けれど、男子ランナー用の練習メニューをそのまま用いる部分も多かった。イングリッドはきびしいトレーニングに耐えるばかりでなく楽しむことができたが、トレーニングをこれほど楽しめる選手はめったにいなかった。

一九八四年、クリスチャンセン夫妻はオスロに引っ越し、自宅に特製のトレッドミルを設置した。アメリカ製のものは高価で手が出なかった。当時、ノルウェーの女子長距離選手に対する経済的支援は微々たるもので、イングリッドの当初の生活費は年間わずか五〇〇〇ノルウェー・クローネ。しかもその中には、カジェスタットへのコーチ代も含まれていた。

やがて、イングリッドは走ることに専念するようになり、午前と午後の一時間ずつをトレーニングにあてた。トレッドミルで走ることも多かったが、これはぬかるんだ雪道に比べれば快適でありがたかった。イングリッドは、ノルウェーのどのランナーよりもトレッドミルで長い距離を走り、その影響から比較的軽く回転の速いストライドで走るようになった。ランニング以外の面でも、幅広い交友関係と数々の関心事を持ち、充実した暮らしを送っていた。走ることは大切な趣味であり、また仕事でもあって、収入も着実に増えていったが、イングリッド・クリスチャンセンにはまだ記録を破るという目標があった。

まもなく、その目標は現実のものとなった。一九八六年にイングリッドは、五〇〇〇メートル（一四分三七秒三三）、一万メートル（三〇分一三秒三七）、そしてマラソン（二時間二一分六秒）という三つの世界記録保持者となった。一九八七年のロンドン・マラソンでは、ふくらはぎにひどい擦過傷を負いながらも、「意識しないようにして」飛ばし、三五キロ近くまでは二時間一八分ペースだったが、残り数キロで失速してしまった。同年のサンドネス・ハーフマラソンでは、一時間六分四〇秒という男子にわずかだけ及ばない好タイムで優勝した。女子の長距離選手で、これだけさまざまな距離の世界記録を同時に保持したことのある者は、あとにも先にもイングリッド・クリスチャンセンだけだ。

しかし、故障は誰にでも襲ってくる。ランナーにとって、大きな大会の前、トレーニングがピークに達したところで、予定した練習を何日もあるいは何週間も休むことほどつらいものはない。

イングリッドは、一九八〇年代に水中でライフジャケットをつけて走るという新しいトレーニング方法をいち早く取り入れたトップランナーのひとりだった。ジャケットが体を支えるので足がプールの底につかず、すばやく動かすことができる。脚に負担がかからないが、イングリッドにとってはやや退屈で、努力の必要なトレーニングだった。プールにいる時間が少しでも短く感じられるようにと、イングリッドはなおさらきびしいトレーニングを行ない、一九八七年の世界選手権をめざしているさなかにオーバーワークに陥ってしまった。当時、イングリッドは怪我のため自転車トレーニングと水中トレーニングしかできない状況だったのだ。オーバーワークは初めての経験だった。

世界選手権を一カ月後に控えて、スイス、サンモリッツでのトレーニングから帰国したイングリッドは、まともに走ることができなかった。そこで、かかりつけのハンス゠ゲルハルト・ホヴィンド医師に相談すると、「二日間面倒を見ましょう」という答えが返ってきた。

一日目に二度電気鍼を打ってもらうと、翌日には軽く走れるようになった。その後も治療を続けた結果、状態はずっとよくなり、世界選手権では一万メートルで金メダルに輝いた。

二度目の妊娠のときは七カ月間体調不良が続いたが、一九九三年の三度目の妊娠の際にはさらにひどい悪阻《つわり》に苦しめられた。流動食や飲み物すら胃に収まらない。上の子が学校に、下の子が保育園に通うあいだ、ただ日々だけが過ぎていく。肉体的にも精神的にもつらい毎日だった。嘔吐が続いて病院に担ぎ込まれ、栄養と水分の補給を受けることもたびたびだった。ノルウェーで、これほどひどい悪阻に悩まされる妊婦はおよそ三パーセントだと医師から聞かされた。

それでも、出産後三〇分で胸のむかつきはうそのように消えた。イングリッドは気力と体力がみなぎってくるのを感じ、一九九六年のアトランタ五輪のことも考え始めた。まずは産後五日目、慎重にランニングらしきものを試みた。体重が七〜八キロ増えてからまた減ったので、体は軽く感じる。三たび第一線に復帰することは可能だと思われた。

ところが、どこか体調がおかしかった。それまでにも、例えば一九九一年世界陸上の女子一万メートルで、自分の体の外を走っているような感覚にとらわれて七位に終わったが、そういう感じがたびたびあるのは、何かバランスが崩れているからに相違ない。一九九二年の大阪国際女子マラソンでも、三〇キロ付近の給水所まで好調だったのに、そのわずか数分後に続行不能になり、棄権を余儀なくされた。糖尿病の検査も受けたが陰性で、ようやく理由がわかったのは、運動生理学の専門家テリェ・スクリーヴェルの診断をあおいでからだ。原因は低血糖症だった。膵臓がインシュリンを過剰に分泌するため、血液中の血糖値が急低下する場合があるのだ。すぐに食餌療法を行なう必要があった。コーヒー、紅茶のほか、パンのように血糖値を急激に押し上げる食品を避け、かわりに蛋白質と脂肪分を頻繁に取る。イングリッドはすぐさま食餌療法に順応したが、もやは一九九六年の五輪に向けて準備する気力をかきたてることができなかった。五輪の前年にイングリッドは引退を決意したが、敗北感はまったくなかった。世界の長距離界に足跡を残し、五〇〇〇メートルからマラソンまでの三つの種目すべてで同時に世界記録を保持した史上唯一の選手になったのだから。

低血糖症は妊娠中の度重なる悪阻が原因だったのかもしれない。妊娠、出産を一度体験するだけでも重労働なのに、そのうえ、世界的長距離ランナーとして復帰しようと努力してきたのだから、心と体にかかる負担は何倍にもなる。

イングリッド・クリスチャンセンは、目標を達成するために多くのことをみずからに課し、幼い子どもを抱えた母親としては希有な試みを重ねた。二〇年間に及ぶ選手生活を支えた最も大きな原動力

イングリッド・クリスチャンセン。70年代、80年代の女子長距離界を牽引した。

は、少女時代に故郷トロンハイムのビマルカで森の中をスキーで走ったころから、国際舞台で数々の勝利や栄光を積み重ねたときまでずっと変わらぬ、走る喜びだった。揺籃期の女子長距離界に、数少ない国際的選手として、十代で登場したイングリッド・クリスチャンセン。学生から働く社会人を経て、一家の母親となってからもずっと一流選手であり続け、当初は女子長距離界の一匹狼だったのが、やがて世界じゅうの女性たちを駆りたてる大きな流れの一翼を担うまでになった。エルンスト・ファン・アーケンの見立ては正しかった。やはり長距離走は女性に向いている。あらゆる年齢、あらゆる体型の女性たちがジョギングシューズを履くようになった今、女性は長距離を走るべきではないという批判はすっかり聞かれなくなった。

第21章　スター、ビジネス、ドーピング

これはみんな作り話です。真っ赤なうそです！　こんなでたらめは受け入れられません。法的手段に訴えますよ。
――女子四〇〇メートルの世界記録保持者、マリタ・コッホ

プロ化の潮流

一九八〇年代初頭、陸上競技とランニングは、欧米社会で大きな関心を集めていた。ジョギング・ブームのおかげで、多くの人が陸上界のスターにあこがれて、細身で脚の静脈が発達し、ほのかに顔を紅潮させたランナーの姿こそが、理想的な肉体美だと考えられるようになった。広告に登場するモデルも、たった今走ってきたかのようにうっすらと汗を光らせたり、シャワーを浴びたばかりという風情の、さわやかで健全な人が増えた。煙草をくゆらせたり酒を飲んだりするモデルは消えて、健康な肉体美を誇る人々が表舞台に立ち、ロックスターさえも体形を保ち激しいライブを乗り切るために、ランニングをするようになった。

もっとも、一流のランナーは以前から民衆のヒーローだった。七〇年代ならニュージーランドのジ

ヨン・ウォーカー、八〇年代に入ってからはイギリスのセバスチャン・コーやアメリカのカール・ルイスなど超一流選手たちが、スポーツファンの枠を越えて幅広い人々の心をとらえた。女性はその容姿や形のいい脚に心を惹かれ、男性はこの選手たちのようになりたいとあこがれた。

ニュージーランド代表の黒いユニフォームをまとったジョン・ウォーカー（一九五二〜）は、どこかイエス・キリストを思わせる面差しで長髪をなびかせて走るその姿と、最後のスプリント勝負における強さで、走るアイコン（偶像）となった。足の速い野心家の若者にすぎなかったウォーカーだが、一般大衆の目から見れば、著名な俳優にも匹敵するオーラを放っていた。ウォーカーは中距離界で右に出る者のないスーパースターであるばかりか、セックスシンボルともなり、七〇年代のスポーツ界の人気をスウェーデンのテニス選手ビョルン・ボルグと二分した。

一九七五年、スウェーデンのイェーテボリで一マイル三分三九秒四の世界新記録を出した際、ジョン・ウォーカーは、一日中、世界各地のジャーナリストから電話取材を受けた。一流選手は年間を通じて大陸から大陸へと世界中を渡り歩く。冬には南半球のオセアニアを訪れて理想的な夏を過ごし、そこからアメリカへ、さらには欧州へと移動する。欧州では一九八〇代初頭に大会数が急増した。

当時西ヨーロッパでは、毎夏二〇〇前後の国際陸上競技会が催された。競技会やロードレース、クロスカントリー・レースの数が急増し、いたるところに大小のスターが招かれて、大会に花を添えた。アマチュアの競技会、すなわちオリンピックをめざす選手のための競技会で金銭授受が認められたのは、八〇年代に入ってからだ。一九八二年、ＩＡＡＦ（国際陸上競技連盟）は、ついに古くからの〝アマチュアリズム〟の定義を捨てた。一九八五年からは国レベルでの報奨金が許可され、また国際大会での賞金も許可された。

報奨金の額は、一九八〇年代、九〇年代を通じて上昇し続けた。スポーツマンとスポンサー企業とのつながりが密接になるにつれてマスコミの注目度も高まり、トップレベルのスポーツ全般で、金銭に対する関心が強くなったからだ。

一九八〇年代にはまたスポーツ代理人が陸上界にも進出し、契約の下準備や交渉を行なうようになった。プロ化によって一流選手は、大会に出場して名声を獲得し、自分の市場価値を高めるために、仲介者に頼らざるを得なくなった。自分で何もかもやろうとすれば不利益をこうむる場合があり、超一流の選手ですら、スポンサーにだまされて、交渉のため仲介者に泣きつくというような事例が見られたのだ。

数多く開催される大都市マラソン同士の競争意識も、選手たちに影響を及ぼした。主催者側に選手の好みがあり、例えば大会のメインスポンサーが出資している選手に勝たせたいと望む場合もあった。ロードレースでもトラック競技でも、水面下で隠れた駆け引きが行なわれることは多々ある。選手のほうは、勝者としての名声を確保するため、特定のライバルが出場しないことを条件にして、参加する大会を決めたりする。主催者側が世界記録を期待している場合、ペースメーカーとなる選手をひとりふたり、できれば優勝候補と同じ国か団体のランナーを参加させることも契約に盛り込まれる。こうして選手、主催者、スポンサー、テレビ局の各々にとって有益な場を構築すべく交渉が行なわれた。

その結果、互いにめったに競い合わない選手も出現した。イギリスのセバスチャン・コーとスティーブ・オベットはともに一九八〇年前後に活躍したすばらしい中距離選手だが、直接対決の機会はほとんどなかった。ふたりのライバル関係は陸上界でも有名だったが、どちらも数多くの大会に招かれたので、おのおのが自分の選んだレースだけに出場すればよく、ときには同じ大会の別々の距離でそれぞれが優勝を果たすこともあった。負けず嫌いのスポーツマンにとって、名声と報酬はどちらも大切なものなのだ。

賞金額の高騰はまた、エチオピア、ケニアなど、走る伝統のある貧しい国の若者にとって大きな励みとなった。それまでのアフリカ人選手にとっては、欧米で生活し、競技人生を送りたいという希望や、教育を受け、名声を手に入れたいという意欲が、陸上競技を始める大きな要因だった。もちろん欧米で暮らすこと自体が生活水準の向上を意味するのだが、やはり現金報酬にまさるものはない。アフリカ人選手のあいだでは、欧米の大会で一回優勝するか、または上位に食い込むだけで、本国ではとても手が届かないほどの大金を手にすることができるという共通の認識があった。

ビッグビジネス

一九八〇年代には、ランニングシューズの製造メーカーが、スポーツの主要なスポンサーになった。アメリカで、ヨーロッパで、そしてアジアで、靴メーカーはジョギング・ブームに乗って大躍進を遂げた。その後、成長産業の常として、業績不振や頭打ちによる事業の縮小も経験した。

靴市場における国際競争も激化したが、これはグローバリゼーションの到来とともに経済環境がきびしくなってきたことの反映である。

アメリカの靴メーカー、ナイキもそんな会社のひとつだ。社名はギリシア神話の勝利の女神ニケからとったもの。創業者のフィリップ・ナイトはオレゴン州ポートランドの出身で、一九五〇年代中ごろには、オレゴン大学で伝説的コーチ、ビル・バワーマンの率いる陸上競技チームに所属していた。一九六二年秋、ナイトは日本を訪れ、ランニングシューズを輸入することができないかと考えた。原価の安い日本で安価なランニングシューズを仕入れ、アメリカで高く売るのだ。ナイトは、オニツカタイガーというブランドの靴を注文し、アメリカの輸入代理店としてブルーリボン・スポーツを立ち上げた。

最初に注文した軽量タイプのオニツカタイガー五足は、一年以上かかってようやく手もとに届いた。しかしその後、ビル・バワーマンに靴を推薦してもらい、ナイトが靴を車の後部に積んでアメリカ西海岸の陸上競技会場で販売すると、年間一三〇〇足が売れた。

一九七〇年には一〇〇万ドルの売り上げを達成したが、経費がかさんできたので、自社ブランドを立ち上げたほうがいいと考えた。一九七一年、ブルーリボン・スポーツは、ナイキのロゴマーク——勝利の女神の翼をかたどったといわれる、のちに〝スウッシュ〟として知られるマーク——をつけた最初の靴を製造した。しかし、当初メキシコで作られた製品は、低温時の耐久性が低く、すぐに破れてしまったので製造中止になった。ナイトは日本を訪れ、人気商品タイガー・コルテッツにナイキのロゴをつける契約を結んだ。ナイトはさらにバスケットシューズ、レスリングシューズ、それに普通の運動靴を、日本の会社に注文した。

ちょうどそのころ、オレゴン州ユージーンで、一九七二年のミュンヘン五輪の代表選考会が行なわれ、バワーマンの指導を受けた若きランナー、新しい靴を履いたスティーブ・プリフォンテイン（一九五一〜七五）が大きな注目を集めた。カリスマ的長距離ランナー、プリフォンテインは、ナイキの靴を履いて写真に写った。同じ年、バワーマンは妻のワッフル焼き型にゴムを流し込み、ワッフル状の靴底を作ってはどうかと考えた。

一九七〇年代、ナイキの売り上げはジョギング人口の増加とともに伸び、ナイキやほかのメーカーのさまざまな製品が、ジョギング・ブームをさらに盛り上げた。とりわけ衝撃吸収機能のついた新製品は初心者ランナーにとってもベテランにとっても斬新で、アスファルトの路上でもクロスカントリーでも力を発揮した。こうして従来用いられてきたテニスシューズや野球用の運動靴にかわって、見栄えがよくて軽い、手ごろな値段のランニングシューズが普及した。技術の進歩、アジアの安い製造コスト、それに資本主義の潮流がジョギングする人々を後押しし、その足もとを支えた。多くの人は、ランニング用にデザインされた靴を履けば、まるで奇跡のようにたくさん走れることを実感した。客層はあらゆる年齢や体型にまたがり、人々は趣味の領域であるランニングで靴にお金をかけるようになっていった。

一九七八年、ブルーリボン・スポーツは社名をナイキに変更した。ナイキは、自分たちはあくまでもアディダスとプーマという巨大ブランドに立ち向かう小さな第三のブランドで、目新しいもの、必要なものの象徴であるという立場を取ったが、この戦略が大当たりした。一九八〇年にアメリカでアディダスの売り上げを抜き、スポーツシューズの分野で世界一になると、ナイキはスポーツウェアを発売した。スポーツウェアとシューズは成長産業で、特に生産国の人件費が欧米に比べて格段に安いことを考えると、潜在的な利益は莫大なものだった。

一九八〇年代のナイキにとっては、バスケットボール選手のマイケル・ジョーダンがきわめて重要な存在だった。やがてナイキは、さまざまなスポーツのスーパースターと契約を結んでいく。陸上競技界ではスティーブ・プリフォンテインから多くのものを得た。プリフォンテインは自動車事故で死去したが、ナイキみずからが造りあげた〝理想を掲げる企業〟という神話を、今も中心で支えている。

プリフォンテインの短い選手生活とビル・バワーマンのワッフル焼き型による発明を組み合わせて、

ナイキは人の心を動かす物語を編み出し、ほかより少し上を行く企業、ほんものの製品を提供する企業というイメージを作りあげた（もっとも実際の製品はアジアのベルトコンベアの上で製造されていたのだが）。さらに、特定のライフスタイルを象徴するナイキのユーザーはほかの人間とは違う、という幻想を生むことによって、多数の忠実な顧客を惹きつけることに成功した。ナイキの製品を買って使用し、このブランドを人に奨めれば、愛される特別なグループの一員になれる。日本のアシックス（旧オニツカタイガー）でも、いや、アディダスでさえも、そんな地位は築けなかった。

クールな営業姿勢を保ちながら、アジアの製造工場で多くの労働者を奴隷に等しい条件で働かせるという状況は、ナイキのみならず有力な多国籍企業に共通のものだ。しかしナイキが特別なのは、ナイトとバワーマンの強力コンビがジョギング・ブームの源流でもあることだ。アメリカでもほかの国々でも、ナイキの新店舗開設スタッフになるには、真のランニング好きでなくてはならない。またナイキは、喫煙者を雇用しない企業のさきがけでもあった。ナイキが成功したのは、走ることに対するランナーの意欲と情熱、バワーマンのチームワーク精神、そして会社を成長させ、ランニングシューズの分野を席巻するのだというフィル・ナイトの強靭な意志をひとつに束ねることができたからだ。ナイトはバワーマンに指導を受けても陸上競技の試合では勝てなかったが、ランニングシューズの分野では世界的なスターになった。

ナイキはさらに自前の陸上競技クラブ、アスレチックウエストを創設し、大きな勢力を誇った。当時すでに世界の一流ランナーにドーピングが蔓延するようになっており、ほとんどが摘発を逃れていた。大会の主催者とドーピングを行なっている選手のあいだでは、しばしば極秘の口約束が交わされた。「ドーピング検査がなければ出場してもいい」とか「発覚しないという保証がほしい」というものだ。

あの手この手のドーピング

いわゆる血液ドーピングの問題は、一九七〇年代から大きな論議を巻き起こしてきた。厳密にいうと、オリンピックの場で禁じられていたのは「禁止薬物の使用」だったから、血液ドーピングは非合法ではなかった。国際オリンピック委員会が血液ドーピングを禁止したのは一九八五年だ。もっとも、当時このドーピングが行なわれたか否かを検査で突き止めるのは不可能だった。

血液ドーピングの絶大な効果は、一九八〇年代初頭にスウェーデンで行なわれた実験によって明らかにされた。あらかじめ被験者から八〇〇ccの血液(全血液量のおよそ一五パーセント)を採取し、冷凍保存しておく。これにより、被験者の最大酸素摂取量は一〇パーセント減少する。その後トレーニングを続けると、三、四週間で血液量が通常のレベルにまで回復する。四週間後、冷凍保存しておいた血液を解凍し、被験者に輸血すると、赤血球数が約一〇パーセント上昇し、同様に最大酸素摂取量も一〇パーセント増える。

スウェーデンのビョルン・エクホルム博士は、ドーピングを推奨するためではなく、運動能力を左右する要素をつきとめるために、数多くの実験を行なった。被験者のひとり、アマチュアランナーのアルトゥール・フォルスバーグは、クロスカントリー九キロ走の自己ベストが三三分三五秒だった。採取してあった血液を輸血する前の週、九キロのクロスカントリーを三回走ったところ、タイムはそれぞれ三四分二五秒、三四分三二秒、三四分一二秒だった。ところが血液を輸血した二日後、タイムは三二分二九秒まで縮んだ。自己ベストを一分も更新する記録だ。また、朝の脈拍を測定したところ、輸血前の三日間は、それぞれ毎分四四回、四三回、四四回だったのが、輸血後の三日間には、それぞれ三九回、三八回、四〇回に減った。

ほかの多くの国々で行なわれた実験でも、一万メートル走の記録はおおむね一分短縮し、五〇〇〇メートル走の記録は三〇秒短縮した。

フィンランドのラッセ・ビレン——一九七二年のミュンヘン五輪と一九七六年のモントリオール五輪で五〇〇〇メートル、一万メートル両種目の連覇を果たした選手——は、血液ドーピングを行なっていたのではないかとずいぶん取り沙汰された。しかしビレン自身は噂を否定したし、両オリンピックにまたがる長期間全盛期を維持したことから見ても、血液ドーピングをしていたとは考えにくい。しかし、一九八〇年のモスクワ五輪で一万メートル銀メダル、五〇〇〇メートル銅メダルを獲得した、同じフィンランドのカーロ・マーニンカは、血液ドーピングを行なったことを認めている。

一九八〇年代終盤から、長距離走のドーピングに用いられるようになったのが、エリスロポエチン（EPO）という物質だ。体内で赤血球の産生を促す働きをし、一万メートルのタイムを一分ほど向上させる。とりわけイタリアの医師は、選手にエリスロポエチンを投与することに熱心だった。

東ドイツ、すなわちドイツ民主共和国では、国家ぐるみで手の込んだ組織的ドーピングが行なわれた。東ドイツは一九四九年、西側に対する社会主義陣営の緩衝地帯として誕生した国家だ。一七〇〇万人と比較的人口が少ないにもかかわらず、一九六〇年代からスポーツ超大国になった。成功に導いたのは、子どもや若者を早くから選抜し、スポーツ学校に通わせるという方式だ。しばらくすると、その中から特に優秀な者を選りすぐって、国営の先進スポーツプログラムに組み入れる。トレーニング法および、成績を向上させるあらゆる方法について膨大な研究が行なわれ、その中にドーピングも含まれていた。東ドイツの選手と戦う他の国々のライバルにもドーピングをしている者がいたかもしれないが、東ドイツほど大規模に、国家ぐるみの組織的ドーピングを行なっていたと判明している国はない。

アナボリック・ステロイドは、東ドイツでは一九六〇年代終盤から広く使用されるようになった。アメリカを含むほかの多くの国々でも使用されたが、アメリカでは当局者が組織的ドーピングに関わっていたわけではないので、東ドイツに対して倫理的にきびしい態度をとることが多かった。社会主義国と資本主義国では、ドーピングの扱いかたが異なっており、東ドイツの選手も欧米の選手もそれぞれの国の方式に支配されていた。頂点に到達するには、自国のやりかたに従うしかなかった。

東ドイツの中でも国際舞台で図抜けた成績をあげたのが女子短距離陣だ。レナーテ・シュテヒャーは、一九七二年のミュンヘン五輪で女子一〇〇メートル、二〇〇メートルの金メダルを獲得した。「あんな女性は見たことがない。ワレリー・ボルゾフ（同大会男子一〇〇メートルの勝者）より大柄で、筋肉が発達していた」とコメントしたのは、チャーリー・フランシス。のちにカナダの短距離選手ベン・ジョンソンのコーチを務める人物だ。女性とは思えないほど筋肉が発達しているのが、東ドイツの女子短距離選手の特徴だった。トレーニングの質と量を増やし、さらにウエイトトレーニングとドーピングを組み合わせた結果、鍛え抜かれた男性のような体つきが生み出されたのだ。やはり東ドイツの女子選手だったマリタ・コッホは、一九八五年に四〇〇メートルを四七秒六〇で走った。この記録は今後もまず破られないだろうといわれているが、コッホの体つきは、まるで漫画に登場する人物のように筋骨隆々としていた。

同じ東ドイツでも、男子選手がテストステロンを一日に九ミリグラム以上摂取することはめったになかったが、女子選手は大量かつ無制限に薬物を使用した。一流選手同士の夫婦で、妻が夫の三倍近い薬物を使用する例もあった。マリタ・コッホも、東ドイツの男子四〇〇メートルのトップ選手だったトーマス・スコンリーベの二倍の量を摂取していた。しかも東独選手は、欧米のライバル選手に比べても摂取量が多かった。

このようなドーピングは、女子選手、なかでも爆発的な力を出す短距離種目の女子選手に、特別強い効果をもたらした。だからこそ、摂取量も多くなったのだ。短距離選手のベーベル・エッカートは、一九八〇年代初頭にステロイドを年間一七四五ミリグラム摂取していたし、同じく東ドイツの選手で、もっと有名なマルリース・ゲールも年間一四〇五ミリグラムのステロイドを摂取していた。

中長距離の分野でも一九七〇年代初頭から組織的ドーピングが行なわれた。細身の選手にもドーピングが有効であることに専門家が気づいたのだ。トレーニング期、体力増強期《ビルドアップ》には男女ともに薬物を摂取し、女子は試合前の準備段階でも摂取する。これによって選手はトレーニング量を増やすことができ、またトレーニング後の疲労や故障からの回復も早めることができた。東ドイツのドーピング・プログラムの裏にはきわめて精緻な研究があり、その研究は、東ドイツ医学界を代表する研究者たちによって行なわれていたのだ。

短距離選手のように筋肉量は増えなかったし、また増やすべきでもなかったが、一九七〇年代終盤以降に明るみに出たドーピング事件（例えばルーマニア女子中距離陣）の多さを見れば、ドーピングが蔓延していたことがうかがえる。東ドイツでは、選手を海外に派遣する前にドーピング検査をほどこし、陽性が出た者は派遣されなかった。

氷山の一角

ドーピングを疑われた選手は否認する場合が多い。おそらくはトップレベルの〝誰もが〟ドーピングに手を染めながら告発を逃れているのに、自分だけがつかまるのは不公平だ、という思いがあるからだろう。マリタ・コッホは、東独政権が崩壊して組織的ドーピングが明るみに出た一九九一年に、テレビのインタビューを受けた。

「では、あくまでもアナボリック・ステロイドを摂取したことはないと主張なさるんですね？」

「そうです」

そしてコッホと、夫でコーチのヴォルフガング・マイヤーはつぎのように述べた。

「これはみんな作り話です。真っ赤なうそです！　こんなでたらめは受け入れられません。法的手段に訴えますよ。こういう中傷をされるということは、世間は、アスリートを傷つけるためなら何でもするということです」

コッホはまた、ドーピングしたと中傷されたかどでドイツの雑誌《デル・シュピーゲル》を訴えるとぶちあげたが、結局、訴えは起こさなかった。

東ドイツの組織的ドーピングを語るとき、関わった選手のことを人工飼育されたまがいもの呼ばわりすることは簡単だが、東ドイツ最大のライバル国――とりわけ短距離走で――であるアメリカでも、トップレベルの選手には同じくらい広くドーピングが蔓延していた。一九八〇年代、九〇年代に、アメリカのトップランナーたちが、東欧諸国の選手とちがって自分たちはドーピングに汚染されていないと主張したのは、まぎれもない（そして典型的な）アメリカ流のはったりだ。また、アメリカの陸上競技当局も、例えば一九八四年のロス五輪前のように、ドーピング検査陽性の結果を隠蔽した。おそらくは面目と収入を失うことを恐れて自国の選手を守ったのだろう。社会主義諸国と西側諸国は、互いに相手が不正をしているとなじり合った。当然、それがライバルの好成績の理由だという論法だ。驚くほど多くの国々で、〝われわれ〟は〝シロ〟で〝彼ら〟は〝クロ〟という理屈がまかり通っていた。ドーピングが問題として取り上げられることすらない国々もあった。

一九八八年ソウル五輪最大の茶番劇は、ベン・ジョンソンがドーピング検査で陽性になり、スケープゴートにされたことだった。この一件で明らかになったのは、不正を働いている者のうちごくわずかしか捕まらないということだ。世界の陸上競技についていくらかでも知識のある者はみな、アナボリック・ステロイドで肉体を作りあげたのがベン・ジョンソンだけではないことを知っていた。後年、ドーピング検査がより頻繁に行なわれ、薬物使用者摘発の意志が高まってくると、何百というランナーが摘発されるようになった。

アメリカ最大の薬物スキャンダルは、バルコ（ＢＡＬＣＯ）社——サンフランシスコにある、創業者で社主のビクター・コンテ率いる会社——にまつわる事件だ。同社の本来の業務は、血液と尿の分析を行ない、栄養補助食品を扱うというものだった。一九九〇年代終盤に、コンテはＺＭＡ陸上競技クラブを創設し、同名のＺＭＡという栄養補助食品を発売した。クラブのメンバーには、短距離ランナー、マリオン・ジョーンズがいた。東ドイツ崩壊後、短距離界の女王となった、映画スターにも匹敵するカリスマ性を持つ選手だ。人好きのする明朗な顔立ちのこの女性は、世界でも類を見ないほどの速さと優美さを兼ね備えていた。

二〇〇三年、バルコは非合法活動の容疑で強制捜査を受ける。その際、麻薬捜査官は、成長ホルモンと多額の現金、それに顧客リストを発見した。リストには数多くのスポーツ分野の世界的スターの名があった。さらにひとりひとりの摂取量に関する報告書と、禁止薬物を用いて最大限の効果を得る方法の提案書もあった。

文書に登場した中で最も著名なランナーはマリオン・ジョーンズだったが、ジョーンズ自身は不正に関わったことを否定し、またドーピング検査でも一度も陽性になったことがなかった。それでも年々高まる疑惑を振り払えなかったのは、ジョーンズが、重要なドーピング検査をちょくちょく〝忘れる〟傾向があり、またドーピングの噂のある選手やコーチとともにトレーニングをしていたせいだ。

バルコ事件は次々に広がりを見せ、一流スポーツ選手の陰の部分を暴き出していった。ジョーンズの無罪の主張が覆されたのは二〇〇四年。ビクター・コンテ自身がテレビの全国放送で、二〇〇〇年のシドニー五輪前、禁止薬物を直接ジョーンズに渡したことを認めたのだ。のちにジョーンズもうそをついていたことを認め、シドニーで獲得した五個のメダルを剥奪されたうえ、二〇〇〇年九月以降のすべての記録と業績を抹消された。二〇〇七年、身を滅ぼした元短距離選手マリオン・ジョーンズは、みずからの罪を認め、薬物使用に関する偽証罪で、二〇〇八年三月から六カ月間服役した。

マリタ・コッホもマリオン・ジョーンズも、短距離で世界トップレベルに達するにはドーピングが不可欠な時代の選手だった。世界の一流ランナーになるには、教養豊かないい補佐役と、聡明な代理人が必要だ。国同士のライバル関係や、金、名誉、野望という幾重にも入り組んだ戦いの中で、選手は単にひとつの駒にすぎない。トップレベルのスポーツは、懐疑派の人々が何年も前から警告していたとおりの道をたどっている。だが今も昔も変わらず、スポーツはその時々の世界を反映しているだけなのだ。

第22章　禅の心で走る

僕らが先生の教えに従うのは、それが自分のためになるとわかっているからです。

――瀬古利彦

究極の師弟関係

従順さと、きびしい鍛錬――これが外部の者から見た、日本のマラソンランナー瀬古利彦の姿だ。陸上部監督の中村清に絶対的に従い、想像を絶する鍛錬を積む。ニュージーランドで行なわれた合宿の際、中村に一日一五〇キロ走るよう言われた瀬古は、結局八日で一二〇〇キロを走りきった。「体が少しびっくりしましたが、どうにか乗り切りました」と瀬古は述懐している。

監督の中村清（一九一三〜八五）は、かつて一五〇〇〇メートルの日本記録を作ったこともある男で、意志力を神聖なものとして尊んでいた。中村が一九六五年に陸上競技の指導者になった当時は、師への絶対服従を誓う日本の古い師弟関係――〝素直〟を旨とする関係――が、まだ生きていた。弟子たちは強い絆で結ばれた家族のように暮らし、師匠に刃向かうことは許されなかった。頭は全員スポーツ刈りで、だらけた生活は御法度。恋愛や夜遊びなどもってのほかだった。その昔は〝鬼〟と呼ばれるコーチが弟子を殴ることもあった。しかし二〇年以上にわたって一〇〇〇人を越えるランナーを育てた中村は、建設的に話をしたほうが体罰より効果があることを知っていた。

瀬古が中村の門下生になったのは、両親の強い勧めによるものだった。瀬古は一九五六年三重県の生まれ。若いころから勝利への意欲が人一倍強く、〝怪物〟というニックネームがつくほどだった。他の者なら泣き言を並べるようなときに、瀬古はなおさら性根を据えて努力を積み重ねる。こうして一九七四年、高校三年のときには、一五〇〇メートルで当時の高校日本新記録である三分五三秒三をマークしている。

ところが一九七五年、早稲田大学の入試に失敗し、アメリカに留学したものの、生活になじめずホームシックにかかってしまう。いっしょに留学した日本人ふたりとの交流だけが慰めで、三人とも日本に帰りたくてたまらず、まともなトレーニングをしなかった。瀬古にとっては日本が一番だった。カリフォルニアではその他おおぜいの中のひとりにすぎない。三人はアメリカ生活に適応できず、多くの移民が陥る落とし穴にはまってしまった。勉強やトレーニングをせずにファストフードを食べ、ソーダを飲んで、将来を悲観しながらごろごろしていたのだ。瀬古は不健康になり、体重も増加してしまった。

翌一九七六年に帰国したときには一〇キロ太って体つきも丸くなり、かつて日本で最も将来を嘱望された中距離選手の面影はどこにもなかった。

二度目の入試でやっと早稲田に合格した瀬古は、ちょうど同じ年に早稲田大学競走部の監督に復帰した中村清と出会った。中村はひと目で瀬古の才能を見抜いた。流れるようなフォーム、力みのないストライド。「こいつは五年以内に世界トップレベルのマラソン選手になる」と中村は見込んだ。

瀬古をマラソンランナーとして育てるという考えを聞いて、瀬古の父親は驚いた。「うちの息子は根性がないので、マラソンなんてできないと思います」。息子には、一流選手になるために必要な犠牲を払う覚悟などないと思ったのだ。瀬古自身も信じられなかった。中距離ランナーとして育てられ、トラックで数分間の競走に臨むことには慣れていたが、アスファルトの上を二時間以上も走り続けたことはない。しかし中村は、適切なトレーニングをじゅうぶんに行なえば、必ず一流のマラソンランナーになれると請け合った。「天才は有限、努力は無限」というのが中村の教えだった。瀬古は、ここで断ったら走ること自体をあきらめざるを得なくなるような気がして、「やります」と答えた。

初めのうちは楽しくなかった。監督の教えに完全に身をゆだねることになじめず、つらくてしかたがなかった。有無をいわさぬ中村の姿勢や、きびしい決まりごと、生活面にまで立ち入った指導がいやになることもあった。日常生活は隅々まで監督の意向に従って整えられた。体重を落とすため、食事もしばらくのあいだは一日に食パン一枚とサラダだけ。思い余って実家に逃げ帰ったこともあるが、両親が中村監督に電話して息子を引き渡した。

瀬古が中村の最も忠実な弟子になった背景には、日本人が年長者に対して抱く尊敬の念も働いていた。となれば、一流になるために必要なことはすべて中村が教えてくれると瀬古が固く信じていたことも、さほど驚くにはあたるまい。「ぼくらが先生の教えに従うのは、それが自分のためになるとわかっているからです。先生のおかげでぼくらは変わりましたが、それは自分たちで理解し、望んだ変化です。先生とのあいだにあるのは強い絆であって、強制ではありません」

選手たちはトラックを走りながら、心の中で中村に祈りを捧げた。師はスポーツと生活の両面で選手たちを鍛えあげる導き手なのだ。選手は監督を導師として仰ぎ、その指導に身をゆだねた。

中村は選手たちと非常に密接な関係を築いたが、瀬古ほど強い絆で結ばれた者はおらず、また瀬古自身も、コーチとこれほどの関係を持つ選手は世界でほかにいないと感じていた。「ぼくはどのレースでも先生といっしょに走っています。先生とぼくは一心同体なのです」。もっとも、監督の指導に従ったからといって、瀬古が中村の操り人形だったわけではない。一九八四年に瀬古は、中村との師弟関係がいつまで続くかについてこう述べている。「永久にです。先生のもとから離れることは考えられません。たとえぼくが結婚しても続くでしょう。もっと大きな家に引っ越すでしょうが、それでも先生の近所で暮らし、毎日ここに顔を出していっしょに過ごしたいですね」

中村は監督業をきわめて真剣にとらえ、自宅に同居する選手や日々訪れる選手に身銭を切って食事をさせた。父親であり、導き手であり、監督であり、栄養士でもあったが、求める見返りといえば、選手がとことん指導に従うことと、最大限の努力を払うことのみだった。積極果敢な、攻撃的姿勢の醸成に努め、トレーニングやレースでの強さが身につくようにと、毎晩、偉大な思想家の著作を選手たちに読み聞かせることもした。お気に入りのひとつは、達磨大師の次のような言葉だった。「苦難に出会ったならそれを受け入れ、負けずに粘り強く道を切り開け。そのとき初めて苦難を乗り越えて強くなれる」

中村はまた、山川草木や太陽、月、そして宇宙の力から、さらにはほかの偉大なランナーたちからも何かを学び取るよう、選手たちに勧めた。すべてのものは、何かを教えてくれる。敗者ですら、してはならないことを教えてくれるという点で学ぶべき存在だった。

禅走法の挑戦

一周一・三二五キロの神宮外苑を走る門下生に対し、中村が檄を飛ばしながらストップウォッチでタイムを計るという図式は、外部の者、とりわけ外国人の目にはまるで軍隊のように見えた。瀬古はまっすぐ前を見据える独特のフォームで何周も何周も、ときには一度に五〇周も続けて走った。すべての力を走ることに注ぎ込み、禅僧を思わせる姿で流れるように前進した。禅宗は中国を起源とする仏教の一派で、修行者が悟りを開くことを重んじる。中村はみずからの指導する走法を〝禅走法〟と呼んだ。心の雑念を取り払い、思考に妨げられない体の自然な動きを促して、思いもよらぬ力を解き放つというのがその狙いだ。

中村は〝暴君〟から〝天才〟まであらゆる称号を冠された。だがこの複雑な人物と間近で接した人々は、中村が思慮深い博学の人で、陸上競技指導者であると同時に哲学者でもあり、視野の狭いスポーツばかなどではないことを知っていた。中村の家に請じ入れられた者は、哲学や自然のすばらしさに関する講話に耳を傾けることになった。中村は、禅の有名な書物やほかの思想家の本を読むことも、トレーニング日誌やスポーツ記事に目を通すのと同様に楽しんだ。さまざまな賢人の思想を研究して自分なりの指導哲学を築きあげていたから、批評家にやれ若者を威圧しているの、洗脳しているのと批判を受けても動じなかった。瀬古に向けられた質問に中村が代わりに答えると、欧米のジャーナリストからは必ず反発があった。しかし瀬古は、中村と自分の考えは同一で、恩師の言葉はそのまま自分の言葉なのだと信じていた。

日本人は体が小さく脚も短くて、けっして長距離走向きの体型をしていないから、余計にきびしい練習をしなくてはならないと中村は考えた。だから瀬古もほかの選手たちも、長時間にわたるトレーニングを積んだ。瀬古は当初、中距離から長距離への移行を容易にするために五〇〇〇メートルや一万メートルのトレーニングをした。初マラソンは一九七七年の京都マラソンで、二時間二六分〇〇秒。これは大きな進歩だったし、同年の福岡国際マラソンでの二時間一五分〇〇秒というタイムはさらなる進歩だった。マラソン初優勝は翌一九七八年一二月の福岡国際マラソン。アメリカのビル・ロジャーズや東ドイツの五輪金メダリスト、ワルデマール・チェルピンスキーといった有名選手を抑えての勝利で、瀬古の名は一気に世界に広まった。

なんでも集団で行なう傾向のある多くの日本人選手と違い、瀬古は監督の言葉を励みにひとりでトレーニングすることが多かった。レースの前には中村が瀬古を呼び寄せて聖書の言葉を読み聞かせ、瀬古は熱心に耳を傾ける。一九八〇年の福岡国際マラソンでは、マラソン三度めの優勝を果たしたにもかかわらず、監督からはもっといい走りができるはずだと、二週間にわたってとがめられた。それがこの師弟のありかただった。すばらしい結果を出してもなお、きびしい評価とさらなる努力が待ち受けている。

瀬古はポーカーフェイスで走った。選手の中には強み弱みが外に出て、顔の表情や歩幅、姿勢などから、今何を考えているか、どの程度の余力があるかをライバルに読み取られてしまう者も多い。しかし瀬古の調子をうかがい知ろうとしてもむだだった。どんな状況にあっても、表面上はまったく動じず、平然と走り続けたからだ。そうしたふるまいは、えてして風説を呼んだり、神秘的な雰囲気を醸し出したりするもので、とりわけ相手と言葉が通じず、直接やり取りできない瀬古の場合はなおさらだった。

体調が悪いときでも、瀬古は休まなかった。一九八三年のニュージーランド合宿のあと、瀬古は肝機能障害を患った。おそらくはビールの飲み過ぎと、膨大な量のトレーニングが原因だろう。ひたむきなスポーツマンでこれほど大量の酒を飲む人はあまりいないが、瀬古は何ごとにつけ極端に走る傾向があり、ビールは、気負いがちな瀬古の息抜きとして必要なものだった。瀬古にはまた知的な趣味と視野の広さがあり、特に武将の物語を綴った歴史書に魅了されていた。

怪我をしたときには、ふだん走るコースを歩いて回った。いつもと同じく気持ちを集中させ、ふだんの倍近い時間をかけて歩く。また走れるようになると、練習量はこれまで以上に増え、一日六時間にも及んだ。国内最大のライバル、双子の宗茂・猛兄弟の挑戦に応じたいという思いにも後押しされ、一レースで二五キロと三〇キロの世界記録を同時に樹立したこともあった。日本人選手は、体力と精神力を鍛えるために過剰なまでの距離を走り、中には一日八時間走る者もいる。

自伝で、瀬古はある日のトレーニングのようすを例として挙げている。

六時半　起床、ランニング
八時　朝食のあと仮眠
一一時　二度目のランニング、調子がよければタイムトライアル
一二時　うどんや寿司などの昼食を取ってから昼寝
夕方　この日の主練習、二〇～三〇キロ走。ときおり練習がきつくて夕食を食べられないことがあった。平常の調子であれば、食事の際にビールを一、二本飲む。調子のよいときには、一〇本飲むことも。

瀬古の生活とトレーニングは禅の精神に貫かれていた。頑健ではあるもののけっして体格がずばぬけているわけではない瀬古が、日々の激しい練習に耐え抜いたのは、主に驚異的な精神力のたまものだ。瀬古にとって、禅と走ることは同一だった。練習を通じて忍耐力を養い、瞑想と同じ状態を味わう。禅の修行僧が座禅を組んで何時間も瞑想にふけるところを、瀬古は走ることで無我の境地に到達したのだ。力むことなく無心で走る。残りが一〇キロだろうと三〇キロだろうと関係なく、脚は同じリズムを刻み続ける。瀬古は、武将や禅僧の心構えをそのままマラソンに用いた。欧米の選手と比較すると、日本人選手は生きるか死ぬかの心構えでレースに臨み、しかもそれがおのれの武器であることを心得ていた。日本人は欧米のライバルとの戦いよりも、自分のコーチや、禅や、日本の伝統のために戦うことを重んじたのだ。ヨーロッパやアメリカ、オーストラリアの一流選手もとてつもない精神力を持っていたが、日本人のような哲学的基盤を欠いていた。瀬古にとってレースは神聖なものであり、命がけで臨む価値のあるものだった。

敗北

一九八四年のロサンゼルス五輪で、瀬古は、日本のために金メダルを取らねばならないという過酷なプレッシャーをかけられていた。ロサンゼルスの幅広い自動車道で先頭集団に食らいつき、好調な走りをしているかに見えたが、三〇キロ過ぎからすべてがおかしくなった。酷暑によって引き起こされた脱水症状で、瀬古はほかの数人の選手とともに失速してしまったのだ。優勝は、夏のレースの経験が豊富だったポルトガルのカルロス・ロペスで、瀬古は脱水症状のため見たこともないほど疲弊し、屈辱の一四位でゴールした。

共に戦った競技者や専門家には瀬古の状況がわかったが、日本のテレビの前で試合を見た大勢の人々には理解できなかった。禅をきわめた修行僧なら、暑さも喉の渇きも忘れ去ることができるはずだと考えたのだ。

惨敗した瀬古とそれ以上に打ちひしがれた中村は、記者会見の場に立った。中村は弟子が好成績をあげて賞賛と栄誉に浴することに慣れていたが、敗北に際しても進んで責めを負った。ふたりは茫然自失の報道陣の前にたたずみ、カメラのシャッター音が響く中、失敗の原因を説明しようと努めた。アメリカの雑誌《ザ・ランナー》のエリック・オルセン記者は、その場面を次のように記している。

瀬古と中村を守るように取り囲んだ日本の記者たちは、あり得ない敗北に茫然として、一様に声を失っていた。そのさまは、たった今大切な人の死を聞かされた者のようでもあり、またある意味実際にそうだったとも言える。瀬古は徹底して勝利を追求し、日本人も徹底して瀬古の勝利を求めてきたのだから。(中略)日本人は、欧米人とはまったく異なる社会環境——一途で禁欲的な、失敗よりは死を選ぶ、現代の武士道ともいえる心性——の中に生きているのだ。

瀬古だけでなく国民全体が、弱みをさらして敗北したことを実感した。

その翌年の一九八五年、中村は、川釣りに出かけた先で遺体となって発見された。面目を失ったことによる自殺説も流れたが事故と見られる。

日本では長らく、瀬古の恋人はマラソンだけだと言われていた。全力で早稲田の入試に取り組んでからのち、走ること以外にかける時間が一切なかったからだ。しかしそんな瀬古もロサンゼルス五輪後に結婚し、一般市民らしい生活もするようになった。一九八八年秋、瀬古は大勢の人に見守られながら最後のレースを行ない、現役を引退した。こうして日本最高のマラソンランナーは、ついに休息のときを迎えた。

瀬古は現役時代より明るく開放的になって、S&B食品陸上部監督の任に当たった。走ることの苦労を味わい尽くしてきた男だけに、意欲のある若いランナーを育てるには誰よりも適任だった。瀬古はかつての中村のように神宮外苑の周回路に陣取ってタイムを計りながら、しかし恩師よりははるかに優しく弟子に接していた。自分が現役のときには味わえなかった喜びを弟子たちに味わわせたかったのだ。恩師から受け継いだことの多くを弟子に伝えたが、それを現代流にアレンジしようと努めた。若いランナーたちが、勝利のために、かつての瀬古のように自分を極限まで追いつめるとは考えられなかったからだ。

やりかたを変えたのは正解だった。中村の方式は確かに効果的で、度はずれた体力、精神力を養ったが、もっと人間的な指導法を取っても瀬古に対しては効果をあげたことだろう。いろいろな見かたはあるが、やはりランニングは戦争ではない。命がけで走っているわけではないと感じる者、コーチや国の名誉のために走っているわけではないと感じる者が、最も将来性を持っているということもあり得る。日本人のきまじめさは、物事を誤った方向に導く場合がある。瀬古の理想は、西洋と東洋の伝統のよい面を組み合わせることなのだ。しかし西と東の伝統を融合させて実りをもたらそうと試みたのは、中村と瀬古だけではなかった。

第23章　駝鳥のように走る

ここでは毎日どなられ、罰せられ、殴られています。もう耐えられそうにありません。

——馬俊仁監督のチームにいた中国人女性ランナーの言葉

馬氏の野望

薪割りとランニングに共通点はあるか？　中国人監督、馬俊仁《ばしゅんにん》は、「ある」と考える。薪を割るには、同時にふたつのもの——薪と斧——に神経を注ぎ、斧を完璧な形で薪に当てなければならない。陸上競技の監督も、選手の表面とこれまでの業績の両方を観察しなければならない。斧の刃をどう当てるかが、選手に対する指導法の鍵をにぎることになる。

馬俊仁は言った。「問いがあるなら、答えがある」と。

馬はものごとを複雑化するのは嫌ったが、東西の知恵を融合させることを好み、漢方医学や東洋思想を近代科学と組み合わせ、他を凌駕しようとした。

馬俊仁は一九四四年、八人きょうだいの四番目として生まれ、遼寧省遼陽市の山村で育った。家は貧しく、俊仁は毎日約一〇キロの道のりを走って学校に通った。父親が病に倒れたとき、家にいた子どもの中で最年長だった俊仁は、学業を続けながら働き始めた。石炭を荷馬車に載せて配達する仕事だ。一四歳からはフルタイムで、刑務所内の豚の飼育係として働いた。

幼少期を過酷な自然条件の山村で過ごしたため、馬俊仁は節制の習慣を身に着け、生き延びるためになんでも活用する術を学び、金持ちになりたいという強い願望を抱くようになった。あるときには、高級観賞植物の栽培・販売事業を始めた。これが成功した秘訣は、鶏の死骸を水中で腐敗・発酵させ、その水を植物に注ぐこと。植物は巨大に育ち、高収入をもたらした。ほかのビジネス・アイデアもみな収入につながった。例えば監督修業時代にも、二〇人民元で買ったある野生の猿を北京まで列車で連れていき、都会のど真ん中で売り払った。中国ではなんだって売れる、都会で猿を売ることだってできる。こうして馬俊仁は元手を何倍にも増やしていった。

けれども馬俊仁は、本人の言で「山中に朽ち果てる」つもりはなく、故郷の遼寧省で体育教師の免許を取り、ほどなく陸上競技監督としての才覚を見せ始める。教え子たちは裸足で走り、数々の学生競技会で優勝した。裸足で走らせたのも、型にとらわれず実験する意欲の表われだった。

馬俊仁は、エミール・ザトペックが一九五八年に一カ月間中国を訪れ、国民に刺激を与えたことを知っていた。また中国では一九五六年以来、ジョギングが徐々にブームになっていたことも把握していた。その年には、女子一キロメートル、男子三キロメートルという北京の市内大会に、四七八名が参加した。それが九年後には、参加者数は七〇〇〇名にふくれあがり、おそらく当時世界最大規模の大会になっていた。似たような〝市内巡り〟ランニングがあちこちの都市で開催され、冬の風物詩のひとつになった。さらに国際女性デーである三月八日には、中国人がこぞって走るようになった。もっとも、これは都市部だけの現象だったが。

一九七〇年代には、一九三〇年代の内戦時に紅軍が行なった〝長征〟を記念して、合計一万キロメートルを二カ月で走ろうというイベントが開催され、北京の住民延べ七〇万人が参加した。各団体ごとに参加者が協力し合って一万キロを走るのだ。当時欧米諸国にはジョギング・ブームが到来していたが、中国人にとってもジョギングは未知のものではなかった。北京では、男女を問わず大人数のランナーたちが、まるで軍隊のように列を組んで走る姿が見られた。みな、工場や職場が組織する団体だった。

一九七〇年代を通して、馬俊仁は自分の才能を信じ、偉業を成し遂げる決意で、より大きな学校、大きな町を求めて移り住んだ。そして陸上競技の盛んな鞍山《あんざん》へ移る。日々競技場に通っては、監督や選手のようすを観察し、夜の一一時や一二時になって自転車で帰宅するという生活が続いた。「まず実行、それから観察、研究」が彼のモットーだった。最高のものから学び、そこから自分の手でよりよい方法を創り出すのだ。毛沢東時代の中国で、馬俊仁は競技場の観客席に群集に混じって座り、ロードレースでは道端に立って観戦した。トレーニングについての学術書を読んでは熟考し、野望を募らせたが、一方で、ランニング競技に関して中国が欧米諸国にはるかに後れを取っていることも重々承知しており、いらだっていた。しかし、いかに遠い道のりであっても、適切な人材に適切な戦略が組み合わされれば、必ずやトップへの道が開けると確信していた。

一九八二年、馬俊仁率いるランナーたちは、遼寧省内でトップレベルの成績をあげていた。そのほんの四年後、遼寧省の大会において、鞍山の代表としては彼らだけが、二個の金メダルを獲得した。同年、四人の選手とともにポルトガルに遠征し、その二年後のルクセンブルク遠征と併せ、好成績が話題を呼んだ。一九八八年、馬俊仁は遼寧省のランニング監督に就任し、中国陸上競技指導者のヒエラルキーをのぼりはじめた。なんといっても中国には二〇以上の省があり、それぞれが何千万という人口を抱えているのだ。

馬軍団の訓練

馬俊仁は、多くの欧米人が考えるような、〝新米監督〟ではない。あるいは、選手にすっぽんのスープを飲ませていると知った海外メディアがこぞって書きたてたような〝アジアのいかさま師〟でもない。すっぽんスープは、げてものでも神秘の食べ物でもなく、単に数多くの中国珍味のひとつに過ぎないのだ。馬俊仁は大きな中華鍋に特別なスパイスを入れた水を張り、すっぽんを泳がせる。すっぽんは格別な味の源になるその水を飲み、喉の渇きでゆるやかな死を迎える。屋内で飼育されたすっぽんの白い肉は、魚肉のような味がする。日常的な食べ物ではなく、少量ずつ供される食材だ。

そのほか、馬俊仁のメニューには少なくとも三種類の強壮食材が含まれている——驢馬の皮（阿《あ》膠《きょう》）のスープ（ゼリー状の料理）、鹿の角（鹿茸《ろくじょう》）、棗椰子《なつめやし》だ。中国ではこれらの食材は体を温める作用があると考えられている。阿膠は調理済みの塊を買って冷蔵・冷凍し、使用時に水を加えて煮る。このほか、マッサージ、鍼、理学療法、漢方などが、馬の戦略にすべて組み込まれた。

馬俊仁は自分の弟子を、体型と精神的なしたたかさを基準に厳選した。全国の体育教師や地方監督から寄せられる情報をもとに、才能があると言われる選手を見に、はるか遠くまで旅をした。女子選手は、鹿か駝鳥に似ていなければならない。手足が駝鳥の脚や羽のようでなければならないのだ。駝鳥の走りかたを研究した馬俊仁は、走りと跳躍の組み合わせこそが非常に有効であると考えていた。

歩幅を小さくして、膝の上下を最低限に抑えて走るのだ。国際大会でも、馬俊仁のランナーたちは一直線に列を作ってまったく同じスタイルで走ることがあり、すべてが徹底的に叩き込まれている印象を与えた。

馬俊仁は大きなレースの前になると、選手たち同様、神経質になった。夜も眠れず、喫煙など不健康な習慣に慰めを求めてしまう。馬はたびたび選手を殴り、きびしい折檻を加えたが、選手心理を操る巧みさも持ち、実際的なものごとを準備しては世話を焼くという父親のような一面もあった。綿密な計画どおりにことが運ばないと癇癪を爆発させるのだが、彼はそれを、仕事のストレス、睡眠不足、大きすぎる野望のせいにした。たしかに、文字通り昼夜の別なく働きづめだったのは事実だが、似たようなストレスを抱えつつも、暴君になったり肉体的暴力に訴えたりせずにうまく解消できる人も多い。馬俊仁が言うには、よい成績をあげるためには敬意が必要であって、もし選手たちが監督を尊敬しなければ、彼らがベストを尽くすことはできないし、そうしたいとも思わないはずなのだ。

馬俊仁はあらゆるものごとを細かく決めた。レース中は、選手が顔を上げて監督の姿を探さなくてもいいような場所に陣取った。エネルギーをむだ遣いしてはならず、思考を含めてすべての過程が、練習どおりに運ぶ必要があった。試合前の選手の緊張を鎮め士気を高めるために、国家あるいはチームのことを考えるよう指示をした。中国人は集団への帰属意識が強い。自己のためではなく、人民のために走っていると考えるのだ。一五〇〇メートル走を走るときには、一〇〇メートルごとに、何を考えるかがあらかじめ決められている。

ピストルが鳴ると同時に、細身の女子選手たちが一五〇〇メートル走をスタートし、小刻みな歩幅でぶつかり合いながら、ひと固まりになって走っていく。馬俊仁のランナーたちは、最初の一〇〇メートルについての監督の言葉を思い出す。気持ちを落ち着けて、肩の力を抜け。まっすぐ前を向いて走り、対抗選手のことを真剣に、ただし恐れることなく、考えろ。

精神統一の第二段階は、一〇〇メートル過ぎに始まる。「わたしはほかのどの選手よりもいいランナーだ。正しいレーンを走り、まっすぐ前に進めばいい」。トラックを一周した直後には、重要かつ新たな思考段階に入る。「今、わたしは祖国と人民のために走っているのだ。国じゅうがわたしに注目している」――人々を失望させてはならない、とにかくペースを守って六〇〇メートルまでたどり着け。その時点でまた新たに、慰めをもたらす思考に変わる。

「わたしはただ走っているだけ。一九三〇年代、革命に殉じた江姐〔訳注：中国共産党員の原点とされる女性、江竹筠のこと〕が受けた、爪のあいだに竹片を刺される拷問に比べれば、苦しくもなんともない」。江姐は一切口を割らずに拷問に耐えたが、恐ろしい苦難の末に射殺されたのだ。

一〇〇〇メートル地点からが重大な局面だ。映画にもなった別の中国人英雄、王成〔訳注：朝鮮戦争時の中国人民志願軍の英雄〕の受けた試練を思い浮かべ、走ることの苦しみなど取るに足らない、と考えるのだ。そして、最後の二〇〇メートルはただひたすら全速力で走り、勝つことだけを考える。

馬俊仁は奴隷使いのように、すぐに憤った。選手たちは自由時間に、リラックスするために小さなラジオを聴くことがよくあった。当時の中国では、ラジオはまだ高級品だ。ある日、癇癪を爆発させた監督は、ラジオを全部持ってこさせて、女性たちの目の前で壊した。あるいは、小説や軽い読み物を読むことを禁じ、本を没収しては焼く。雑誌も同じで、選手の目の前でびりびりに引き裂くことで、監督としての威厳を誇示し、反抗の芽を摘んだ。非現実世界の夢やたわごとに思いを馳せることを、いっさい許さなかった。

女性たちは化粧やおしゃれを禁じられ、みすぼらしい服装を義務づけられた。そのようすはまるで、訓練の行き届いた浮浪者の一団だった。中国じゅうの空港や鉄道の駅で彼女たちを目撃した人々は、この小柄でやせ細り貧しい身なりをした短髪の女性たちが、いばりくさったヘビースモーカーの監督に率いられている光景に、衝撃を受けた。

男性との接触はいかなる場合も許されなかった。一九九二年七月、青海《チンハイ》省で合宿中、馬俊仁はひとりの選手が男性としゃべっていたという話を耳にする。馬俊仁は彼女の顔をひっぱたき、その髪を丸刈りにしてしまった。この選手は恥ずかしさのあまり、その後のレースでは、夏にもかかわらず帽子をかぶって走らなくてはならなかった。その絶望感は、両親宛ての手紙に吐露されている。

お父さん、お母さん

鞍山にいたとき家に帰りたかったのに、お父さんたちがトレーニングを受けるよう強制し、ここに送り込んだおかげで、わたしは苦しんでいます。ここでは毎日どなられ、罰せられ、殴られています。もう耐えられそうにありません。でも、わたしが荷物をまとめて出ていけば、あの人は間違いなくお父さんたちにひどいことをするでしょう。なんでも自分の思いどおりにする人なのです。親の訪問は許されていません。わたしは次の休暇までなんとか耐えるつもりです。絶対に青海には来ないでください。それから、けっして誰にもこの手紙を見せたり、このことを知らせたりしないでください。

欧米における馬俊仁の最大の勝利は、一九九三年シュトゥットガルト世界陸上の場でもたらされた。

馬の選手たちが、一五〇〇メートルで金、三〇〇〇メートルで金・銀・銅、一万メートルで金・銀のメダルを獲得したのだ。

権力と栄華

これらの華々しい戦績と、その後国内の大会で出した、同距離での世界記録更新に衝撃を受けた批評家たちからは、ドーピング疑惑の声があがった。当時いくつかの持久系スポーツで使われていたEPO（エリスロポエチン）の使用が疑われた。自転車、ランニング、クロスカントリー・スキーなどのスポーツで多くの選手がEPOを使用しており、当時は検査で確認することができなかった。

欧米人からすれば、中国人選手が不正をしたと疑いたくなるのも無理はない。この集団は突然、彗星のように現われたのだ。何億もの人口を抱える中国も、スポーツの分野では弱小国だと思われていた。情報の発信量も少なく、スポーツエリートを育成する伝統も皆無だと考えられていたからだ。しかし、じつはそうではなかった。ジャーナリストたちは、馬俊仁がトレーニング、食事法、駝鳥走法などについて故意にデマを流すことに注目したが、重要だったのは、豊富な予備軍の中から最適の身体的・精神的才能を持った選手を見出す彼の鑑識眼だった。中国人選手がドーピングを行なっておらず、また、一九九三年に彼らが戦った相手も人工興奮剤を使っていなかったと仮定しよう。あまりありそうにない話だが、愚直に信じることにしよう。

一九九三年当時、アフリカ人女子選手はまだ国際舞台に登場しておらず、中国人選手のライバルは、もっぱらヨーロッパ、アメリカ、オセアニアのランナーたちだった。中国の人口は一三億人で、ライバル国の人口の合計より多い。欧米の基準からすれば、経済的にも技術的にも発展途上国だったが、

「追いつけ追い越せ」の勢いは強く、国民は国の繁栄と物質的な豊かさを渇望していた。何億もの人々が昔ながらの農村地帯に住み、幼いころからただ生き延びるために、肉体を駆使して働いた。自動車を所有する者はまれで、ほとんどの人は、どんなに遠い距離も徒歩か自転車で移動していた。

共産主義のもとできびしく理想を叩き込み、社会生活を容赦なく規制する中国社会では、スポーツ学校から地方代表へ、さらに国家代表へというスポーツエリート選抜制度が設けられ、女子ランナーたちの頂点には、馬俊仁の軍隊、「馬軍団」への入隊が待っていた。世界じゅうのメディアが馬俊仁の一門を〝軍〟と呼んだ。選手にも監督にも、軍隊を思わせる風情があったからだ。

中国全土で、野心的な少女とその親たちが馬俊仁の成功を聞きつけ、どんなことにも耐える決心で集まってきた。激しい訓練と厳格な体制に耐えられない者は去り、情熱と才能にあふれた新人選手に取って代わられた。何千年ものあいだ労苦、勤勉、従順を美徳としてきた（特に貧しい田舎の女性たちをはじめとする）膨大な数の予備軍の中から、馬俊仁は潜在的なスターを選りすぐった。一九七〇～八〇年代の中国の農村で育つことは、豊富な食糧と高度な技術に恵まれた欧米で育つのとは、わけがちがう。中国のスポーツ学校で過ごす者の多くは、練習、練習、また練習の教育課程の中で、身体的にも精神的にも偏った人間になりがちだ。制度の中で鍛え上げられたトップスターたちは、国際舞台に出るころには非常にしたたかな選手になった。真に優秀で真に屈強な者だけが、馬俊仁の国際試合の代表に選ばれた。中国は文化大革命以降男女同権になったので、馬の置かれた立場は欧米よりも単純だった。システムは旧ソ連の体制に似ていた。けれども中国では四倍の人口から選ぶことができた。

しかも中国人は、極端なまでの勤勉を美徳とする文化に属している。ある老人と陸上競技にまつわる話が、それをよく表わしている。老人がある競技場の前を通りかかったとき、祝福の歓声があがった。興奮した観衆が出てきたところへ、老人は何事かと尋ねる。

「一〇〇メートルの新記録が出たんだ！　一〇分の一秒、記録が塗り変えられた」

老人はそれを聞いて少し考え、言った。「なるほど。ところで節約したその時間で、その走者は何をするつもりかね？」

この小咄は中国人のユーモア、心情、時間のとらえかたを伝えるものだ。時間をけっしてむだにしてはいけない。もっとも、この逸話自体は、極端に効率にこだわる中国人をからかっているものだが。

馬軍団の女性ランナーたちが一九九三年の世界陸上で大成功を収めたあと、楽百氏有限公司が馬俊仁に、どのような強壮剤を与えているのかと尋ねた。「秘密の栄養飲料、その他もろもろだよ」と馬は答えた。馬俊仁が言うには（これもでたらめなのだが）、中国人は欧米人に比べて血液中のヘモグロビンが少なく、男性は一〇分の一、女性は五分の一しかない。馬の栄養飲料はこの差を埋めるためのものだという。楽百氏がこの栄養飲料の特許を一〇〇〇万人民元（ほぼ一〇〇万ポンド）で買い取り、馬俊仁は金持ちになった。

その飲料のラベルには八種類の原料が書かれている。阿膠《あきょう》（驢馬の皮）、棗椰子《なつめやし》、唐当帰《からとうき》、枸杞《くこ》、鬼の矢柄《やがら》の塊茎、高麗人参、鹿の尾、蓮華草の根だ。馬俊仁によれば、これらをすべて混ぜ合わせると、奇跡的な体力回復効果があるという。それでいて、すべて中国では処方箋なしで買える材料から作れるのだ。馬俊仁は自分でも健康食品企業を設立し、また別の奇跡の栄養飲料を商品化した。また、すっぽんのスープを製造する会社のテレビＣＭにも登場した。彼はすっかり有名人で、お茶の間でおなじみの顔になり、長年の巨大な野望を達成した。しかし、その幸運も長続きしなかった。

一九九三年一二月、馬俊仁は監督の職を辞した。明けて新年早々、馬軍団の選手とその親たちが重大な会議に招集される。選手も家族もほとんどが貧しい田舎の出身だったが、みな馬のことを擁護した。監督がいかに毀誉褒貶の激しい人物であろうと、このまま成功を続けてほしいと願い、富や名声のおこぼれにあずかれることを期待していた。会議は他のコーチ陣の退任と馬の留任を要求し、その決議はスポーツ界のお歴々からも支持された。スポーツ委員会の指導者などいくらでも見つかるが、馬俊仁という人物はひとりしかいないのだ。

馬は復職した。この決定は、一九九四年当時の中国における馬俊仁の権力と立ち位置を象徴するものだった。なんといっても彼は、女性スポーツ選手の地位を向上させた功労者なのだ。

離反と没落

一九九四年夏、馬俊仁は昔からの夢を実現させ、自分の訓練施設を建てた。中国じゅうを旅してきたが、遼寧省の大連に、山育ちの身には珍しい海の景色を見つけ、気に入ったのだ。大連の三階建ての施設が、今や馬の本拠地となった。もっともチームは、山中に高度の違う基地をいくつも作り、転々とした。訓練施設には二〇名の若い女性選手が暮らし、施設管理のために何組かの親たちも移り住んだ。当初は一〇名の男性選手もいた。

一九九四年、主力選手の劉冬が、いくつかの衝撃的な出来事のあと、虐待を訴えてチームを離脱した。中国西部での高地トレーニングキャンプに先立って、馬俊仁が癇癪を爆発させたため、劉冬は容易に決心がついたという。

その朝、選手たちは空港へ向かうバスに乗り込んでいた。劉冬は集合時間の六時一〇分になっても姿を見せず、バスは彼女のために三〇分待った。劉冬はランニング練習に出ていたのだった。飛行機も、中国一の有名チームのために出発を二〇分遅らせたが、最終的には劉冬を乗せずに離陸した。施設を出発する直前、馬俊仁は五階の劉冬の部屋へ行き、荷物、トロフィー、衣服など一切合財を窓から外へ放り出した。練習から戻った劉冬は、私物がすべて道に散乱しているのを見るはめになった。世界チャンピオンの身にこのような仕打ちは耐えられず、彼女はチームから離脱した。この事件はほかの選手にも動揺を与え、監督の次なる噴火の犠牲者は誰なのかとおびえさせることになった。

一九九四年一二月一一日、女子選手一〇名が馬のオフィスにやってきて、共同辞表を突きつけた。馬俊仁には寝耳に水だったが、よく考えれば回避できたはずの事態だった。馬は夜も眠れず、煙草が手放せなくなり、物思いに沈んだ。三〇年前の母親の死以来の落ち込みようだった。

悪いことは続くもので、その月の末に父親が亡くなり、さらにその二日後、今度は馬自身が高速道路で横転事故を起こしてしまう。まさにどん底の時期だった。馬は病院で何日も死線をさまよった。事故から五日目、選手全員が馬の病床に集まり、いくぶん小さく見える監督が、もだえ苦しむさまを見守った。馬は少し前から態度を軟化させ、しきりに後悔していた。監督がすべて握っていた収入のうち少なくとも一部が、選手たちに還元され始めていた。

「戻ってきてくれ」馬俊仁は教え子たちに懇願した。

馬の健康状態は思わしくなく、事故直後の盲腸炎の手術が、さらに容体を悪化させた。

馬俊仁という人物は、貧窮家庭での幼少期と学校教育の欠如という生い立ちに照らして理解する必要がある。彼は人生から学んだのであり、そのしたたかさとかたくなさは、独学で身を立てた人間に特有のものだ。亡くなった自分の母親が、天からの仲介者として夢の中で語りかけ、未来を予言するという。そのメッセージを選手たちに伝えるのだが、その警告はしばしば、長期間にわたって選手を不安におとしいれた。仲介者の伝える要求から逸脱すれば、天の力からどのような罰が下されるかわからない。馬軍団の中軸選手、王軍霞《おうぐんか》も、馬のそういう予言におびえ、正月に何日も自室に引きこもったことがあった。

王軍霞は大連郊外の貧しい家庭に生まれた。家族はほぼ一文なしで、わずかな畑を耕し、その作物を糧としていた。中国の農民が何千年も繰り返してきたように、朝早くから一日じゅう畑に出て、水を汲み、重労働をこなした。軍霞は子どものころから走るのが好きで、学校にも走って通った。やがて、まれに見る身体能力と、エミール・ザトペックのような強靭な意志力を示すようになり、スポーツ学校の制度の中へ、何千人もの生徒とともに選抜された。

娘が成功したことで、両親も全国的に有名になった。当初陸上競技に関してはまったくの門外漢だった父親は、やがて陸上競技の解説者になった。馬俊仁はこれに敬意を表し、農地からはほとんど収入のないこの夫婦を、高い報酬で大連の訓練施設に雇い入れた。しかし、馬俊仁と王軍霞の両親は反りがあわず、彼らの施設での日々は短かった。

馬俊仁は選手たちに力を出しきるよう焚きつけ、呪術で脅し、愛国心を掻き立てた。口が悪く、〝売女〟だの〝あばずれ〟だのという言葉を女性たちを前に平気で口にし、「日本の小鬼どもを叩きつぶせ」「鼻と腹のでかい白人どもを打ちのめしてやれ」とけしかけた。

一九九五年一月、王軍霞は深刻な辞表を書いた。

ここ数年、わたしはきびしいトレーニングを行ない、祖国のために栄誉を獲得してきました。祖国と人民の害になるようなことは何もしなかったつもりです。けれども今わたしは、たとえようのない不安を抱えています。怖くて怖くて、絶望で人格が崩壊しそうです。もう生きていけないのではないかと思うくらいです。指導部のみなさま、どうぞわたしを辞めさせてください。

どうか何もきかないでください。あんな恐ろしい責め苦には耐えられません。戻ってくるつもりもありません。残りの生涯、普通の人生を送りたいのです。

王軍霞。1993年の世界陸上女子10,000メートルで優勝した。その優勝タイム29分31秒78は現在も破られていない世界記録である。

馬軍団の珠玉、王軍霞までもが、ひどい虐待に苦しんでいた。雲南省で高地トレーニングを行なっていたある日、王軍霞は集団の先頭を走っていた。馬俊仁は血相を変えて飛んできて、マスコミの前でいい格好をするなと責め立てた。馬は王軍霞の腕を引っつかんで激しく殴打し、「マスコミに見えるように殴ってやる」と言い放った。

友人の眼前、さらにはこの場合のようにマスコミの面前でのこのような仕打ちが、王軍霞を馬軍団から離反させることになった。まるで軍隊のように、公然と叱責し処罰を与える馬の流儀は、本来、選手に馬本人への敬意と畏怖を抱かせるためだった。

恰幅のいい独裁者は、若い女性を意のままに操れる――馬俊仁は選手たちを、成人女性としてではなく、少女として見ていた。男子はきびしい教練に反発するとわかっていたので、女子選手を専門とし、実際、長いあいだ彼女たちは馬の支配体制に反抗できなかった。

世界じゅうの新聞が、非人間的なトレーニングのようすを書き立てた。「毎日マラソン距離を走っている」と馬は大言を吐いたが、これについては、一九九五年にトレーニングキャンプに滞在した作家趙瑜《ちょうゆ》に対して、誇張であったことを認めている。馬は外国メディアに対してほらを吹く傾向があり、選手らは実際に、毎日毎週四〇キロ以上走ったわけではなかったし、仮にそうしたところで、なんのメリットもなかったはずだ。トレーニング量を誇張するのは駆け引きのひとつだ、と馬は言ったが、それもまたうそだったのだろうか？

馬軍団の生活は、世界のトップランナーたちの生活と変わらなかった。早起きして早朝ランニングに出かけ、朝食を取る。馬俊仁手ずから食材調達と調理をし、あるいは馬の料理哲学を教え込まれた料理人が作った食事だ。朝食の食卓には米粥、良質のソーセージ、ゆで卵、野菜、パンなど、栄養価が高く食べごたえのある皿が並んだ。朝食のあとは昼寝だ。

昼食の主皿はスープだった。魚、鶏肉、あるいはすっぽんのスープだ。それからまた、ふたりひと部屋の自室に戻って昼寝。その後、阿膠のスープを飲んでから、午後のトレーニング。走ったあとも多彩で盛りだくさんの夕食をとり、さらには馬俊仁特製の強壮ドリンクを摂取してから、九時に就寝する。一日二回のトレーニング・セッションでじゅうぶんであり、そのうち午後のセッションにだけ、馬俊仁が顔を出した。

ジャーナリストの趙瑜は、一九九五年二月から六月にかけて訓練施設で共に生活した経験をもとに、馬俊仁とその選手たちについてのルポを出版した。ランナーとその親へのインタビューも載った。ところが、著者の批判的かつ否定的な論調が、馬の気分を害することになる。「あの本のせいで五年寿命が縮まった」と馬は言い、趙瑜を歓待して秘訣を明かしてやったことを悔いた。

二〇〇四年に出版された馬俊仁の伝記は、先の本とは違い、本人にとって好ましい内容になった。訓練施設での滞在記とは異なって、多くの長いインタビューにもとづいており、よりバランスの取れた像を描いているようだ。

能力と知識の面で、馬俊仁の右に出る者はいない。日本の中村監督をしのばせる指導者であり、その野望は、少なくともアーサー・リディアードやパーシー・ウェルズ・セラティに負けず劣らず大きかった。馬俊仁が人生をかけた夢は、教え子たちがトラックで世界を負かしたときに実現した。それこそが彼にとっての世界征服であり、自己が最強であることを見せつけた瞬間だった。自身はランナーとして功績を残さなかったが、監督とはときにそうであるように、選手たち以上に野心的だった。

監督としての職を失ったあと、馬俊仁は、絶滅の危機にあるチベット犬のブリーダーとして、第二の人生を歩み始めた。

第24章　貧困から脱出する

しかし、ただエチオピア人の足が速くなるだけでは、国の真の問題は何も解決されない。
——長距離の世界記録保持者ハイレ・ゲブレセラシェ

アメリカン・ドリーム

一九九〇年代末、新人ランナーを発掘するために、経験豊かなアメリカ人コーチがふたたびケニアの地を踏んでいた。一九六〇年代にキップ・ケイノを見出し、渡米させたハーディだ。それ以来、ナンディ地区出身の多くのランナーが彼の尽力で奨学金を手にしてきた。ナンディ族のことをよく知り、ケニア国民からの信頼も厚いケイノは、橋渡し的な存在だった。その日も、ケイノとハーディのふたりはクルガト家を訪問しようとしていた。一家は、息子のジョサイアが高校を卒業したばかりで、アメリカの複数の大学から来た誘いを慎重に検討しているところだった。

ふたりは、農業を営むクルガト家へと車を走らせた。砂利道を本道からはずれ、小さな牧場で牛や山羊が草を食むかたわらを通り過ぎる。母屋は土壁とトタン屋根の建物だ。轟音を響かせて、庭先に車を入れると、家の中から三人の弟と妹たちが飛び出してきた。母親と父親も姿を見せる。ハーディはスワヒリ語であいさつをし、それぞれが握手を交わした。その後は、英語でしゃべるハーディの言葉をケイノが通訳する。「ベンは、元気でやっていますか?」すでにハーディにスカウトされてアメリカで生活している息子について、父親が質問した。

「頑張って走っていますよ。専門種目では大学でもトップクラスです」ハーディは、ベンからのお土産を渡しながら答えた。貧しい農夫には高くて手が出ない上品な革のジャケットだ。ベンの家族は、ジャケットはもちろん、キップ・ケイノが目の前にいるということに興奮ぎみだった。ケイノと言えば、このあたりでは、神に次いであがめられる存在だ。ハーディは、一家が喜びの声を口にするのを待ってから、父親に向かって言った。

「きょうは、ジョサイアくんのことで、お父さんとお母さんにお話があります。ノースカロライナ大学への進学をお勧めしたいのです」

このふたりを前にして、ほかにいったいどんな選択肢があるだろう。陸上選手としてのキャリアと無償の教育を申し出てくれる、世界一裕福な国の大学から来たスカウトマンと、ナンディ族の最も偉大なヒーローのふたりに勧誘されて、辞退できるわけがなかった。

「ご長男をお預けいただいたように、ジョサイアくんもぜひわたしにお任せください。彼なら、ノースカロライナ大学で成功し、楽しい学生生活を送れるでしょう。いかがですか」

ハーディの提案をケイノが通訳すると、一家はスワヒリ語で話し合った。「お任せいたします。わたしたちカレンジン族は、目上の人の意見をありがたく頂戴する部族です」。これが、八〇歳を超えるハーディへのクルガト家の答えだった。その場に笑顔があふれる。一家は、ジョサイアの渡航費用を工面するための、資金調達会《ハラムビー》を計画し始めた。

あとはみんなで和やかに歓談しながら、条件や詳細について話をまとめていった。ハーディは満足げなようすで、全員と握手を交わし、カレンジン族特有のお祈りに加わった。

「息子さんをお任せいただいて、ほんとうに感謝します」

ハーディはまたひとり、ノースカロライナ大学への留学生を獲得したのだった。ケニアからアメリカに渡る彼らにどんな生活が待っているのか、大学生活を終えたあとはどうなるのか、誰にも確かなことはわからなかった。帰国を望んだとしても、必ず戻れるとは限らない。海外に渡って教育を受けても、成果があがらない場合だってある。ナンディ族だからといって、成功する保証などないのだが、それでも野心を持つ若者ならアメリカ行きを強く希望していることを、キップ・ケイノは知っていた。ナンディ族出身のケイノは、四〇年以上にわたり、夢をかなえてくれる国の話を同郷の者に伝えてきた。楽しいことばかりではないが、多くの可能性を与えてくれる国の話を。ハーディは自分が、貧しい若者に勉学という貴重な機会を与え、豊かな国へと導く手助けをしていると考えていた。ジョサイアがアメリカに留学すれば、本人にも家族にもプラスになるだろうし、お金が稼げるので、日々の生活も豊かになるはずだ。

若者の留学を手助けしたいというハーディの心情と、一八世紀のアメリカで西アフリカ出身の奴隷を買っていた商人の動機に、大きな違いはあるだろうか。奴隷取引は、生涯の服従を意味する残忍な片道切符、いわば利己的な搾取を目的とした人身売買だった。今日のランナーたちはというと、富を得ることもできるし、健全な教育を受けることもできる。実際のところ、物質的な贅沢に向けての第一歩となり得る。つまり、ランナーの留学は、多くの場合、スカウトするほうにも、されるほうにも利点のある経済移動なのだ。もちろん、富がきわめて不均等に分配されていることも、アメリカ人がアフリカ人の身体的な才能を利用していることも事実ではある。一部の地元の人のねたみを買ったとしても、多くのケニア人にとって、奨学金をもらえることは誇りであり、相応の苦労は覚悟のうえだった。

ランナーを輩出する部族

ケニア人は熱心にトレーニングするが、天賦の才能に恵まれていることも事実だ。ナンディ族の場合、世界のトップレベルとまではいかなくても、急速な進歩を示すことがよくある。例えば、ポール・ロティッシュ。彼は一九八八年に、しかるべき教育を受けるために米国に留学した。スポーツをやるつもりは毛頭なかった。裕福な父親から一万ドルを与えられ、テキサスのサウス・プレインズ短期大学で奔放な生活を送った。最初の学年が終わるまでに、手持ち金が二〇〇〇ドルになり、卒業できないまま帰国するという恥ずかしいことになる恐れが出てきた。そこで、体重七九・五キロ、身長一七三センチの青年ポールは、トレーニングを始める。といっても、ゆるい体格を恥じて、最初は夜間にトレーニングした。秋までに余分な脂肪がそげ落ち、大学のクロスカントリー・チームの一員になっていた。

近くにある大学から、陸上競技選手として奨学金を得たポールは、ランナーとして活躍した。ケニアに帰国して、自分でも予想していなかった新たなキャリアについて語る彼に、従兄弟がこう言った。

「おまえが走れるんなら、カレンジン族は誰だって走れるということだな」

四〇のアフリカ系部族とアジア系、ヨーロッパ系から成るケニアにおいて、カレンジン族の下位集団であるナンディ族は、人口の二パーセントにも満たない。五〇万人前後のナンディ族から、どうしてこんなに多くのトップランナーが輩出されてきたのだろう？

長年の伝統習慣に加え、キップ・ケイノの輝かしい成功例が、世代を超えて多くの人々に勇気を与えてきた。脚が細くて長いことや体重が軽いこと、それに、効率よく走れる生来の能力も大事な要素だろう。標高一五〇〇～一八〇〇メートルの空気が薄いところで育つと、長く運動を持続できる能力が養われ、持久力を要するスポーツでは有利に働く。さらに、ナンディ族には、肉体的に過酷で苦痛を伴う習慣があることも無視できない。それは、スパルタ人のように頑健であることを重視する習慣だ。

一五歳になると、少年には割礼が施される。部族の年長者が中心になって施術を行ない、少年が痛がるそぶりを見せるかどうかを見守る。ナンディ族の社会では、痛みを訴えることは、意気地がないと見なされる。この試練に耐えられない者には〝臆病者〟のレッテルが貼られ、男として最も重要な活動の場から締め出される。〝牛泥棒〟に参加することもできないし、部族会議で発言することも禁止され、通常は結婚することも許されない。

割礼は、女性にも行なわれる。施術時に麻酔は使われない。痛がったり泣いたりしたら、同じく〝臆病者〟と呼ばれ、そういう母体からは臆病な男の子が生まれるとされている。

ナンディ族といえば、〝牛泥棒〟としても、優秀な戦士としても畏れられている。牛泥棒は昔から行なわれていて、四〇～五〇人、あるいはそれ以上の人数の男たちが、夜間に最大一〇〇マイル（一六〇キロ）の距離を走り、目をつけておいた牛の群れを盗み出す。このような奇襲では、持久力と走るスピードが何より重要だ。可能なかぎり飲まず食わずで走り続け、短時間で戻ってくる。牛泥棒は今でも行なわれており、牛を神からの授かりものと考えるケニア人のあいだでは、窃盗行為とは見なされていない。

ナンディ族は、遊牧民として生活する一方、耕作も行なってきた。ケニアの高地で生活することで、彼らは、中距離や長距離を速く走るのに必要な要件をすべて備えた部族になっていった。

留学生たちの末路

一九九〇年代以降のケニア人ランナーの多くは、移住労働者だといえる。彼らは富を得るために新しい世界に飛び込んだ。他の移民労働者と同じように、世間の評判とか親戚や知人の助言に耳を傾け、少しでも多くの収入を得るためにどこで活動すればいいかを考えた。だから、彼らは、スカンジナビア、イギリス、イタリア、アメリカ、日本、ドイツなど、どこにでも移り住んだ。たいていの場合、狭い部屋に三、四人で住み、自分たちの仲間以外、社会とのつながりは少なく、速く走ることだけに集中する生活だった。中には、国籍を変えたり、あるいは、イスラム出身の場合は、名前を変えたりする者もいた。成功すると裕福になったが、一生懸命頑張っても下位層から抜け出せない者もいた。そういう若者は、移民労働者と同じく、すぐに希望を失い、やがて条件の悪い生活と労働に甘んずることになり、搾取の対象にされがちだった。

ジャペス・キムタイ（一九七八〜）は、ヨーロッパの大会の八〇〇メートル走で優勝した。一九九〇年代半ば、競技場で走りながら、彼は何を考えていたのだろうか？

考えたのは土地のこと、いや土地の購入のことだった。まずは両親のため、それから自分自身のための土地だ。乳牛と肉牛を放牧するための牧草地、果てしなくどこまでも続く何エーカーもの広大な土地。その土地が欲しくて、彼はランナーとして頑張ってきた。走ることは好きだったし、根っからのスポーツ愛好家だったが、野心を持った他のナンディ族と変わらず、頭の中ではずっと、貧困から脱出して豊かな生活を手に入れるために、自分にはどんな技術があり、それを最大限に活用するにはどういう方法があるかを自問してきた。

走ることは最良で最も手っ取り早い方法だったが、彼には、アメリカに長期留学をして成功したいという気持ちはなかった。十代のうちにヨーロッパの大会に参加するという最短の道を選択した彼は、八〇〇メートル一分四三秒六四というジュニアの世界記録を作った。

ジャペス家の農場の広さは一〇エーカーほどだったが、その三倍の土地を持ちたいと彼は考えていた。これは、毎年夏にヨーロッパに渡り大きな競技大会で走るときに、気持ちを支えていた夢だった。オーストラリア人のマネージャーが実務面を引き受け、稼いだ出場謝礼金と賞金はすべて、ヨーロッパの銀行を通して、アフリカの銀行に送金してくれた。

キムタイは、最初の収入を手にすると、両親のための土地を購入してから、自分用の土地を探し始めた。毎年、競技シーズンが終わるごとに、彼の農場は大きくなり、改良が施されていった。新しいトラクターと道具類を追加し、新たな使用人を雇用して、新車を購入するという具合に、年々少しずつ改良を重ね、理想的な農場にするつもりだった。

三〇エーカーの土地を所有するという夢を、ジャペス・キムタイは三〇歳までに実現させた。彼は現在、農場を所有し、使用人たちと共に、乳牛の乳を搾り肉牛の面倒を見ている。ナンディ族出身の成功したランナーたちのように、彼も自由に自分のやりたいことを追求し、同郷者のコーチ役を買って出て、彼らの成功を支援している。後輩には、土地の購入を勧めており、最初に得た収入分から時間をかけてじっくりと投資するよう助言している。ナンディ族が住む主要都市、エルドレトにある高層ビルや社屋の所有者の中には、過去にランナーとして活躍した人間が多い。高級住宅地の住民のほとんどは、稼いだお金をじょうずに運用した元ランナーたちだ。しかし、中にはみずからの財産を浪費したり、詐欺師にだまされたりした者もいることを、キムタイは知っている。愚直で、お金の絡んだ取引で人を疑うことを知らない者が、ナンディ族には多いのだ。

ジャペス・キムタイは携帯電話を持っているし、電子メールも利用するが、ナンディ族の、牛に囲まれた農耕文化の中に存在する自分の根源を大切にしている。周囲の人間がアルコールでどのように身を持ち崩していったかを知っているので、意識的にアルコールも控えている。

二時間七分のマラソンの記録を持っていたにもかかわらず、アルコールに溺れたあげく、二〇〇七年に、住む家も失いボストンで野垂れ死にしたケニア人ランナーがいた。金を集め、彼の遺体を祖国のケニアに送り返したのは、アメリカで生活していた同郷のランナーたちだった。必ずしもそれが公式の死因になるとは限らないが、成功して有名になったケニアの先輩ランナーの多くが酒の飲み過ぎで命を落としていた。アルコールに肉体をむしばまれたのだ。ケニアのリフトバレー州から始まり、世界の競技場を経て、数年の海外生活とまったく異なる文化の経験へと続く長く過酷な旅——そこでは、人間は商品と見なされる——は、旅人の肉体にも精神にも深い傷跡を残した。

ひたむきな女性たち

ケニアの女性ランナーが活躍するのは男性よりも遅く、世界の一流選手の中に多くの名前を連ねるようになるのは一九九〇年代になってからだった。その中で活躍が著しかったのは、やはりナンディ族出身の女たちだった。

二〇〇三年に、一二〜五〇歳の女性二五〇人に対し、走り始めた動機についての調査が行なわれた。対象者は、オリンピックや他の国際競技会に出場した経験があるか、あるいはジュニアとして高い潜在能力を持つ女性だった。五〇パーセントが金を稼ぐために走り始め、二〇パーセントが先輩ランナーの活躍に影響を受けている。一・五パーセントは楽しみのために、三・五パーセントが健康のために走っていた。

ケニアの平均的な日給は、一ユーロに満たないので、金を稼ぐためという動機はうなずける。年収一万ドルでも、祖国で稼げる金額の一〇倍になる。キャサリン・ヌデレバが、二〇〇一年のシカゴ・マラソンで世界記録を塗り替えたとき、彼女は優勝賞金として七万五〇〇〇ドル、大会新記録のボーナスで一〇万ドル、副賞として二万六〇〇〇ドルの車を獲得した。さらに、出場報酬と優勝ボーナスも手にしている。主要なマラソンレースで優勝することは、莫大な金が入るうえに、将来マラソン以外でも稼げる可能性を切り開くことになるのだ。

金で自立を買うことができるという点で、ケニアの女性ランナーは、男性ランナーよりもずっと強い経済的動機を持っている。ケニアの女性たちは、土地や富を得ることを許されていない場合が多い。女性は土地を相続することができないので、たいてい、身内の男性が所有する土地で農作業をして生活する。しかし、銀行に預金があれば、自分の土地を買うことができる。以前は裕福な家柄の娘でもなければできなかったことだ。ケニアの女性ランナーは、こうして一家を、ひいては村全体を支えることができる。それに、女性ランナーは男性ランナーに比べ、自分の財産に関してずっと分別がある。男性よりも堅実で、金を浪費したり酒に溺れたりすることも少ない。

外国からの助っ人

この数十年、世界各国のコーチがケニアで活躍するようになった。そのひとり、イタリア人医師ガブリエル・ローザは、あらゆるレベルのあらゆる年齢層向けのレースをケニア国内で主催した。イタリア人コーチや医師というとドーピング疑惑を想起させるが、彼はそういうものと縁がなかった。自分の指導方針を貫き、不正行為で捜査の対象となるような連中とは付き合わなかった。ローザの指導を受けたジャンニ・ポリが一九八六年のニューヨークシティ・マラソンで優勝すると、ケニア出身のモーゼス・タヌイをはじめとする数人の一流ランナーがローザに指導を仰いだ。一九九二年、ローザが〝ケニア人発掘〟プロジェクトを開始したときには、イタリアの会社フィラがすぐにスポンサーに名乗りを挙げた。その数十年前から、多くの海外の大企業が、ケニア人ランナーのスポンサー役を務めることに関心を示していた。

しかし、ローザがマラソンの世界に参入したとき、マラソンを走るという伝統はケニアにはなかった。一九九〇年の世界二〇傑にランクされたのは、ダグラス・ワキウリだけで、それに続くケニア人選手は、八〇位と一〇〇位だった。一四年後には、世界のマラソン選手一〇〇傑のうち、五〇人がケニア出身で、その大半がローザの弟子たちだった。

ローザは、一九九三年に最初の合宿所を建てたのを皮切りに、選手を最大一〇〇名まで収容できるように、ランナーたちの地元の近くに合計一三カ所の合宿所を新設した。合宿では、選手たちは朝早く起床すると、黙々と気持ちを集中させて集団で走り、休憩をはさんで、さらにトレーニングを行ない、食事をして早めに就寝する。電気も携帯電話もいらない生活。合宿は彼らにとって大学であり、ヨーロッパ、アメリカ、アジアで戦う前に、この大学を卒業しなければならない。興味を抱き、指導を受けたいと願って、海外から参加するランナーもいる。彼らがそこに見るものは、素朴さと規律だ。スケジュール表には、単純なトレーニングメニューと毎日の睡眠や食事の時間があるだけで、ある意味で時代を超越している。国際舞台に参加できるようになったとき、選手たちが経験する環境とはまったく異質のものだ。彼らは、アフリカの高地でトレーニングを積み、物質的にもっと裕福な世界へと旅立つ。以前は、軍隊での経歴が個人の出世につながる可能性があったように、二〇〇八年のケニアでは、走ることが成功への手段だった。

ローザは、外国人選手と地元の選手をいっしょにして、いくつかのグループに分け、グループごとにトレーニングや規律ある生活について指導する方法をとった。合宿所では、「一日に二回のトレーニングに加えて、休養と正しい食事」というローザの教えに従い、走ることに専念した生活を送るために、何カ月ものあいだ、家族、友人、仕事から離れなければならない。競争は熾烈なので水準が押し上げられ、ほんとうに力のある選手を見出すことが可能になる。

ローザは、開設した一三カ所の合宿所で、コックやコーチなど四〇名のスタッフを雇って、二〇〇名の選手の面倒をみる。学校に通う年齢の選手だけは自宅から合宿所に通っているが、彼らの学費はローザが経営する会社が負担している。

ケニア人ランナーの成功には、ヨーロッパの宣教師たちもひと役買っている。一九六〇年にアイルランドの聖パトリック兄弟会がイテンに創設したセントパトリック高校が最も有名だが、一九六一年にオランダのティルブルフ兄弟会が建てたキシーにあるカーディナル・オトゥンガ高校からも、世界で活躍する選手が生まれている。

セントパトリック高校の初代校長、ブラザー・シモンは、陸上競技に熱心で、生徒たちのコーチ役も務めた。陸上競技は一年生の必須科目なので、優れた才能のある生徒を発掘できる。一九七〇年代と一九八〇年代に八〇〇メートルで世界のトップランナーとなったマイク・ボイトは、設立後間もないころの卒業生だ。一九七〇年代には、外国人コーチを雇って、全体のレベルアップを図っていた。のちに世界で活躍したランナーたちは、高校時代の練習が成功のもとになった、と語っている。この高校には競技用トラックがないので、選手はたいてい山野を走る。

アフリカが抱える悩み

ヨーロッパから見れば、アフリカはランナーの国のように見えるかもしれない。しかし、アフリカでジョギングが流行ったことはないし、車を持っていない住民は走ることより歩くことを好む。ヘンリー・ロノの子どもたちは、ケニアの理想的なトレーニング場の近くに住んでいるにもかかわらず、走ってもいないし、体を鍛えることすらしていない。ハイレ・ゲブレセラシェが走ったのは、家計に余裕を持たせて、自分の子どもたちが父親のように走らなくてすむようにするためだった。

二〇〇七年の時点で、アフリカには五三の国があり、総人口六億九〇〇〇万人が暮らす。走ることで世界に認められた選手を多く輩出しているのは、主に、ケニア、エチオピア、アルジェリア、モロッコだ。

モザンビークが誇る八〇〇メートルの第一人者マリア・ムトラは、四年間、毎年多額の金を祖国に仕送りしてきた。二〇〇三年、ゴールデン・リーグ・アスレチック・グランプリで一〇〇万ドルの賞金を得ると、その一部を故郷のある基金に寄付した。ムトラの気前のよさのおかげでいくつかの農場や小企業が救われた。国には緊急時の医療機関が設けられ、井戸が掘られ、トラクターが導入された。

長距離の王者、エチオピア出身のハイレ・ゲブレセラシェは、いつも祖国の貧しさを思い知らされながら走ってきた。彼は走らなければならなかったから走ってきた。学校への往復で六マイル（九・六キロ）走ったあとには、数カ所の田畑での労働が待っていた。やがて、彼は貧困と闘うべきだという使命のようなものを感じた。「トレーニングをしていても、その思いが頭を離れることはないんだ。貧困を根絶しないかぎり、われわれは国として前に進めないから。しかし、ただエチオピア人の足が速くなるだけでは、国の真の問題は何も解決されない」

他のあらゆる分野同様、グローバリゼーションの波はスポーツ界にも及んでいる。コストを抑えられるところなら世界じゅうどこででも商品が製造されているように、アフリカの小さな部族から躍り出たランナーたちも、力があれば大きな国際舞台で活躍できるようになった。粗削りの才能を磨きあげる体制が確立されたからだ。現代のケニアやエチオピア国民の祖父母や曾祖父母たちも、長距離走の才能を持っていたが、二、三世代前のランナーを世界の舞台に導いてくれる仕組みはまだできあがっていなかった。この背景には、これらの国が戦後、植民地支配から自由を勝ち得たという事情もある。独立の成果のひとつが、オリンピックなどの大会に参加できる機会を得て、みずから参加したいと思えるようになったことだった。

この状況の矛盾点のひとつは、植民地時代にケニアから甘い汁を吸った側の人々――如才ない白人中間業者たち――がランナーをスカウトして受け入れる仲介役を果たしたことだった。引退してもケニアで活動を続ける元ランナーたちは、現在、力を合わせてもっと強固な仲介団体を作ろうとしている。エルドレトやその近辺に住む成功者の多くが団結して、ナンディ出身のランナーの代理人を務め、彼らが現役活動中に実務的な問題やトラブルを経験しないですむように活動している。

アフリカのランナーたちは、一九世紀にアフリカを支配した入植者とは逆方向に移動している。白人の提示した条件をそのまま受け入れて、彼らは西欧に向かう。植民地政策をとった列強は原材料を独占利用して豊かになったが、アフリカのランナーたちは、見知らぬ土地で、俊足の奴隷のように、きびしいトレーニングに励まなければならず、富の邪神《マモン》の果実をできるだけ多く収穫するためには、たいていの場合、互いにしのぎを削り合う。彼らは自分自身のために、そして家族や祖国のために、他人の設けた条件に従って異国の競技場で戦っている。そのことのほんとうの意味を理解した部外者は、今までのところほとんどいない。

第25章　人類はどこまで速く走れるのか

何かを勝ち取りたいなら、一〇〇メートルを走りなさい。人生について何かを学びたければ、マラソンを走りなさい。

――エミール・ザトペック

才能か努力か

動物の世界で暮らすことによって、高速の走りを習得した人間の逸話は、たくさんある。例えば、一九六三年にスペイン領サハラで、人類学者のジャン＝クロード・アルメンによって〝ガゼル少年〟が観察されている。アルメンは車に乗り込んで、少年を追った。ガゼルの群れで育った、時速三四マイル（約五五キロ）ものスピードで走る少年を。車中の全員が、見たこともない光景に腰を抜かした。少年が、育ての親のガゼルを思わせる優美な身のこなしで、軽やかに駆けていったからだ。この目撃談や走った速度に、裏づけが一切ないのは、おそらく作り話かほら話だからだろうが、動物によって養育され、育ての親の生活様式になじんだ子どもの有名な事例は、確かに存在する。

少年の走る速度をアルメンが正確に測ったとすると、少年は世界最速の男よりもはるかに足が速かったことになる。人類最速の記録は、ほぼ時速二八マイル（約四五キロ）で、あまたの動物と比べれば見劣りがする。チーターの時速七〇マイル（約一一三キロ）や、馬の時速四三マイル（約六九キロ）は、人間には及びもつかない速さだし、大柄で動作の鈍いゴリラでさえ、時速三〇マイル（約四八キロ）を保ちながら半マイルは走れる。

人間の取り柄は持久力であり、長距離走であれば馬をも負かすだろう。イギリスのウェールズでは、一九八〇年から毎年「人馬対抗マラソン」が開催されており、大会ではランナーや自転車、馬が、起伏の多い原野の、マラソンより少し短いコースで競走する。二〇〇四年にはランナーのヒュー・ロブが、四〇頭の馬、五〇〇人のランナーを抑えて、走りでの参加者として初の総合優勝を果たした。ロブの二時間五分一九秒という記録は、トップの馬をゆうに二分はしのいでいた。

世界最速の人類とは、誰なのか。陸上競技界の定義では、世界陸上かオリンピックの一〇〇メートルの勝者だということになるだろう。この距離なら、あまり文句も出るまい。

専門家は、一〇〇メートル走を三段階ないし五段階に分けて考える。三段階の場合は、最初の三〇〜四〇メートルでの加速、続く二〇〜三〇メートルのトップスピードでの疾走、そしてゴールに向かってての失速だ。例えば、一九八〇年代から九〇年代に、アメリカのカール・ルイスの走りについて「恐るべき終盤の速さ！」という表現をよく耳にしたが、この台詞の実際の意味は、他の選手よりもスピードの落ちかたが少ないということだった。五段階で考える場合には、スタート直後（反応段階）とゴール段階がこれに加わるが、両段階ともに記録に大きく影響する。

理論上は、あるレースで最高速度を記録したランナーがそのレースに勝てない可能性もある。つまり、トップスピードが他の選手より高くても、加速段階と失速段階のスピードが劣れば、合計タイムで負けることもあるのだ。とはいえ、スピードの高さと合計タイムに密接な相関関係があることは、研究から明らかになっている。すなわち一〇〇メートル走では、最も高い速度に達した者が勝つ確率がかなり高い。

真のトップスピードの計測がむずかしい理由は、それが二、三秒しか続かないことにある。車輪の回転する速度を測るのはごく簡単だが、人間の場合は一〇〇メートルを全力疾走するあいだじゅう両腕、両脚がぶれるので、計測しづらい。信頼度の高い計測例が、一九九七年の世界陸上で、カナダのドノバン・ベイリーが九秒八七の世界記録を出したときのものだ。ベイリーは秒速一二・一メートル（時速四三・五六キロ）ものトップスピードで走っていた。

二〇〇八年までに、一〇〇メートル走で一〇秒を切る公認記録を出していたのは、一六カ国五五人の選手だった。全員が非白人系であり、アフリカ、ヨーロッパ、カリブ、北米など、国籍がどこであれ、ひとりを除く全員が西アフリカに出自をたどることができた。生粋のアフリカ人もいれば、他国に渡った奴隷の末裔もおり、他人種の血が入っている選手もいた。ただひとりの非アフリカ系選手が、オーストラリアのパトリック・ジョンソンで、父はアイルランド人、母はアボリジニだった。九秒台に迫っていたのが、ポーランドの白人ランナー、マリアン・ヴォロニンと、日本の伊東浩司であり、ふたりとも一〇秒〇〇の記録を持っていた。

一〇秒の壁を突破できた白人ランナーがひとりもいないのは、偶然だろうか？　心理的な障壁は、間違いなくありそうだ。人種の偏りが著しいことから、西アフリカの黒人は他の地域の人たちより足が速いのか否か、という論争が巻き起こった。統計から言うと、西アフリカ優位だ。しかし、心理学で言う〝自己達成予言〟という要素が関わっていることも考えられる。例えば、アメリカの白人の子どもたちは、黒人のほうがスプリント能力が高いとしじゅう言い聞かされるので、短距離走を敬遠し、ほかの種目で競うほうを選ぶというわけだ。ちなみに、アメリカの黒人ランナーで、八〇〇メートルを超える種目で際立った成績を残している選手は、ほとんどいない。

西アフリカ諸国で、国際的に通用する長距離ランナーを擁している国は皆無だ。世界クラスの短距離選手が人口比で最も多いのはジャマイカだが、同国が八〇〇メートルを超える競技で世界一線級のランナーを出したことは一度もない。小国ジャマイカの人口はわずか二六〇万人だというのに、国際大会の短距離種目の決勝には、同国の選手が男女を問わず、ほぼ常に顔を出している。そのうえ、多数のジャマイカ人がアメリカ、カナダ、イギリスに移民して、各国の短距離の代表選手を務めている。つまりジャマイカ出身の短距離選手は、異なる国々の異なる環境でトレーニングをしながらも、頂点をきわめているのだ。

ところが、一万メートルを三〇分を切るタイムで走ったことのあるジャマイカ人選手は、たったふたりしかいないし、女子選手も似たような状況にある。この調査結果から、長距離走はジャマイカ人を熱中させない、不向きな種目であり、それには特定の文化的要因が関与している可能性があることがわかる。

短距離走では遺伝子が重要な意味を持っており、ほんとうに才能のある選手は、正式なトレーニングなしでも速く走ることができる。たとえ本人が黒人、白人のどちらに生まれようとも。速筋繊維の割合が高いとは言えないランナーは、一〇〇メートル走では勝ち目がなく、この種目向きの筋肉繊維の割合で言えば、国際レベルの短距離選手たちはみんな、完璧に近い資質を備えている。最も優れた短距離選手の、速筋繊維の割合を見積もった研究は存在するが、調査は容易ではない。筋肉には、異なる種類の筋繊維が同じ比率でまんべんなく配分されているわけではないし、世界クラスの現役ランナーが、自分の筋肉を丸ごと研究用に提供することもないだろう。傾向を明らかにしてくれるかもしれないサンプルを、研究者が入手して検査するのには限界があるのだ。速筋繊維だけを持っている人はいそうもないが、もし速筋繊維の割合が飛び抜けて高ければ、他の人よりも容易に速く走れるようになる。速筋繊維は、ランナーがどんな動きをしようと、たとえトレーニング法が誤っていようと、鍛えられるものだからだ。

一〇〇メートルのランナーは、完成期に達するとどんなレースでも同じ歩数で走る、という事実は興味深い。一線級のランナーたちは、ほぼ四三〜五〇歩、身長によって多少のばらつきはあるものの、追い風か向かい風かで変化することはない。カナダのベン・ジョンソンの場合、一〇秒四四のときも九秒八三のときも、歩数は四六・一歩だった。このデータは、タイムの短縮が、歩幅が伸びることより、単位時間における歩数が多くなることによって達成されることを示している。

なんらかの活動において特定の人種が他の人種よりも優れていると決めつけるのは、危険な考えかただ。二〇〇八年の男子短距離では西アフリカ勢が、男子長距離では東アフリカ勢が、それぞれ飛び抜けた成績を残してはいるが、ずっとそうだったわけではない。

一九八六年には、八〇〇メートルからマラソンまで、陸上男子二〇種目の最高記録の約半分がヨーロッパ勢によるもので、約四分の一がアフリカ勢だった。ところが、二〇〇三年の同じ統計では、最高記録の一一パーセントがヨーロッパ勢だったのに対し、じつに八五パーセントがアフリカ人ランナーによるものだった。同じ年、一〇〇メートルからマラソンに至るまで、世界記録を保持していたのはすべてアフリカ人か、アフリカ系の選手だった。

アフリカ人選手は、貧困から抜け出したいという思いから強くなったのだろうか？　確かに、貧困からの脱出は大きな動機であり、選手を発憤させる材料だと言える。別の理由として、身体上の差異も考えられる。この分野の調査はまだじゅうぶんに行なわれておらず、ランニングのような単純な運動にさえ、あまりに多くの要因がからんでいるので、わたしたちが答えを知ることはないのかもしれない。

陸上女子の場合は、だいぶ状況が異なっている。一〇〇メートル、二〇〇メートルでは黒人ランナーが最高記録を保持しているが、五〇〇〇メートルを除いて、四〇〇メートルから一万メートルまでの最高記録すべてがヨーロッパの白人、または中国人の出したものだ。これは、アフリカ人女性がアフリカ人男性より国際舞台へのデビューが遅かったからなのだろうか？

記録の限界はあるのか

フィンランドの研究者ユハ・ヘイッカラは、運動選手の進歩は限界を設定されると妨げられるという確信をいだいている。この考えかたは、記録の向上がさらなる好記録を生むという、現代の一流スポーツ界の基本概念と対立する。

一九〇〇年の一〇〇メートルの世界記録は一〇秒八だったが、二〇〇八年には、より精密な電子機器による計測で、九秒六九になっている。一万メートルの世界記録の場合は、一九〇〇年の三一分四〇秒から、二〇〇八年の二六分一七秒五三へと、大幅に更新されている。

その理由は、トレーニングの量と質の向上、競技用トラックの改良、多くの国々におけるランニングへの関心の高まりにある。二〇世紀初頭は、選手の大部分が天賦の才に恵まれた人たちであり、オリンピックの優勝者でさえ、練習の頻度が週に一、二回というお粗末さだった。それから一世紀を経て、トップアスリートたちが一日にこなす練習量は、昔の一流選手の多くが一週間に行なっていた量をしのいでいる。

フランスのスポーツ医学研究機関、ＩＲＭＥＳの研究者らによれば、人類は競走その他の運動種目において、まもなく世界記録の限界に達するという。研究者らは、一八九六年以降さまざまな種目で出された三二六三件の世界記録を調査し、記録更新の勢いが衰えていくようすを図にしている。すなわち、二〇世紀の終わりに向かって、記録の水準が高レベルに達するにつれ、世界記録の更新頻度が落ちてきているのだ。この研究は数学的なモデリング技法を用いることにより、二〇二七年を過ぎると、走る種目での世界記録の更新はほぼなくなるだろうと結論づけている。さらなる記録の発展を可能にするためのひとつの手立ては、タイムを小数点以下第三位まで記録することだろう。

一八九六年のアテネ・オリンピックで、運動選手たちは身体能力の七五パーセントしか活用していなかったと、研究者らは見積もっている。現代の最も優秀な選手は、身体能力の九九パーセントかそれ以上を使っており、能力活用レベルの向上には科学が貢献している。より速く走るために、合法、非合法を問わず、無数の手段や技術が使われてきた。ドーピングのせいで世界記録の水準が不自然なほど高くなっているので、薬物なくしてさらなる記録の向上はむずかしいだろう。例えば〝遺伝子ドーピング〟は、特定の筋肉を異常に発達させる遺伝子を選手の体内に注入する方法であり、このような新手のドーピング手段は、一〇〇メートル競走において有利に働きうる。また、酸素を送り出す心臓の機能は、長距離走において重要な要素であり、この機能もドーピングによって増進させられる。ランニングにおいては、用具の改良は記録の発展につながりそうもない。

女子の世界記録の中に、ほぼ破られることがないと見なされているものがある。一九八八年にアメリカのフローレンス・グリフィス＝ジョイナーが、一〇〇メートルで一〇秒四九を出しており、このタイムにあと〇・五秒以内に迫った女子選手は、一〇年経ってもほとんど存在しない。東ドイツのマリタ・コッホの、四〇〇メートル四七秒六〇という記録も、手の届かないものに思える。男子では、アメリカのマイケル・ジョンソンの、二〇〇メートル一九秒三二という記録が、長いあいだ限界と目されていた。ジョンソンが到達し、保持していた技術やレベルは、ジェシー・オーエンスにもなぞらえられるほどだった。それでも二〇〇八年には、ウサイン・ボルトが一九秒三〇を出して、ジョンソンの記録を破っている。

将来、世界記録を更新するのはアフリカ出身の選手だろうと、ＩＲＭＥＳの研究者は考えている。かの地では、いまだに数多くのすばらしい選手たちが、見出され、磨きをかけられ、国際舞台で活躍したのちに自己最高の走りをする、そんなチャンスを待っているのだ。

南極からサハラ砂漠まで走破する

一九八〇年代以降、マラソンを超える距離を走るウルトラ・マラソンや、過酷な環境のもとで走るエクストリーム・マラソンの大会数が、世界中で激増している。ジョギングの大流行をきっかけに、ランナーも、主催者側も、目新しい、桁外れの挑戦を追い求めてきた。そんな人たちの多くが、アスファルトと排気ガスから遠く離れ、新奇な、できれば険しい斜面の多い環境に飛び込みたがっている。走れさえすれば、どこだってかまわないのだ。

世界最古の冒険的なマラソンのひとつ、ネパールの「エベレスト・マラソン」が始まったのは、一九八七年。その二年前にふたりのイギリス人が、エベレスト街道を走る大会を、その場の思いつきで企画したのだった。レースは海抜五一八四メートル地点で始まり、三四四六メートル地点で終わる。参加者はスタート地点まで、集団で一六日間もかけて徒歩で登っていく。競走というよりも探検旅行を思わせる大会に、毎年定員一〇名のネパール人のほかに、定員七五名の外国人ランナーが集まってくる。

探検を思わせる要素は、あまたのエクストリーム・マラソンの特徴でもある。このようなレースは、趣味の追求のための時間と富に恵まれた裕福な人々が、以前にも増してあちこち旅して回る世界で発展してきた。エクストリーム・マラソンと観光旅行には多数の共通点があるとはいえ、ランナーは受け身の観光客よりもはるかに多くのものを獲得する。ランナーは、わが身の資質を活用しながら規定の距離を走るあいだ、気候や地勢との戦いで自分を試すことで、その土地と肉体ごと深く関わっている。未知の国を漫然と消費するだけに終わらず、その地を訪れたことで、より多くのものを得たと感じるのだ。

二〇〇三年、イギリス人のラナルフ・ファインズとマイク・ストラウドが「七×七×七チャレンジ・レース」に挑んだ。七日間で七大陸七回のマラソンを走破するというものだ。高度な作戦計画を要し、たいへんな移動のストレスがかかる企てだった。これを試みたのがイギリス人だったのも、うなずける話ではないだろうか。他国の征服にかけては、誇り高き伝統のある国なのだから。

この手のレースは、とにかく経験を積むことが大事だ。人々は、最長距離のマラソン、年間最多のレース、アメリカ最大規模の大会などを制覇すべく、競い合う。限界を決めるのはただ、おのれの想像力のみ。ランナーや探検旅行家は、自分なりの目標を設定する。地吹雪対策に小型のかんじきを履くことを勧められる、南極マラソンや北極マラソンのような目標を。

インドの宗教家、シュリ・チンモイは、宗教上の信念からウルトラ・マラソンに取り組んだ人物だ。一九七七年以降、チンモイは数多くの布教活動の一環として、ランニングを用いながら、アメリカの大衆に救いの手をさしのべた。横臥や結跏趺坐の姿勢で瞑想する普通の行者とは異なり、頑健な導師チンモイのマントラはスポーツだった。ギリシアやインドの哲学から価値ある見識を取り出し、調和にもとづいた世界観を説いた。調和とは、体力を要する鍛錬と、健康な内面生活を通じて達成される。一九九〇年代に過度のランニングで負傷した際には、ウエイトリフティングに取り組んだ。チンモイの弟子たちは、短距離レースから、年一度の世界最長距離のレースまで、さまざまな大会を主催している。世界最長距離の大会とは、ニューヨークで開催される「三一〇〇マイル自己超越レース」で、規定のコースを五六四九周する。チンモイの観点では、このような試練は、並外れた価値のある内観をもたらしてくれるものなのだ。

歴史を誇る砂漠マラソンが、モロッコの「マラソン・デ・サーブル」、サハラ・マラソンだ。一九八六年に二三人のランナーが二四〇キロメートルを走破した第一回大会から、ずっと続けられている。ランナーがこれほどひどいただれや水ぶくれに苦しむ場所は、世界中どこを探してもサハラ砂漠以外にはほとんどないし、ランナーが一日に数リットルもの汗をかく場所もほとんどない。やせこけて血の気がないのに元気溌剌のランナーたちが、野営地のテントから集団で飛び出していく光景は、ほとんど現実離れしている。コースは六区間、バックパックを背負い、頭部を覆って、はるかかなたのゴールをめざす。常軌を逸した、それでいて美しいレース。自然界を体感するだけでなく、自分の真の姿を悟るための、灼熱の、汗まみれの手段なのだ。もちろん、こんなレースを地元住民が考えつくはずはないが、この大会に参加して優勝したモロッコ人も何人かいる。砂漠レースを発明したのは都会の白人、すなわちパリなどの都市に住むフランス人だ。パソコンをにらんだり、携帯電話を握りしめたりしながら日々を過ごしている人たちが、砂漠マラソンでの冒険感覚と達成感に救いを見出している。この砂漠マラソンが、二〇〇五年までに多数の国々から七六六人もの出走者を集めていようとは、レースの発足時には誰も信じなかっただろう。

エクストリーム・マラソンの参加者は旅行保険に加入しており、昔の探検家よりも手厚く保護されている。ランナーたちは、世界の僻遠の地に進攻して競走し、あらゆる気候帯に入植し、征服を宣言してきた。まだランナーに踏み荒らされていない自然環境など、地球上にはほとんど存在しない。次は、月世界マラソンでも企画されるのだろうか。

ランニングは時を超えて

人類は、何千年ものあいだ走ってきた。走った理由を示す考古学的資料が残っている時代の、そのはるか以前から。文明が興る、そのはるか以前から。狩猟その他の、生きる戦いに伴う労働のために、人は必然的に走らなくてはならなかった。ある地点から別の地点への、この基本的な移動手段は、時代や社会と照らし合わせながら考察されなければならない。人類は数多くの理由で走ってきた。生き長らえるために走る者と、栄養の行き届いたジョガーとの違いを考えればわかることだ。

世界最古の資料によって、エジプトやシュメールの王室の聖なる競走が、今に伝わっている。これは王が神々を鎮め、王国での権力を保つために走り通す行事だったという。ギリシア人も競走で神々と交信したが、走ることは都市国家の防衛のために必要であるだけでなく、個人の成長に有益なものとも考えていた。走者は数千年の間、特殊部隊や伝令として、軍事上の役割を担っていた。走ることは実用的、象徴的な機能を併せ持ち、走者は戦場で最も俊足の兵であるだけでなく、平時には重要な通信手段でもあった。

アメリカ先住民のような人々のあいだでは、走ることは実用的な手段でありつつ、神話と関わるものでもあった。そのような走りを行なっている最後の部族のひとつ、メキシコのタラウマラ族は、古来の誇りとすべき風習を、今なお守り続けている。さらに、今もインドには、道路のない地域に郵物を配達する伝令がおり、昔と変わらず、鐘を鳴らすことで到着を知らせている。

一八、一九世紀のヨーロッパでは、ランニングはさまざまな種類の娯楽を提供するもので、人々を笑わせたり、走るスピードで観客を魅了したりしていた。イギリス人がランニングに新たな一面をもたらしたのは、競走に金を賭けること、秒単位まで精確にタイムを計ることを取り入れたときだった。イギリス人は、自分たちの文明も広めた。そこにはスポーツへの、そして身体訓練による人格形成への、イギリスならではの取り組みかたも含まれていた。産業社会が効率性と、数値で測れる進歩を求め、そのような要求が新しいスポーツの分野へと波及していった。ランニングは、より組織立ったものになり、二〇世紀初頭の、時間にしばられた人々の生活に意義を与えた。

オリンピックの復活から各国が張り合うようになるなかで、国づくりのために、また国力と民族性の象徴として、意図的にランニングを利用した最初の国が、フィンランドだった。他の国々も、のちにフィンランドにならった。

とはいえ、当時ランニングはまだ、一般大衆をどんどん取り込むスポーツではなかった。つまりランニングとは、観戦したり、あとで記事として読んだりするためのスポーツであり、〝より速く〟という明白な理念を掲げる徒競走だった。二〇世紀半ばくらいまで、ランニングをする人たちとは、自分をいじめることに熱中する物好きな種族であり、ほとんどの人が気づいていないこと——ランニングが深い精神的な満足を与えてくれること——を発見した、不思議な人たちだった。その一方で、多くの医者がランニングを、心臓その他の大切な臓器に有害な行為と見なしていた。一九六〇年代になってようやく、ジョギングは健康によく、飽食した人々が日々の運動不足を解消するために必要なものと認められ始めた。ランニングは、健康維持と体重の管理をめざすライフスタイルの一部となり、運動して過ごす、日々の楽しみの時間となった。喜びであり義務であり、さまざまな効果のある流行現象だった。

ジョギングは、心臓病の予防や治療の手段である反面、膝やその他の関節を痛めつける行為でもあることが判明した。ランニングが引き起こす、絶え間ない怪我やちょっとした痛みは、走ることにもともと向いていなかったジョギング愛好家たちにとって、予想だにしないデメリットだった。ジョギングは、無数の人々にとっての大規模な実験だった。道路や歩道へ大挙して飛び出し、たいがい足に合っていない靴と、ばか高く機能的でないウエアで、慣れない負荷と圧力に関する予備知識なしに走っていた。これほど多数の人たちが、祖先ならとっくに肉体を使う競争をあきらめる年齢になってから、身体の性能を向上させようとするなど、人類史上初めてのことだった。ジョギング・ブームは世界を席巻したわけではなく、主に西洋の現象だったが、競い合うジョガーの大集団がまったく生息していない国はほとんどない。

一八九四年六月二三日にパリで国際オリンピック委員会が発足したことを記念して、一九八七年に第一回「オリンピック・デイ・ラン」が企画された。以降、毎年世界中のランナーが自国の会場に集まっており、集団で走る習慣のなかった国（例えばモンゴル）でも、何十万人もの人々が参加している。モンゴルは世界最多の参加者数を記録し、人口一〇〇〇万人のうち二五万の人々が、一九八八年の同じ日に各種の競技に出場した。

中国は過去一〇年のあいだに、未曾有の経済成長と、生活水準の劇的な向上を経てきた。これにより、二〇〇八年までに成人の四分の一が肥満に陥り、いわゆる文明病が広まった。中国の人々は、アメリカのライフスタイルをかなりまねてきたので、そのような暮らしにつきものの健康問題も多数取り入れるはめになった。おそらく次のジョギング・ブームは、中国で起こるのではないだろうか。

ランニングには、魅せられるほど素朴な何かがある。子どもっぽい行為でありながら、大人がついはまってしまいやすいものでもあって、ランニングがもたらしてくれる解放感はどんな場所でも得られるが、新鮮な空気と美しい自然環境によってさらに高められる。優れたランナーの走る姿には、走らない人にも訴えかける美しさがある。ランナーが〝走る〟という、誰にでも明らかな方法で大地を滑るように駆けていくときの、優美な躍動感と、筋肉の巧みな調和。人間は、ランナーのごとく動き、感じるべきなのだ。おそらくわたしたちは、結局はさほど進化しておらず、ほんとうに価値あるものを失ってきたのだろう。

わたしたちは走り始めたときに人類になったと、生物学者は考えている。たぶんわたしたちは、人類であり続けるために、大いに歩き、走らなくてはならないのだ。肉体的、精神的な機能を停止した、機械での移動を強いられる怠惰な生き物になってしまわないように。ランニングやウォーキングのような対角運動は右脳と左脳の連携を促し、それによって創造力という人間の中核をなす特性を高める、という研究結果がある。体を動かすことから得られる奥深い満足感は、どんどん機械化されていく世界で、人という生物の本質へ意識を向けさせてくれる数多くのきっかけのひとつだ。子どもたちの姿を——子どもたちが本能から楽しく、遊びで走っているようすを、じっと眺めてみるといい。

現代のランナーは、古代人の生存を賭けた戦いでの動きを模倣している。わたしたちは、古代人とはかなり異なるやりかたで、だが同じ人間として、生きるために走ったり、歩いたりしている。走ったり、歩いたりすることで気分がずっとよくなるし、運動不足の解消にもなるからだ。めったに意識されないことだが、ランナーは、生き残るためにサバンナを駆けていたころのアフリカの祖先と、まったく変わらぬ走りをしている。そして、現代のケニアの人々とも、走るという共通点で結ばれているのだ。

解説——マラソン依存症

衿野未矢

「マラソンは有害ですか?」

そう問いかけられたら、おととい大阪マラソン2011を走ってきたばかりで、頭はぼんやり、目はうつろ、ドッコイショと声を出さねば立ち上がれない状態の私ではあるが、それでも「いいえ、害があるどころか有益です」と答えたい。

フルマラソンを走るとなれば、たいていの人がトレーニングを積み、数日前から節制するであろう。疲れてはいるものの、体調は決して悪くない。42・195キロを走り切ったという達成感や満足感に包まれ、万能感や多幸感さえ湧いてくる。

だがしかし、マラソン大会という、走ってしまえば数時間で終わるイベントに一回だけ参加するのと、「意味なく走る」という行為を日常生活に取り入れるのとでは、まったく意味が違う。

パーティーや忘年会など、機会があるときだけ飲酒する人と、「酒飲み」と呼ばれる人とが別であるのと同じである。年に一度、天皇賞の馬券を二千円分買う人と、「ギャンブラー」との関係性とも共通する。

アルコールに依存している人は、飲みすぎて失敗をする。そして自責の念を忘れ、周囲への気まずさをごまかすために、また酒を飲む。

負のスパイラルに自らはまりこんでいく理由のひとつは、「認知のゆがみ」が生じるからだ。競馬で大負けしたギャンブラーは、「パチスロで取り返すしかない」と、本気で考える。依存を深めていけば、さらに認知がゆがみ、「仕事に行く元気を出すために、朝から一杯ひっかける」のが、正しい行いだと思うようになる。

走るという行為に依存性があるのは、本書でも触れられているとおりだ。そしてもちろん、認知もゆがんでゆく。

ランナー同士の集まりでは、収入や肩書きではなく、「フルを何時間で走れるか」によって上下関係が決まる。

「オレさあ、月間走行距離が二百キロを超えたんだぜ」

会社でそう自慢し、けげんな顔をされると腹を立て、「サロマ湖、富士登山、ハセツネ」の意味がわかる人たちと一緒にいるときだけが「本当の自分」だと感じる。

しかもマラソンは、「頭でっかち」になりがちなスポーツだから厄介だ。

市民ランナーレベルでのマラソンでは、知識と経験が大きくものをいう。

東京マラソンを完走できなかった人たちの多くは、スタート地点の東京都庁から、九段下にかけてのゆるく長い下り坂で、スピードを出しすぎたのが敗因だ。

周囲にあおられず、足を痛めがちな下りをゆっくり走り、後半に備えることができるかどうか。知識と経験が求められるのである。

だから走っているときは、身体だけではなく、頭の中も忙しい。次の給水所で取るのは水か、スポーツドリンクか。量はどの程度か。目標タイムをクリアするために、次の一キロはどんなペースで走るべきか。

ランナーは、よく「心が折れる」という表現を使う。モチベーションが途切れたときが、いちばん苦しい。

「どんな大会でも、『なぜ走る必要がある?』という疑問にとらわれ、リタイアしたくなる局面が必ずやってくる。だけど我慢して走っているうちに、また、やる気がわいてくるものさ」

そう考えることができるかどうかを分けるのも、知識と経験の有無である。

トレーニングでも、本書でルーツが紹介されている「インターバル走」や、次第にペースを上げていく「ビルド・アップ走」、長い距離をゆっくり走る「LSD(ロング・スロー・ディスタンス)」をどう組み込むか。考えることがたくさんある。

だからまじめなランナーほど、「疲労回復に役立つのはバナナか、それともリンゴか」や、「皇居をあと一周すべきか否か」を真剣に悩む。マラソン大会が近づいてくると、緊張や期待で眠れなくなり、「こんなことでは体調が悪くなる」と、不安をつのらせる。

こうして考えすぎ、でっかくなりすぎた頭の中身を振り払うために、また走らずにはいられない。

そんなスパイラルに、私自身もはまりこんでいる。

九年前からランナーになった私は、ホノルル、パリ、東京などでフルを合計十二回走っている。自己ベストは四時間四十九分五十六秒と遅いが、パーソナル・コーチについてトレーニングを重ね、マラソンに関する本を書き、ランニング専門誌に執筆するなど、シリアスにファンラン道を追求している。

もとが何事も「ほどほど」にしておけない依存症体質である。皇居ランニングをするために千代田区へ転居した。走り出して三か月で体型が変わったので、着物で暮らす生活に切り替え、今や洋服はランニング・ウェアしか持っていない。

救いは「毎日必ず走らずにはいられない」という強迫観念にとらわれておらず、「もっとよい記録を出したい」という欲望も薄いことだ。週に二度ほど、キロ七分ペースで十キロ前後を走っている。

本業は「本を書くこと」だ。アルコールや買い物、恋愛、不倫などに依存している人々への取材を重ね、専門家に話を聞くうちに、負のスパイラルから脱するには、認知がゆがんでいることを認め、受け入れるしかないのだということを実感した。

まずは、自分の姿を客観視することから始める必要がある。そのため毎年元旦は、仲間と一緒に皇居を走ることにしている。

人も車も減る元旦の都心は、空気が澄み、走りやすい。せっかくだからと、観光がてら東京タワーや六本木ヒルズを経由して皇居にたどり着く。

「うわあ、今年もまたランナーが増えたなあ。それにしても、元旦からグルグル皇居を回っていて、家庭は大丈夫なのかねえ?」

わが身を重ね合わせ、反省しつつ、銀座、築地を経て、勝鬨橋で折り返すという、約三十キロのコースが恒例だ。

走りながらの会話は、二月末の東京マラソンが焦点になりがちだが、今後は「生き残るためにサバンナを駆けていた祖先」や、「賭けのために走っていた時代」に思いを馳せてみようと思う。

本書によって視野を広げ、「私のマラソン、自分の走り」しか見えない状態から脱すれば、「この大会を完走できなかったら、私の人生はおしまいだ」と絶望するような、ゆがんだ認知も修正されるはずである。

分厚いだけに、ラストページというフィニッシュラインに到達するまでには時間がかかるだろうが、通勤カバンに入れて持ち歩けば筋トレになるから心配ない。

著者 トル・ゴタス Thor Gotaas
作家。一九六五年、ノルウェーのオスロ生まれ。専門は民俗学と文化史。著書に『The Gypsies』『The First in the Race: The History of Cross-Country Skiing in Norway』などがある。

訳者 楡井浩一（にれい・こういち）
一九五一年生まれ。英米ノンフィクション翻訳家。訳書に、スティグリッツ『フリーフォール』（徳間書店）、ダイアモンド『文明崩壊』、シュローサー『ファストフードが世界を食いつくす』（以上、草思社）などがある。

なぜ人は走るのか　ランニングの人類史

二〇一一年一二月一五日　初版第一刷発行

著者　トル・ゴタス
訳者　楡井浩一
発行者　熊沢敏之
発行所　株式会社筑摩書房
東京都台東区蔵前二―五―三　郵便番号 一一一―八七五五
振替〇〇一六〇―八―四一二三
装幀者　間村俊一
印刷 製本　中央精版印刷株式会社

乱丁・落丁本の場合は左記宛にご送付ください。送料小社負担でお取り替えいたします。ご注文、お問い合わせも左記へお願いいたします。
筑摩書房サービスセンター
さいたま市北区櫛引町二―六〇四　〒三三一―八五〇七
電話　〇四八―六五一―〇〇五三

ISBN978-4-480-85798-9　C0075

◉筑摩書房の本◉

本番に強くなる
メンタルコーチが教えるプレッシャー克服法

白石豊

本番に限って失敗してしまうのは、技術や能力ではなく、メンタル、心の問題が大きい。多くのスポーツ選手が実践する、自分でできるメンタル・トレーニング法。

「一生太らない体」をつくる食事術

伊達友美

「何を食べないか、ではなく、何を食べるかが問題」。伊達式ダイエットは、きちんと栄養をとることから始まる。正しい知識で、あなたのお腹は必ず引っ込みます。

〈ちくま新書〉

40歳からの肉体改造
頑張らないトレーニング

有吉与志恵

肥満、腰痛、肩こり、関節痛。ストレスで胃が痛む。そろそろ生活習慣病も心配。でも忙しくて運動する時間はない……。それなら効果抜群のこの方法を、どうぞ！

〈ちくま新書〉

スポーツを考える
身体・資本・ナショナリズム

多木浩二

近代スポーツはなぜ誕生したのか？　スペクタクルの秘密は何か？　どうして高度資本主義のモデルになったのか？　スポーツと現代社会の謎を解く異色の思想書。